Acteurs de prévention



1re & Term

# BAC PRO

Prévention Santé Environnement

# PSE

2e édition

Jérôme Boutin

Nathan
TECHNIQUE

# i-Manuel 2.0

## LA SOLUTION NUMÉRIQUE

pour mettre les élèves en activité

## COMMENT ACCÉDER À VOTRE i-Manuel 2.0 ÉLÈVE

**Votre enseignant souhaite travailler avec le i-Manuel 2.0 ; une fois votre compte créé par votre enseignant, rendez-vous, selon ses indications, sur :**

- ▶ **imanuel.nathan.fr** et connectez-vous à votre espace élève i-Manuel 2.0 avec vos identifiant et mot de passe transmis par votre enseignant.

**OU**

- ▶ l'ENT ou la plateforme de votre établissement, et accédez directement à votre i-Manuel 2.0.

**À NE PAS OUBLIER**

**Conservez vos identifiant et mot de passe pour toutes vos connexions ultérieures**

**À SAVOIR**

Cette licence élève i-Manuel est unique et personnelle. Elle offre un accès pour une période de 24 mois (à compter de la première activation) et ne peut être réutilisée par d'autres élèves les années suivantes. Pour équiper les élèves de nouvelles licences numériques i-Manuel 2.0, connectez-vous sur cns-edu.com.

**Pour l'enseignant :** rendez-vous sur **www.nathan.fr/i-manuel2** pour contacter votre délégué pédagogique Nathan, disposer de toutes les informations pratiques pour créer vos classes, activer les licences de vos élèves.

Nathan TECHNIQUE

© Nathan 2021 - 92 avenue de France, 75702 Paris Cedex 13
ISBN : 978-2-09-167437-7

## Avec ce livre, une licence i-MANUEL 2.0

### Le i-Manuel 2.0, un outil simple d'utilisation qui reprend l'ensemble des contenus de ce livre sous forme numérique et interactive.

**Il permet d'accéder au contenu de ce manuel à tout moment et en tout lieu sur un ordinateur ou une tablette.** L'utilisateur peut donc passer du papier au numérique et choisir le support qui lui convient le mieux selon le travail à faire et le lieu où il se trouve.

### Une véritable interactivité entre l'enseignant et sa classe

- **Vidéoprojeter** en classe les activités, les documents et les corrections pour animer les cours et travailler collectivement.
- **Piloter la classe** en assurant le suivi du travail des élèves à distance et en cours (recevoir et envoyer du travail, faire des commentaires, intervenir en temps réel).
- **Intégrer et envoyer à la classe**, à un ou plusieurs élèves, **des documents personnels**.
- **Afficher les corrigés** ou la correction individuelle du travail de l'élève.
- **Télécharger le livre** pour une utilisation sans connexion.
- **Imprimer** les documents nécessaires pour mettre les élèves en **situation d'examen**.

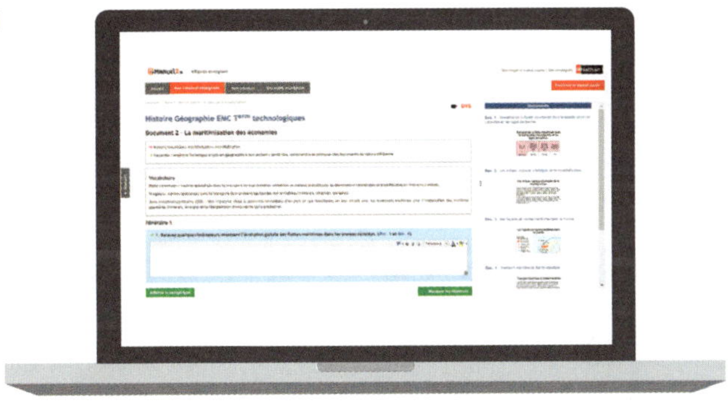

### Des fonctionnalités innovantes pour favoriser l'intérêt, la motivation et l'implication des élèves

- **Saisir les réponses** en travaillant sur ordinateur ou tablette.
- **Faire les activités et les exercices**, préparer ou réviser le cours **en classe ou à la maison**.
- **Accéder** aux **ressources numériques**, vidéos, fichiers élèves (Word, Excel, GeoGebra...).
- **Sauvegarder** au **format Word** le travail effectué dans un dossier (classeur).
- **Envoyer le travail** au professeur.
- **S'enregistrer** pour les activités orales.
- **S'auto-évaluer**.

**Toutes les infos et les tutos sur www.nathan.fr/i-manuel2**

## Avec ce livre, des ressources numériques en accès direct

**Flashez les QR Codes avec votre smartphone ou saisissez les mini-liens associés** pour accéder à des vidéos.

# Sommaire

## Programme de PREMIÈRE



## Programme de TERMINALE

# Sommaire des vidéos

# 1 Les infections sexuellement transmissibles

## SITUATION Histoire d'Emma et Quentin

Lors d'une soirée chez des amis, Emma rencontre Quentin.
Les deux jeunes gens ont une relation sexuelle durant laquelle ils ne se protègent pas, n'ayant pas de préservatif.
Quelque temps plus tard, Emma ressent des brûlures en urinant ainsi que des douleurs abdominales.
Persuadée que ses problèmes sont liés à cette relation sexuelle non protégée, elle en parle à Quentin, qui lui dit de ne pas s'inquiéter car lui n'a aucun symptôme.
Emma décide cependant d'aller consulter son médecin afin d'identifier l'origine de ses problèmes de santé.

## Analyse de la situation

1 Identifier les différents éléments de la situation en complétant le tableau.

| | |
|---|---|
| **QUOI ?** Quel est le problème dans cette situation ? | ........................ |
| **QUI ?** Qui est concerné par ce problème ? | ........................ |
| **QUAND ?** Quand apparaît ce problème ? | ........................ |
| **COMMENT ?** Comment Emma réagit-elle face à ce problème ? | ........................ |
| **POURQUOI ?** Pourquoi Emma est-elle inquiète ? | ........................ |

2 Formuler la problématique de la situation à partir de votre analyse précédente.

..........................................................................................

Activité 1

# Les principales IST en France

**OBJECTIF : Comparer les données épidémiologiques des principales IST en France.**

Lire le DOC.A et répondre aux questions.

## DOC.A Données épidémiologiques sur les principales IST en France

En juillet 2018, Santé publique France met en alerte la population française sur la forte recrudescence (= aggravation après une amélioration) des IST (= infections sexuellement transmissibles).

Deux IST sont alors mises en avant : l'infection à chlamydia (chlamydiose) et l'infection à gonocoque (blennorragie). En effet, les chiffres de contamination ont triplé sur les 4 dernières années (les plus touchés étant les 15-24 ans) et continuent aujourd'hui d'augmenter.

La forte augmentation des diagnostics de ces infections en 2016 peut s'expliquer par une sous-estimation des cas diagnostiqués en 2012, une intensification du dépistage avec des tests plus évolués et l'absence de protection lors de rapports sexuels.

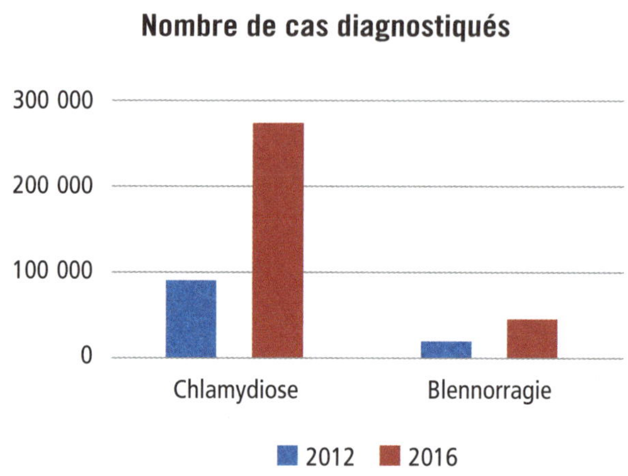


Le nombre de cas diagnostiqués pour une infection à tréponème pâle (syphilis) a doublé entre 2012 et 2016, mais reste stable depuis.

Le nombre de cas d'infection par le VIH (virus responsable du sida) a diminué entre 2013 et 2016, passant de 6 325 environ à 6 000. Mais à fin 2016, près de 173 000 personnes étaient encore porteuses du VIH en France. De plus, 30 % des découvertes de séropositivité (= positif au VIH) ont eu lieu à un stade avancé de l'infection, donc trop tardif parfois, due à son caractère asymptomatique (= absence de symptômes).
Il faut rappeler que 770 000 personnes dans le monde sont mortes de maladies liées au sida en 2018.

**D'après www.santepubliquefrance.fr**

**1** Énumérer les différentes IST citées dans le document.

.................................................................................

.................................................................................

**2** Expliquer ce que mettent en évidence les données du graphique.

.................................................................................

.................................................................................

**3** Identifier les raisons d'une telle évolution.

.................................................................................

.................................................................................

**4** Donner l'IST la plus répandue en 2016.

.................................................................................

# Activité 2 Les caractéristiques des IST

**OBJECTIF : Dégager les caractéristiques d'une infection sexuellement transmissible à partir de sa description.**

Lire le DOC.B et répondre aux questions.

## DOC.B Quelques IST courantes en France

| IST et micro-organisme responsable | Symptômes | Contamination | Conséquences possibles |
| --- | --- | --- | --- |
| Chlamydiose due à la bactérie chlamydia | • Chez l'homme : brûlures en urinant, maux de ventre<br>• Chez la femme : pas de symptômes le plus souvent, pertes vaginales possibles | • Par contact sexuel (anal, vaginal, pénis)<br>• Par voie materno-fœtale (transmission de la mère à l'enfant) | Stérilité, atteinte du nouveau-né si mère infectée |
| Blennorragie due à la bactérie gonocoque | • Chez l'homme : brûlures en urinant, démangeaisons, écoulement de pus<br>• Chez la femme : pas de symptômes le plus souvent, pertes vaginales possibles | • Par contact sexuel (oral, anal, vaginal, pénis)<br>• Par voie materno-fœtale (transmission de la mère à l'enfant) | Stérilité, atteinte du nouveau-né si mère infectée |
| Syphilis due à la bactérie tréponème pâle | Petites plaies dans la bouche et sur les organes génitaux, éruptions cutanées (taches rosées) | • Par contact sexuel (oral, anal, vaginal, pénis)<br>• Par voie sanguine<br>• Par contact direct avec les petites plaies<br>• Par voie materno-fœtale (transmission de la mère à l'enfant) | Lésions sévères des organes vitaux et du système nerveux, atteinte du nouveau-né si mère infectée |
| Condylomes dus au papillomavirus | Verrues génitales, anales et dans la gorge | • Par contact sexuel (oral, anal, vaginal, pénis)<br>• Par contact direct avec les verrues<br>• Par voie materno-fœtale (transmission de la mère à l'enfant) | Atteinte du nouveau-né si mère infectée |
| Herpès génital dû au virus de l'herpès simplex | Brûlures en urinant, maux de tête et de ventre, fièvre, petites cloques sur les organes génitaux | • Par contact sexuel (anal, vaginal, pénis)<br>• Par contact direct avec les cloques<br>• Par voie materno-fœtale (transmission de la mère à l'enfant) | Atteinte du nouveau-né si mère infectée |
| Hépatite B due au virus de l'hépatite B | Signes possibles : fatigue, fièvre, perte de l'appétit, nausées et vomissements | • Par contact sexuel (oral, anal, vaginal, pénis)<br>• Par voie sanguine<br>• Par voie materno-fœtale (transmission de la mère à l'enfant) | Atteinte du foie (cirrhose, cancer), atteinte du nouveau-né si mère infectée |

1. Donner les 2 types de micro-organismes qui peuvent être responsables d'une IST.

.......................................................................................................

2. Citer les différents modes de contamination possibles d'une IST.

.......................................................................................................

.......................................................................................................

3. Indiquer les symptômes communs aux différentes IST.

.......................................................................................................

.......................................................................................................

4. Énumérer les conséquences à long terme possibles que l'on retrouve chez plusieurs IST.

.......................................................................................................

# Activité 3 Le sida

**OBJECTIF** : Présenter les caractéristiques spécifiques du sida.

Lire le **DOC.C** et répondre aux questions.

## DOC.C Qu'est-ce que le sida ?

**Qu'est-ce que le sida ?**

Le sida (syndrome d'immunodéficience acquise) est une maladie grave transmise par le VIH (virus de l'immunodéficience humaine).

Le VIH se transmet par voies sexuelle, sanguine et de la mère à l'enfant.

**Comment agit le VIH ?**

Une fois dans l'organisme, le VIH infecte les lymphocytes CD4 (ou T4) qui sont des globules blancs (cellules du système immunitaire qui permettent à l'organisme de se défendre contre les maladies). Une fois infectés, les CD4 vont fabriquer de nouveaux virus, puis être détruits. Les nouveaux virus fabriqués vont à leur tour infecter de nouveaux CD4, et ainsi de suite.

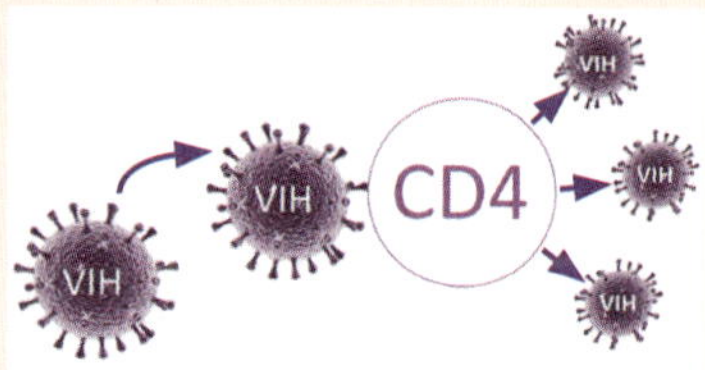


**Comment évolue l'infection par le VIH ?**

Dès les jours qui suivent la contamination, le VIH se multiplie rapidement et se répand dans l'organisme. De nombreux CD4 sont détruits et le système immunitaire réagit en en fabriquant de nouveaux. Un équilibre s'établit : la personne n'a pas de maladie apparente, le système immunitaire ayant encore la capacité de répondre, c'est la phase asymptomatique (= sans symptômes).

Par la suite (au fil des mois, des années), le nombre de CD4 diminue et le système immunitaire s'affaiblit.

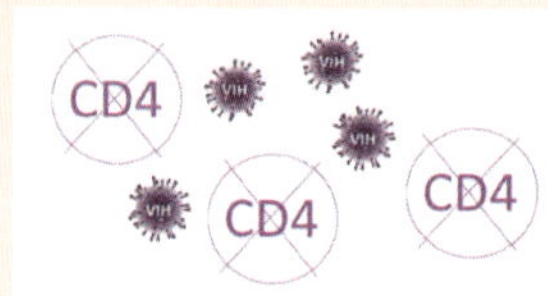


L'organisme lutte alors moins bien contre les micro-organismes présents dans le corps ou l'environnement. Des maladies dites « opportunistes » commencent alors à apparaître : on dit que la personne est malade du sida.

**D'après www.lecrips-idf.net**

**L'infection par le VIH peut rester invisible ou inapparente plusieurs mois ou années. Dès la contamination, les personnes ayant contracté le virus peuvent le transmettre alors qu'elles ne présentent aucun signe apparent de la maladie. On utilisera alors le terme de « porteur sain » pour ce type de personnes.**

1. Identifier le micro-organisme responsable de la maladie du sida.

.............................................................................................................

2. Décrire brièvement le mode d'action de ce micro-organisme.

.............................................................................................................

.............................................................................................................

3. Expliquer à quoi correspond la phase asymptomatique en précisant le danger de cette phase.

.............................................................................................................

.............................................................................................................

4. Préciser à quel moment on peut dire qu'une personne est malade du sida.

.............................................................................................................

**5** Indiquer, pour les cas suivants, si la contamination par le virus du sida est possible.

**Cas 1 :** Une femme tombe enceinte alors qu'elle est « porteur sain ».

- Contamination du fœtus par le virus possible ? ☐ OUI ☐ NON

**Cas 2 :** Lors d'une baignade à la piscine avec un des nageurs atteint de la maladie du sida.

- Contamination des baigneurs par le virus possible ? ☐ OUI ☐ NON

**Cas 3 :** Lors d'un rapport sexuel avec une personne atteinte du sida.

- Contamination du partenaire par le virus possible ? ☐ OUI ☐ NON

**Cas 4 :** Lors d'un échange de seringue avec une personne qui est « porteur sain ».

- Contamination de la personne par le virus possible ? ☐ OUI ☐ NON

**Cas 5 :** Lors d'un baiser avec une personne qui est atteinte de la maladie.

- Contamination de la personne par le virus possible ? ☐ OUI ☐ NON

Lire le **DOC. D** et répondre aux questions.

## DOC. D Dépistage du VIH, comment l'interpréter ?

**Test positif ou négatif, qu'est-ce que cela veut dire ?**

**VIH –**

**Résultat négatif**
S'il s'est écoulé trois mois depuis le risque : on est certain qu'**on n'a pas été contaminé par le VIH**. On reste séronégatif.

**VIH ?**

**Résultat indéterminé ou partiellement positif**
Il est nécessaire d'en parler avec le médecin et, généralement, de **refaire un test de dépistage**. Cela peut être provoqué par une autre maladie ou parce qu'on a été contaminé récemment par le VIH.

**VIH +**

**Résultat positif**
Cela veut dire qu'**on est séropositif**, porteur du VIH. Il est alors très important d'aller **consulter un médecin** spécialiste du VIH pour bénéficier d'une prise en charge médicale. **Cela permet de préserver sa santé et d'avoir un traitement si nécessaire.** Aujourd'hui, on peut vivre très longtemps avec le VIH, mais il faut bien se faire suivre médicalement.

Être séropositif au VIH signifie que l'**on est contaminé par le VIH** et que l'**on peut le transmettre** à une autre personne si l'on n'est pas traité.

© CRIPS/AIDES - octobre 2015

**6** Donner les raisons qui justifient l'intérêt de faire le dépistage du VIH.

.................................................................................................

.................................................................................................

**7** Préciser le résultat du test qui signifie que l'on est porteur du virus du sida.

.................................................................................................

**ACTIVITÉ NUMÉRIQUE**

**Regarder la vidéo « Sida, le corps » sur le site : liennathan.fr/81f8ss et répondre aux questions.**

**1.** Donner le rôle des cellules CD4 du système immunitaire.

.................................................................................................

**2.** Expliquer ce que font les cellules CD4 une fois que le virus du sida pénètre en elles.

.................................................................................................

**3.** Donner la durée de la phase latente de l'infection par le virus du sida.

.................................................................................................

# Activité 4 La prévention de la transmission des IST

**OBJECTIF : Expliquer comment prévenir la transmission des IST.**

**1 À partir des cas suivants, indiquer les moyens de prévention possibles afin de lutter contre les IST.**

**Cas 1 :** Stéphanie discute avec sa fille, Flora, qui est en âge d'avoir des relations sexuelles. Elle lui conseille de se faire vacciner contre l'hépatite B et le papillomavirus, et de se protéger systématiquement avec des préservatifs.

- 2 moyens de prévention : ..........

**Cas 2 :** Milo change souvent de partenaire. Il lui est déjà arrivé d'attraper une IST, qu'il a soignée. Il avait alors dû prévenir sa partenaire pour éviter que la contamination ne se répande. Désormais, il fait un test de dépistage avec chaque nouvelle partenaire.

- 2 moyens de prévention : ..........

**Lire le DOC.E et répondre aux questions.**

**2 Citer les 2 moyens de prévention proposés pour lutter contre les IST.**

..........

..........

**3 Expliquer pourquoi ces moyens ont un double rôle dans les relations sexuelles.**

..........

..........

..........

..........

..........

**DOC.E Un exemple de prévention face aux IST**

© Fédération des Centres de Planning familial des Femmes Prévoyantes Socialistes (FCPF-FPS)

**ACTIVITÉS NUMÉRIQUES**

- **Regarder la vidéo « Le préservatif masculin » sur le site : liennathan.fr/1a9pt3 et répondre aux questions.**
  1. Indiquer la première chose à vérifier avant d'utiliser un préservatif masculin.

  ..........

  2. Énumérer les deux avantages du préservatif masculin.

  ..........

- **Regarder la vidéo « Le préservatif féminin » sur le site : liennathan.fr/f4ly26 et répondre aux questions.**
  1. Préciser comment il faut ouvrir un préservatif féminin.

  ..........

  2. Donner les grandes étapes lors de la pose du préservatif féminin.

  ..........

  ..........

Activité 5

# La conduite à tenir en cas de prise de risque ou de contamination

**OBJECTIF :** Indiquer la conduite à tenir à la suite d'un comportement à risque ou d'une contamination avérée.

**1** **Indiquer le comportement à risque et la conduite à adopter dans les différents cas suivants.**

Lors de leur rapport sexuel, Emma et Quentin n'ont pas utilisé de préservatif.
Le médecin d'Emma lui a conseillé de faire un test de dépistage, qui a révélé une blennorragie. Il lui a alors prescrit un antibiotique afin qu'elle se soigne, en lui précisant de bien prendre le traitement jusqu'au bout.

**COMPORTEMENT À RISQUE :**

..................................................

**CONDUITE À ADOPTER :**

..................................................

..................................................

..................................................

Vincent a de nombreux rapports sexuels avec des partenaires différents. Il n'utilise généralement pas de préservatif car il n'en possède pas toujours sur lui.
Après une consultation à l'hôpital, on lui explique qu'il a attrapé la syphilis et qu'il doit prévenir tous ses partenaires afin qu'ils fassent le test à leur tour. Pendant son traitement antibiotique, on lui conseille aussi de se protéger avec un préservatif à chaque rapport sexuel.

**COMPORTEMENT À RISQUE :**

..................................................

..................................................

**CONDUITE À ADOPTER :**

..................................................

..................................................

..................................................

..................................................

Rodolphe utilise pour la première fois un préservatif avec Yasmine. Malheureusement, il l'a mal utilisé et le préservatif s'est rompu durant l'acte. Par précaution, Yasmine décide de faire rapidement un test de dépistage. Tant qu'elle n'a pas les résultats, elle décide d'éviter tout rapport sexuel. Finalement, elle apprend qu'elle n'a aucune IST.

**COMPORTEMENT À RISQUE :**

..................................................

**CONDUITE À ADOPTER :**

..................................................

..................................................

..................................................

**2** **Déduire de ces situations les principales recommandations sur la conduite à tenir en cas de comportement à risque.**

..................................................

..................................................

Lire le **DOC.F** et répondre aux questions.

## DOC.F Que faire en cas de prise de risque ?

### Le traitement d'urgence

Le traitement d'urgence peut être demandé en cas de rupture ou d'oubli de préservatif, de blessure ou de coupure avec un objet souillé de sang, de partage de matériel d'injection de drogues. Dans ces situations, vous pouvez suivre un traitement (traitement d'urgence – **traitement post exposition**) qui peut vous éviter d'être contaminé·e par le VIH.

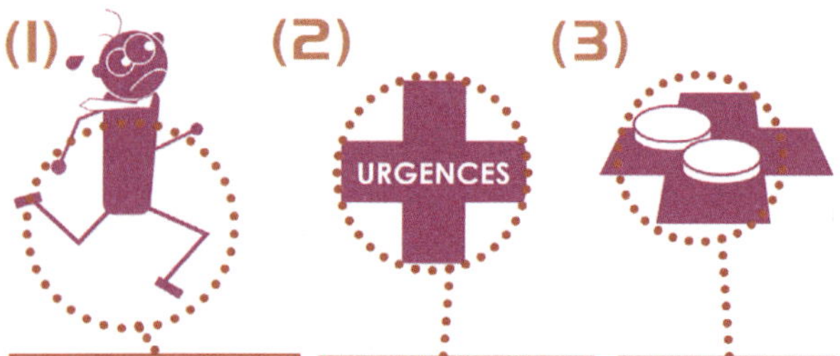


(1) RÉAGISSEZ TRÈS VITE ! Si possible dans les 4h après la prise de risque. Dans tous les cas **moins de 48 heures après la prise de risque**. Passé ce délai, le traitement est inefficace

(2) Contactez l'**hôpital** le plus proche. ALLEZ AUX URGENCES et dites que vous venez pour un **accident d'exposition au VIH**. Si vous le pouvez, mieux vaut venir avec votre partenaire

(3) S'il y a réellement un risque de contamination, le médecin vous donnera un TRAITEMENT (une trithérapie) d'une durée de **quatre semaines**

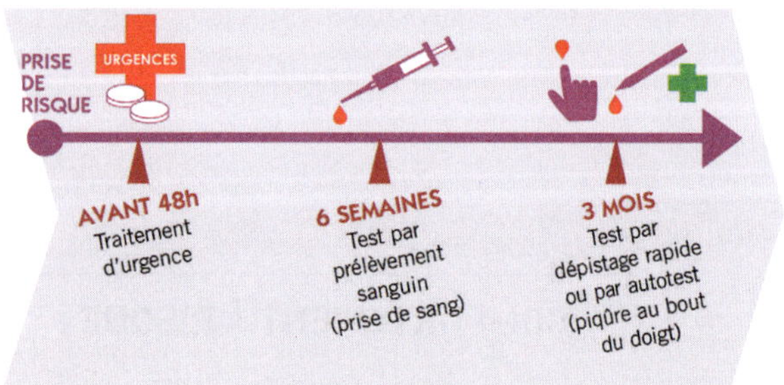


### Le test de dépistage

**Quels sont les différents tests de dépistage ?**

**Les tests dits «classiques»** (à l'aide d'une prise de sang) dans les laboratoires d'analyses médicales, chez les médecins ou dans les CeGIDD (Centres gratuits d'information, de dépistage et de diagnostic) (anciens CDAG et CIDDIST).

**Les tests dits «rapides»** ou TROD proposés par les associations avec un résultat disponible en moins de 30 minutes (on pique le bout du doigt).

**Les tests dits «autotests»** (réalisés soi-même à domicile) qui sont vendus en pharmacie.

(1) Vous faites un test classique, rapide ou un autotest

(2) Vous obtenez le **résultat** de votre test

(3) Que vous soyez séronégatif·ve ou séropositif·ve, **il faut continuer à vous protéger** (préservatifs, matériel d'injection à usage unique)

Le traitement d'urgence est composé de médicaments antiviraux afin de bloquer la multiplication du virus et sa dissémination.



**3** Énumérer les différents types de tests de dépistage du VIH existants.

..............................................................................................................................

**4** Indiquer si un traitement est possible en cas de risque de contamination par le virus du sida.

..............................................................................................................................

**5** Déduire la conduite à tenir dans le cas d'un test au VIH positif.

..............................................................................................................................

..............................................................................................................................

# Activité 6 Les structures d'accompagnement

OBJECTIF : Identifier les missions des structures d'accompagnement.

Lire le DOC. G et répondre à la question.

## DOC. G Les CeGIDD

Depuis 2016, les Centres gratuits d'information, de dépistage et de diagnostic (CeGIDD) ont été mis en place en France.

Leurs deux missions principales sont :
– la prévention, le dépistage et le diagnostic de l'infection des différentes IST (dont le sida et les hépatites), ainsi que l'accompagnement dans la recherche de soins appropriés ;
– la prévention des autres risques liés à la sexualité, dans une approche globale de santé sexuelle, notamment par la prescription de contraception.

D'après http://vih.org/cegidd

Les structures d'accompagnement sur le domaine de la sexualité sont les mêmes que celles sur la contraception (voir chapitre 5).

**Les CeGIDD en France**

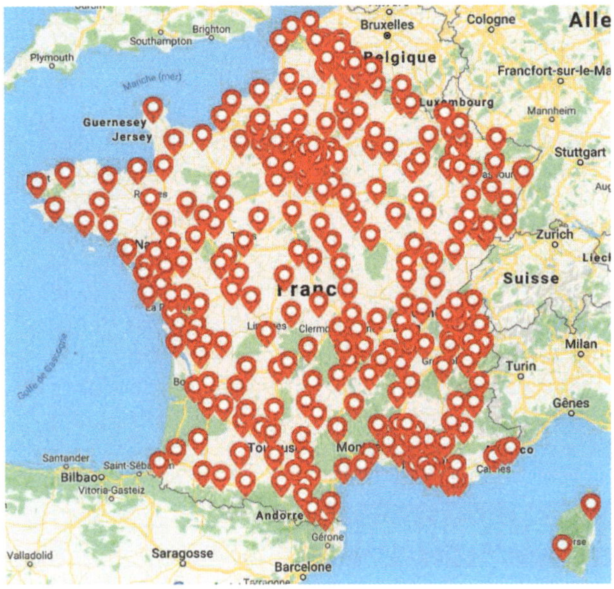


À partir des cas suivants, identifier en quoi le CeGIDD peut être utile.

**Cas 1 :** Lucille vient d'avoir une relation sexuelle non protégée avec Flavien, qu'elle vient juste de rencontrer.

- En quoi le CeGIDD peut-il l'aider ? ..........

**Cas 2 :** Ilona est amoureuse de Martin. Elle souhaiterait avoir des relations sexuelles avec lui mais elle est un peu préoccupée car elle ne peut en parler chez elle.

- En quoi le CeGIDD peut-il l'aider ? ..........

**Cas 3 :** Kylian vient d'apprendre qu'il a le VIH. Il ne sait pas vers qui se diriger pour être pris en charge.

- En quoi le CeGIDD peut-il l'aider ? ..........

1.1 - Mener une recherche et une veille d'information pix

### ACTIVITÉS NUMÉRIQUES

- **Regarder la vidéo « Présentation des CeGIDD » sur le site : liennathan.fr/7pj3h5 et répondre aux questions.**

**1.** Expliquer brièvement comment se passe une consultation au CeGIDD.

..........

..........

**2.** Préciser l'intérêt du rôle de conseiller du CeGIDD.

..........

- **Rechercher sur Internet :**

▶ une association ou une structure proche de chez vous qui peut aider les personnes dans le domaine des IST :

..........

▶ un numéro de téléphone d'écoute sur le sujet des IST : ..........

# Aide-mémoire

## Les infections sexuellement transmissibles

### Les principales IST en France

Les IST sont en pleine recrudescence, notamment l'infection à chlamydia (chlamydiose) et l'infection à gonocoque (blennorragie).

### Les caractéristiques des IST

Les IST proviennent de micro-organismes d'origine bactérienne ou virale. Elles présentent de nombreux symptômes communs (boutons, brûlures en urinant…) mais peuvent aussi être asymptomatiques (= sans symptômes). Les IST se transmettent par voie sexuelle, par voie sanguine et par voie materno-fœtale. Sur du long terme et non soignées, elles peuvent entraîner une stérilité ou une atteinte du nouveau-né.

### Le sida

Le micro-organisme responsable du sida est le VIH. Il détruit des lymphocytes du système immunitaire tout en se multipliant. Au début de la maladie, la personne contaminée (séropositive) n'a pas de symptômes apparents mais peut cependant transmettre la maladie (= « porteur sain »). Une personne est malade du sida quand elle devient sensible aux maladies opportunistes.

### La prévention de la transmission des IST

La prévention consiste à utiliser des préservatifs, faire les vaccins existants et se faire dépister si besoin.

### La conduite à tenir en cas de prise de risque ou de contamination

En cas de comportement à risque (ex. : rapport sexuel non protégé), il est nécessaire de faire un test de dépistage, de consulter un médecin, de prendre le traitement et d'éviter les rapports sexuels non protégés.

### Les structures d'accompagnement

Les centres gratuits d'information, de dépistage et de diagnostic (CeGIDD) permettent de faire de la prévention, le dépistage et l'accompagnement vers les soins nécessaires.

# Schéma-bilan

**Les IST**
- D'origine bactérienne (chlamydiose, syphilis…)
- D'origine virale (sida, hépatite B…)

Pour prévenir la transmission et le développement des IST :
- Préservatif
- Vaccin
- Dépistage

peuvent se transmettre par voies :
- materno-fœtale (de la mère à l'enfant durant la grossesse)
- sanguine
- sexuelle

**Si prise de risque**
- Consulter un médecin ou aller dans un Centre gratuit d'information, de dépistage et de diagnostic (CeGIDD).
- Se faire dépister.
- Prendre le traitement donné.

Testez vos connaissances en réalisant un quiz interactif sur l'i-MANUEL 2.0

# 2 Les pratiques alimentaires

## SITUATION Étude sur les Français

Selon une étude réalisée par OpinionWay en 2018, les Français ont changé leur manière de s'alimenter. Ils se tournent vers des produits différents pour diverses raisons : la volonté d'être en meilleure santé (53 % des sondés), la protection de l'environnement (39 %) et la cause animale (31 %).

Parmi ces nouveaux « modes alimentaires » (sans gluten, sans lactose, végane, bio, végétarien...), les flexitariens (sans mode alimentaire vraiment défini) sont le plus présents. En effet, la majeure partie des Français mixent de plus en plus les produits « conventionnels » à des produits dits « bio » ou « bons pour la santé » (même si seulement 4 % des sondés achètent uniquement des produits bio). Les Français se disent prêts à payer plus cher pour des produits plus sains.

## Analyse de la situation

**1** Identifier les différents éléments de la situation en complétant le tableau.

| | |
|---|---|
| **QUOI ?** Quel est le thème abordé dans cette étude ? | ........................ |
| **QUI ?** Quelles sont les personnes concernées par l'étude ? | ........................ |
| **QUAND ?** Quand a lieu cette étude ? | ........................ |
| **COMMENT ?** Comment ces changements s'opèrent-ils dans les achats ? | ........................ |
| **POURQUOI ?** Pourquoi observe-t-on ces différents changements ? | ........................<br>........................ |

**2** Formuler la problématique de la situation à partir de votre analyse précédente.

........................................................................................................

# Activité 1 Le devenir des aliments

**OBJECTIF :** Expliquer le devenir des aliments de leur consommation jusqu'au passage des nutriments dans le sang.

Lire le DOC.A et répondre aux questions.

## DOC.A Le parcours des aliments dans notre corps

Une fois ingérés, les aliments sont mastiqués dans notre bouche. Ils sont ensuite transformés tout au long de leur parcours en traversant plusieurs organes avant d'être assimilés par l'organisme : c'est la digestion. Certains organes participent à la digestion sans que les aliments (et le résultat de leur transformation) ne les traversent : ce sont les glandes annexes.

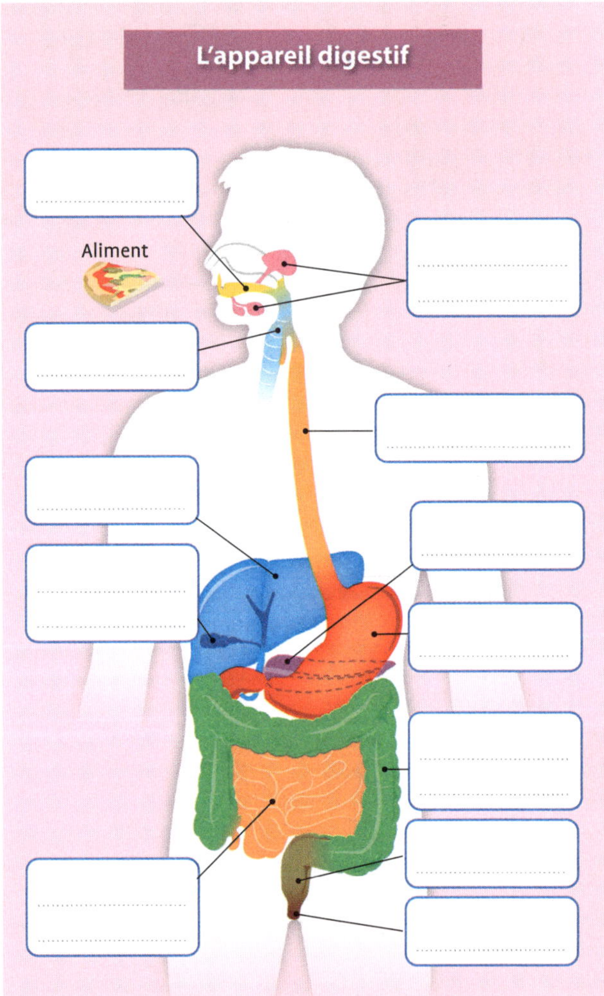


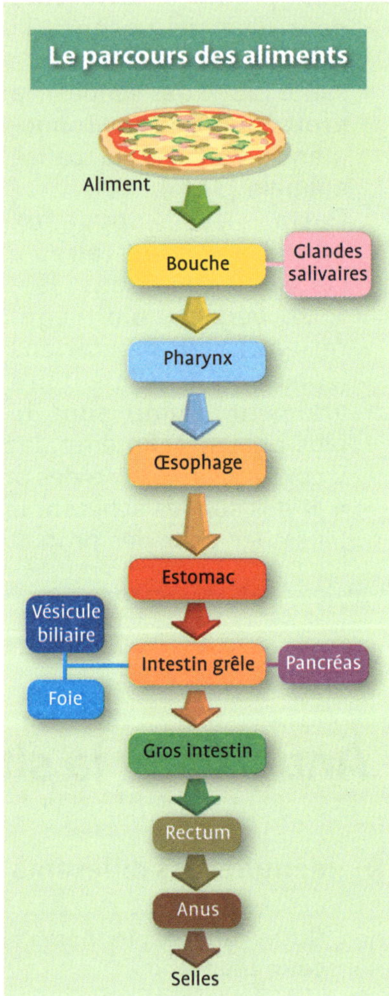


1 Compléter la légende de l'appareil digestif en vous aidant des couleurs.

2 Nommer les organes de cet appareil qui sont considérés comme des glandes annexes.

..........

3 Expliquer à quoi correspond la digestion.

..........

..........

Lire le DOC.B et répondre aux questions.

## DOC. B Les étapes de la digestion

Lors de la digestion, les aliments subissent des actions chimiques et mécaniques qui vont les transformer en nutriments pour passer dans le sang et être ainsi utilisables par l'organisme comme source d'énergie pour sa construction et le renouvellement cellulaire.

**Étape 1**

Les aliments sont broyés par les dents et la langue. (Actions mécaniques)

Ils sont humectés par la salive* qui les transforme. (Actions chimiques)

**Étape 2**

Le résultat obtenu forme une « purée » facile à avaler (le bol alimentaire), qui descend dans l'œsophage grâce à des contractions musculaires. (Actions mécaniques)

**Étape 3**

Le bol alimentaire arrive dans l'estomac, où il est brassé et malaxé. (Actions mécaniques)

Le suc gastrique (un acide très puissant) décompose cet ensemble qui donnera au final l'aspect d'une soupe. (Actions chimiques)

**Étape 4**

Le brassage continue dans l'intestin grêle. (Actions mécaniques)

Le suc intestinal*, le suc pancréatique* ainsi que la bile* (libérée par le foie et stockée dans la vésicule biliaire) se mêlent aux aliments et les décomposent en formes plus simples (= nutriments) afin de pouvoir passer dans le sang à travers les parois de l'intestin grêle : c'est l'absorption intestinale. (Actions chimiques)

**Étape 5**

Les restes des aliments qui n'ont pas été transformés (donc non digérés) continuent leur progression dans l'intestin grêle pour arriver dans le gros intestin, où l'eau et les éléments minéraux sont absorbés. (Actions mécaniques)

Ce qui reste au final constitue les selles. Elles seront stockées dans le rectum avant d'être évacuées par l'anus.

Actions mécaniques — Actions chimiques

* **Sucs digestifs :** liquides acides permettant de réaliser les actions chimiques de la digestion.

Vidéo : « La digestion »
liennathan.fr/1xyt04

**4** Expliquer, pour chacun des organes suivants, ce que deviennent les aliments lors de la digestion, en précisant l'action associée.

- Œsophage : ........................................
- Estomac : ........................................

........................................
- Intestin grêle : ........................................

........................................

**5** Indiquer pourquoi la transformation des aliments en nutriments est nécessaire.

........................................

........................................

**6** Définir l'absorption intestinale.

........................................

........................................

# Activité 2

## Les enjeux d'une pratique alimentaire pour la santé et l'environnement

**OBJECTIF :** Analyser les enjeux pour la santé et pour l'environnement d'une pratique alimentaire.

Lire le **DOC.C** et répondre à la question.

### DOC.C Les pratiques alimentaires les plus courantes en France

Une pratique alimentaire (= pratique sociale concernant notre alimentation) peut être d'origine culturelle, religieuse, idéologique ou encore être motivée par des préoccupations en matière de santé (pratique alimentaire choisie). Mais certaines pathologies empêchent aussi la consommation de certains aliments (= pratique alimentaire subie).

En France, on trouve majoritairement des omnivores mais d'autres pratiques alimentaires sont en plein essor, même si elles restent encore limitées. D'après une enquête réalisée par Harris Interactive en 2017, on trouve : les flexitariens (25 % des sondés connaissent et 6 % pratiquent), les végétariens (environ 5 % le pratiquent), les « sans gluten » (= alimentation sans produits à base de gluten ; 4 % le pratiquent), les véganes (88 % connaissent et 4 % pratiquent), les crudivores (4 % pratiquent), les paléos (4 % pratiquent)... De manière générale, 15 % des personnes sondées affirment avoir un régime alimentaire.

Dernièrement, on observe encore des changements dans les pratiques alimentaires, notamment avec une sensibilité plus importante des consommateurs dans le choix des produits alimentaires (par rapport à l'environnement et à l'éthique) : l'alimentation biologique commence à prendre de plus en plus de place.

**1** **Indiquer, pour les cas suivants, la pratique alimentaire adoptée en précisant s'il s'agit d'une pratique choisie ou subie.**

**Cas 1 :** Medhi, soucieux des animaux, a décidé de ne manger aucun aliment d'origine animale.

- Type de pratique alimentaire : ..............................
- Pratique alimentaire : ☐ choisie ☐ subie

**Cas 2 :** Alissa, allergique au gluten, doit adapter son alimentation et supprimer certaines céréales comme le blé, que l'on retrouve notamment dans les pâtes et le pain classique.

- Type de pratique alimentaire : ..............................
- Pratique alimentaire : ☐ choisie ☐ subie

**Cas 3 :** Paul a décidé de ne manger que des aliments frais issus de la chasse ou de la cueillette. Il refuse tout aliment issu d'une production industrielle car il considère que les produits industriels contiennent des substances dangereuses pour la santé.

- Type de pratique alimentaire : ..............................
- Pratique alimentaire : ☐ choisie ☐ subie

Lire le DOC.D et répondre aux questions.

## DOC.D Les conséquences possibles des pratiques alimentaires

Il existe des normes au niveau de l'apport alimentaire des individus, appelées « besoin nutritionnel moyen ». Ces besoins varient selon l'âge, le sexe, la corpulence ou encore l'activité physique quotidienne. Quelle que soit sa pratique alimentaire, un individu doit veiller à ce que son alimentation couvre son besoin nutritionnel moyen afin d'éviter de souffrir de carences (= déficit d'un ou de plusieurs nutriments dont le corps à besoin pour fonctionner). À l'inverse, il faut également éviter les excès alimentaires, qui peuvent entraîner différents troubles (baisse de la qualité du sommeil, affaiblissement du système immunitaire, obésité...).

Les pratiques alimentaires présentent des avantages mais aussi des inconvénients pour la santé.

Ainsi, le végétalisme cru exclut tous les aliments d'origine animale et prévoit de les consommer entièrement crus ou chauffés à une température inférieure à 40-48 °C. Cette pratique naissante se voit reconnaître des avantages certains pour la santé : diminution de 75 % du risque de développer une hypertension artérielle, diminution de 42 % du risque de mourir d'une maladie cardiaque, réduction du risque de diabète, etc. Cependant, le végétalisme cru peut également présenter des risques pour la santé : carences nutritionnelles en vitamines D, B12 ou en calcium, qui entraînent un affaiblissement des muscles et des os. Cette pratique favorise également l'apparition de caries dentaires et peut réduire la fertilité chez la femme.

Il faut donc être vigilant lors de la mise en place de nouvelles pratiques et ne pas hésiter à demander l'avis d'un professionnel de santé.

**2** Expliquer comment un individu peut couvrir son besoin nutritionnel.

..................................................

**3** Préciser les facteurs de variation du besoin nutritionnel moyen d'un individu à l'autre.

..................................................

**4** Expliquer pourquoi les pratiques alimentaires représentent un enjeu pour la santé des individus.

..................................................

..................................................

**5** Indiquer si les différentes pratiques alimentaires n'ont des conséquences qu'au niveau de l'appareil digestif en justifiant.

..................................................

..................................................

..................................................

Lire le DOC.E et répondre aux questions.

## DOC.E Les impacts de l'alimentation sur l'environnement

Pour produire les aliments, les transformer, les transporter ou encore les stocker, nous utilisons de l'eau et de l'énergie, et nous générons des pollutions. Par nos pratiques alimentaires, le choix des produits achetés (de saison, avec le moins de transformations possibles, sans pesticides et avec peu d'emballages) et la limitation du gaspillage alimentaire, il est possible de contribuer à l'amélioration de notre environnement. Les impacts environnementaux de l'alimentation se répartissent sur l'ensemble de la chaîne alimentaire :

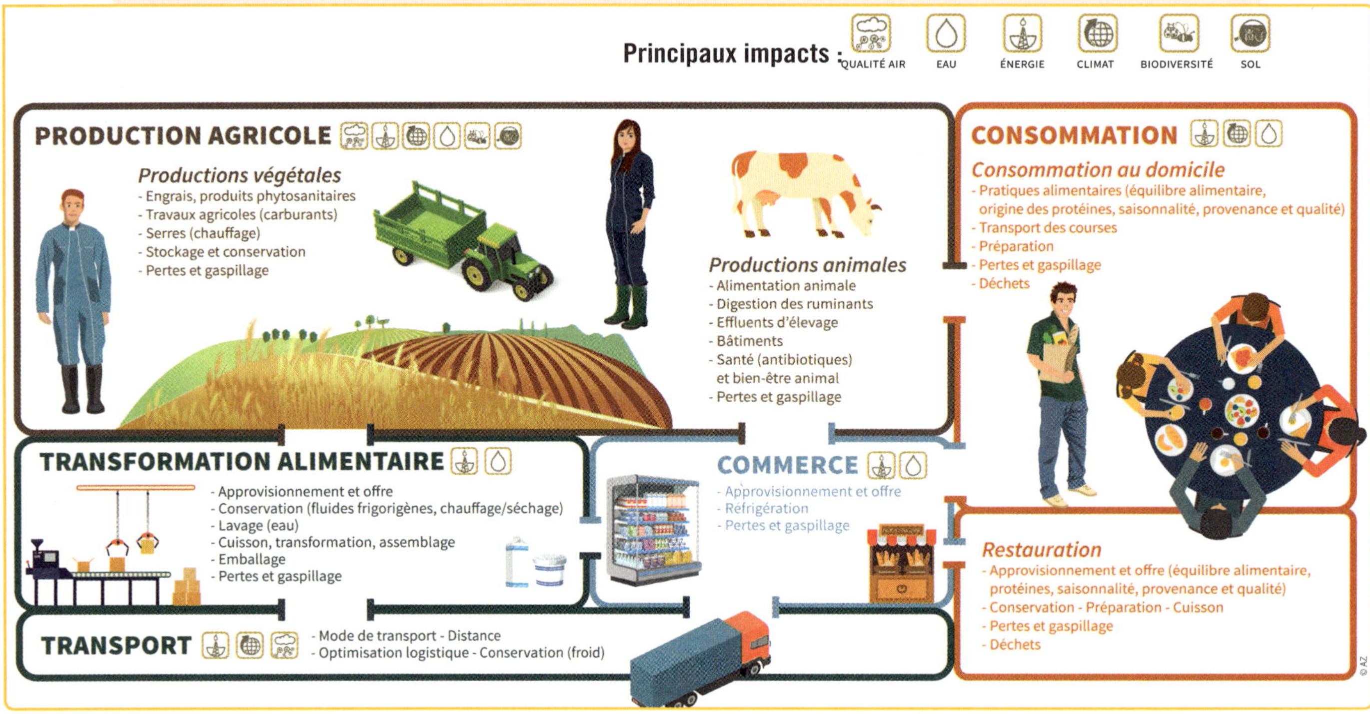


A. Zeller/Terre-Ecos pour ADEME

**6** Indiquer le phénomène que l'on retrouve le plus fréquemment au cours des différentes étapes DOC.E.

..........

..........

**7** Déduire les impacts environnementaux générés par l'alimentation.

..........

..........

**ACTIVITÉ NUMÉRIQUE**

**Regarder la vidéo « Comment réduire l'impact environnemental de son alimentation ? » sur le site : liennathan.fr/ule853 et répondre aux questions.**

**1.** Expliquer pourquoi notre mode de consommation alimentaire est comparé au logement ou au transport.

..........

**2.** Donner les conseils proposés pour limiter l'impact de notre consommation alimentaire sur l'environnement.

..........

..........

..........

# Activité 3 — Le choix d'un produit alimentaire

**OBJECTIF : Choisir un produit alimentaire à partir de l'analyse d'une étiquette dans une situation donnée.**

Lire le **DOC.F** et répondre aux questions.

## DOC.F Quelques éléments importants sur les étiquettes alimentaires

Soucieux de leur alimentation, les Français regardent de plus en plus l'étiquetage des produits alimentaires. Ces étiquettes comprennent de nombreuses informations. Certaines d'entre elles nous permettent de faire des choix éclairés selon nos propres critères.
Voici quelques éléments que l'on peut trouver sur une étiquette :

**Ingrédients :** ils sont classés par ordre décroissant de quantité. Les additifs (= substances ajoutées au produit pour le conserver, en modifier le goût…) sont précisés, ainsi que les produits allergènes (= substances qui provoquent une réaction allergique) en gras.

| Informations nutritionnelles | Pour 100g | Par portion de 30 g | % des apports de référence* par portion |
|---|---|---|---|
| ÉNERGIE | 1982 kJ 498 kcal | 505 kJ 119 kcal | 8 |
| MATIÈRES GRASSES | 27,3 g | 5,8 | 8 |
| dont acides gras saturés | 15,4 g | 3,2 | 15 |
| GLUCIDES | 57,6 | 11,9 | 5 |
| dont sucres | 46,8 | 9,4 | 11 |
| FIBRES | 1,8 | 0,4 | - |
| PROTÉINES | 8,1 | 1,6 | 3 |
| SEL | 0,22 | 0,04 | 1 |

* pour un adulte-type (8400kJ/2000kcal)

**Valeur énergétique (et informations nutritionnelles) :** pour connaître les différents apports du produit.

**Provenance ou lieu d'origine :** pour savoir d'où provient le produit.

**Nutri-Score :** ce système d'étiquetage informe les consommateurs sur la qualité nutritionnelle des produits et simplifie la lecture des étiquettes. Chaque produit est ainsi positionné sur une échelle à 5 niveaux : de A pour les produits les plus favorables sur le plan nutritionnel, à E pour les produits les moins favorables.

**1** Comparer les 2 produits ci-contre et indiquer celui qu'il est préférable de choisir.

……………………………………………………

**2** Préciser l'intérêt de regarder sur une étiquette le Nutri-Score plutôt que la valeur énergétique et nutritionnelle du produit.

……………………………………………………

……………………………………………………

……………………………………………………

**3** D'après vos connaissances, donner un intérêt de connaître la provenance du produit.

……………………………………………………

……………………………………………………

……………………………………………………

**4** Comparer les 2 étiquettes suivantes et choisir le produit qui semble le plus équilibré (celui qui contient le moins de sucres et le plus de fibres).

..........................................................................................................................................

..........................................................................................................................................

**BARRE DE CHOCOLAT**

| Informations nutritionnelles | pour 100 g | par barre (60 g) |
|---|---|---|
| Énergie | 449 kcal | 202 kcal |
| Lipides | 16,6 g | 7,5 g |
| dont saturés | 8,3 g | 3,7 g |
| Glucides | 70,2 g | 31,6 g |
| dont sucres | 61,7 g | 27,8 g |
| Protéines | 4,1 g | 1,8 g |
| Fibres | 1 g | 0,5 g |
| Sel | 0,42 g | 0,19 g |

**BARRE DE CÉRÉALES**

| Informations nutritionnelles | pour 100 g | par barre (60 g) |
|---|---|---|
| Énergie | 396 kcal | 79 kcal |
| Lipides | 9 g | 2 g |
| dont saturés | 5 g | 1 g |
| Glucides | 68 g | 14 g |
| dont sucres | 25 g | 5 g |
| Protéines | 6 g | 1 g |
| Fibres | 11 g | 2 g |
| Sel | 0,63 g | 0,13 g |

Lire le **DOC. G** et répondre aux questions.

## DOC. G Les aliments ultra-transformés et l'indice Siga

Un aliment est dit « transformé » lorsqu'il lui a été ajouté du sel ou du sucre dans le but de prolonger sa durée de consommation (fruits en bocaux, conserves de légumes…). Les produits ultra-transformés (biscuits, boissons gazeuses…), quant à eux, ont subi de nombreuses transformations par l'industrie (arômes artificiels, colorants…).

De nombreuses études scientifiques ont démontré que les produits ultra-transformés augmentaient le risque de mortalité, d'obésité, d'hypertension et de cancers ; c'est pourquoi l'indice Siga a été créé.

Cet indice permet d'évaluer le degré de transformation d'un produit alimentaire. Il indique s'il s'agit d'un produit simplement transformé (à favoriser) ou, au contraire, ultra-transformé (à éviter). L'indice Siga est défini à partir des informations sur le produit et prend en compte le degré de transformation de chaque ingrédient, les éventuelles substances (ex. : additifs) à risque ainsi que les seuils nutritionnels.

Pour certains produits (les plus simples de leur catégorie), des médailles sont attribuées.

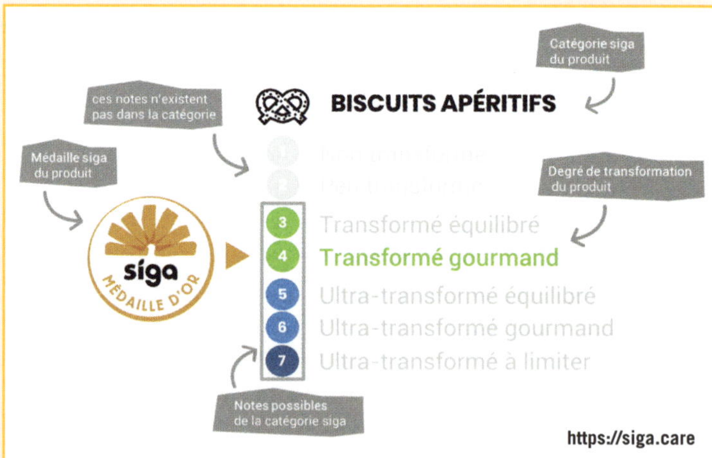


https://siga.care

**5** Expliquer l'intérêt de l'indice Siga.

..........................................................................................................................................

..........................................................................................................................................

**6** Comparer les 2 produits alimentaires ci-dessous et indiquer celui qu'il est préférable de choisir en justifiant.

..................................................................................................................

..................................................................................................................

..................................................................................................................

**Produit 1**

Score **síga** VIANDES ÉLABORÉES

produit non médaillé de sa catégorie

3 Transformé équilibré
4 Transformé gourmand
5 Ultra-transformé équilibre
6 Ultra-transformé gourmand
▶ 7 Ultra-transformé à limiter

**Produit 2**

Score **síga** VIANDES ÉLABORÉES

síga MÉDAILLE D'OR de sa catégorie de produit

▶ 3 Transformé équilibré
4 Transformé gourmand
5 Ultra-transformé équilibré
6 Ultra-transformé gourmand
7 Ultra-transformé à limiter

**ACTIVITÉ NUMÉRIQUE**

**Télécharger sur une tablette ou un smartphone l'application Yuka.**

**1.** Expliquer brièvement l'intérêt de cette application.

..................................................................................................................

..................................................................................................................

**2.** Scanner un produit, de chez vous, de chaque catégorie demandée et décrypter le résultat.

CATÉGORIE « GÂTEAUX / BISCUITS » :

▶ Produit choisi : ..................................................

▶ Résultat Yuka : ..................................................

▶ Défauts : ..................................................

▶ Qualités : ..................................................

CATÉGORIE « JAMBON » :

▶ Produit choisi : ..................................................

▶ Résultat Yuka : ..................................................

▶ Défauts : ..................................................

▶ Qualités : ..................................................

# Aide-mémoire

## Les pratiques alimentaires

### Le devenir des aliments

Une fois ingérés, les aliments traversent l'appareil digestif où différents organes réalisent des actions chimiques (par l'intermédiaire des sucs digestifs) et mécaniques (notamment, le brassage) afin de transformer les aliments en nutriments (glucose, acides gras, glycérol, acides aminés, eau, fibres), directement assimilables par l'organisme.

### Les enjeux d'une pratique alimentaire pour la santé et l'environnement

Il existe de nombreuses pratiques alimentaires (= pratiques sociales concernant notre alimentation) : végétarien, paléo, flexitarien, végane... Ces pratiques peuvent être subies (par exemple, pour des raisons de santé) ou choisies (par exemple, pour des raisons idéologiques : ne pas manger des produits qui proviennent d'un animal...). Elles présentent des avantages et des inconvénients pour la santé, il est donc important d'être suivi médicalement avant de les adopter afin d'éviter tout problème de santé.

### Le choix d'un produit alimentaire

Les étiquettes des produits alimentaires comprennent de nombreuses informations qui peuvent nous permettre de faire des choix selon nos propres critères (ingrédients, Nutri-Score, valeurs énergétiques et nutritionnelles, indice Siga...). Ainsi, il est plus simple de choisir un produit en prenant en compte notre santé.

# Schéma-bilan

**DIFFÉRENTES PRATIQUES ALIMENTAIRES**

Exemples :
- Omnivore
- Végétarien
- Végan...

Pour aider dans ses choix

**ÉTIQUETTE ALIMENTAIRE**
- Provenance
- Nutri-Score
- Liste des ingrédients
- Valeur énergétique
- Etc.

**DIGESTION :** actions mécaniques et chimiques

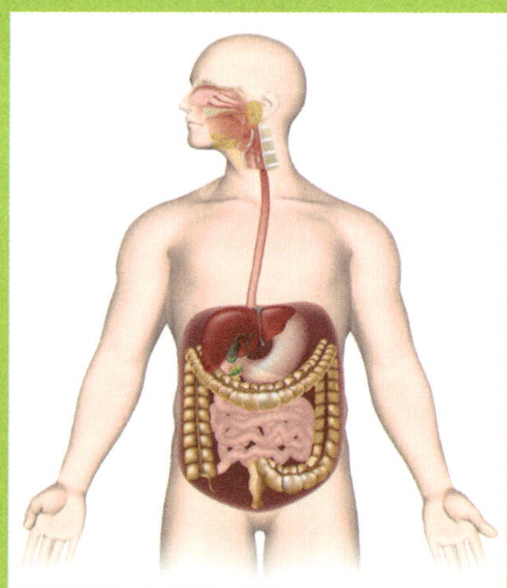

Transformation des aliments en nutriments

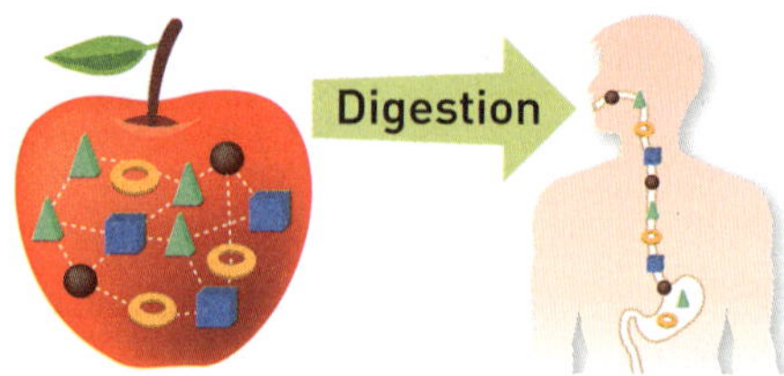


Testez vos connaissances en réalisant un quiz interactif sur l'i-MANUEL 2.0

# Évaluation

Nom : ..........

Prénom : ..........

Classe : ..........

## SITUATION

Luka a de plus en plus de problèmes digestifs et souffre de maux de ventre importants. Il décide de consulter un spécialiste, qui lui annonce qu'il a une intolérance au lactose. Il doit donc désormais éviter de consommer des produits avec du lactose pour éviter ces problèmes digestifs. Le spécialiste lui conseille de lire plus attentivement les étiquettes des produits avant consommation.

**1** Compléter le tableau suivant afin d'identifier les différents éléments de la situation.

| | |
|---|---|
| **QUOI ?** Quel est le problème dans cette situation ? | .......... |
| **QUI ?** Quelle est la personne concernée ? | .......... |
| **POURQUOI ?** Pourquoi doit-elle réagir ? | .......... <br> .......... |
| **COMMENT ?** Comment peut-elle réagir ? | .......... |

Lors de ses courses en grande surface, Luka hésite entre plusieurs produits.

**2** Choisir, parmi ces 2 produits, celui qui conviendrait mieux à Luka en justifiant votre réponse.

..........

..........

**Végé'Soja**

**Dessert au soja, aux noisettes et amandes, enrichi en calcium.**

Ingrédients : jus de **soja** 83 % (eau, graines de **soja** 7,5 %), sucre, pâte de **praliné** 4 % (sucre, **noisettes** torréfiées 1,2 %, **amandes** torréfiées 0,8 %, huiles d'**amande** et de **noisette**), épaississants : amidon transformé de maïs sans OGM, arôme, phosphate de calcium, sel. **Produit garanti sans gluten.**

*Fabriqué en France*

**Natur'lait**

Yaourt nature ferme

**Ingrédients**

**Lait** partiellement écrémé à 11 g/L de matière grasse, **lactose** et protéines de **lait**, ferments **lactiques**.

**Origine**

Ces yaourts nature sont fabriqués à Jouy-sur-Morin (77) à partir de lait origine France.

**Conservation**

À consommer jusqu'au : voir la date inscrite sur le dessus de l'emballage.
À conserver entre 0 °C et + 6 °C.

**3** Comparer les notes Nutri-Score des 2 produits précédents et entourer celui qui est le meilleur pour la santé.

NUTRI-SCORE A B C D E

NUTRI-SCORE A B C D E

# Évaluation

**4** Entourer l'étiquette du produit qui a la plus faible valeur énergétique.

**Dessert au soja, aux noisettes et amandes, enrichi en calcium**

| Informations nutritionnelles | pour 100 g | % des AR* |
|---|---|---|
| Énergie | 419 kJ<br>100 kcal | 5 % |
| Matières grasses | 3 g | 4% |
| dont saturés | 0,3 g | 2% |
| Glucides | 14,5 g | 6% |
| dont sucres | 11,8 g | 13% |
| Protéines | 3,4 g | 7% |
| Sel | 0,15 g | 3% |
| Calcium | 120 mg | 15% |

* AR : Apports de référence pour un adulte-type (8 400 kJ/2 000 kcal), par jour.

**Yaourt nature ferme**

| Informations nutritionnelles | 100 g | 1 yaourt 125 g | % des AR* |
|---|---|---|---|
| Énergie | 180 kJ<br>43 kcal | 225 kJ<br>53 kcal | 3 % |
| Matières grasses | 1,1 g | 1,4 % | 2 % |
| dont saturés | 0,7 g | 0,9 % | 4 % |
| Glucides | 4,2 g | 5,3 % | 2 % |
| dont sucres | 4,2 g | 5,3 % | 6 % |
| Protéines | 4 g | 5 % | 10% |
| Sel | 0,13 g | 0,16 % | 3 % |
| Calcium | 120 mg | 150 mg | 19 % |

* AR : Apports de référence pour un adulte-type (8 400 kJ/2 000 kcal), par jour.

**Luka décide de se renseigner un peu plus sur le fonctionnement de l'appareil digestif.**

**5** Compléter le schéma sur l'appareil digestif à l'aide des termes suivants :

*le sang – l'œsophage – le foie – l'intestin grêle – des actions chimiques*

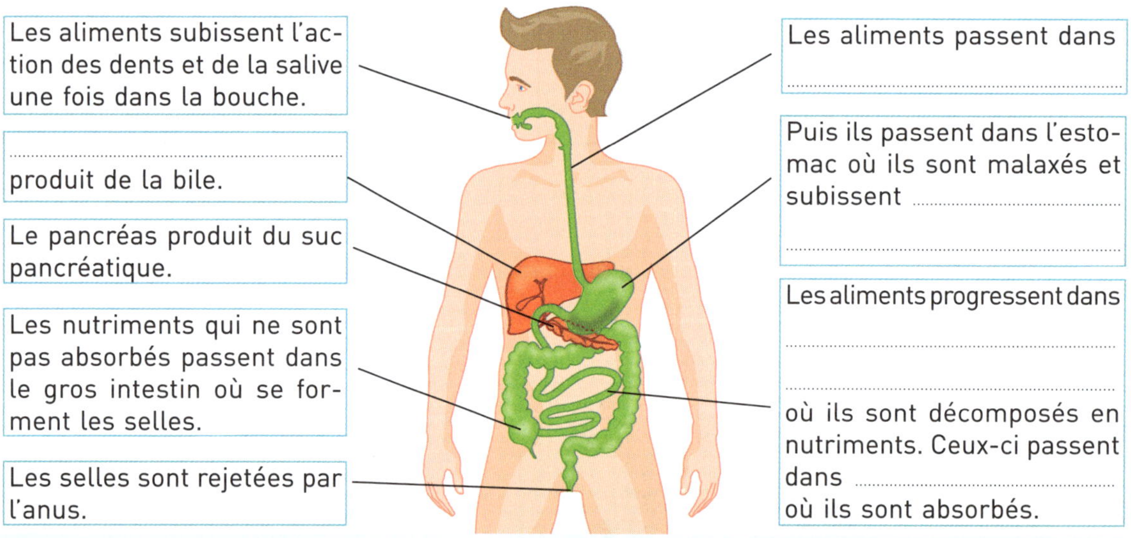


**6** Indiquer les éléments qui permettent les réactions chimiques.

..........................................................................................

**7** Préciser le type de réactions qui se déroulent lors de la digestion en plus des réactions chimiques.

..........................................................................................

**Luka suit désormais une alimentation sans lactose.**

**8** Donner un avantage et un inconvénient majeurs de ce changement de pratique alimentaire.

..........................................................................................

..........................................................................................

# 3 Le stress au quotidien

## SITUATION Sondage

### LES FRANÇAIS SONT DE PLUS EN PLUS STRESSÉS

**90 %** des Français éprouvent du stress
Pour **40 %** d'entre eux, le stress a augmenté ces trois dernières années

Un Français sur deux se considère comme assez (**40 %**) ou très (**10 %**) stressé

**Les Français les plus stressés**

**60 %** des femmes

**57 %** des 25-34 ans

*Source : Sondage OpinionWay réalisé en ligne du 4 au 6 octobre 2017 pour la Fondation Ramsay Générale de Santé.*

**Top 5 des causes de stress**

1. Vie professionnelle (36 %)
2. Problèmes financiers (35 %)
3. Vie personnelle (33 %)
4. Problèmes de santé (31 %)
5. Insécurité (26 %)

**Les effets du stress**

**56 %** des Français associent stress et troubles de la santé mentale

**13 %** d'entre eux associent stress et diabète/surpoids

**À court terme :**
- répercussions sur le sommeil (54 %)
- répercussions sur le comportement (nervosité, énervement) (40 %)

## Analyse de la situation

1 Identifier les différents éléments de la situation en complétant le tableau.

| | |
|---|---|
| **QUOI ?** Quel est le problème abordé dans ce sondage ? | ..................... |
| **QUI ?** Qui est concerné par ce sondage ? | ..................... |
| **QUAND ?** Quand a eu lieu ce sondage ? | ..................... |
| **COMMENT ?** Comment ce problème survient-il ? | ..................... |
| **POURQUOI ?** Pourquoi est-il important de réagir rapidement face à ce problème ? | ..................... |

2 Formuler la problématique de la situation à partir de votre analyse précédente.

.....................

Activité 1

# Les caractéristiques du stress

OBJECTIF : Présenter les caractéristiques du stress.

Lire le DOC.A et répondre aux questions.

## DOC.A La caractérisation du stress

Le stress est une réaction normale de l'organisme qui lui permet de s'adapter à une urgence, un danger, un changement. Les réactions physiologiques liées au stress (hypervigilance, accélération du rythme cardiaque, augmentation de la fréquence respiratoire, contractions musculaires) sont utiles pour faire face aux événements déclencheurs (appelés «stresseurs»).
Au temps de la préhistoire, ce mécanisme permettait aux humains d'assurer leur survie en fuyant ou en affrontant le danger (par exemple, face à la présence d'un prédateur). De nos jours, le stress survient essentiellement devant quatre types de menaces :

| Type de menace | Explication |
|---|---|
| Contrôle faible | Un individu fait face à une situation sur laquelle il n'a que peu, voire aucun contrôle. |
| Imprévisibilité | Un individu affronte un événement imprévu ou aux conséquences imprévisibles. |
| Nouveauté | Un individu fait face à quelque chose de nouveau, qu'il n'a jamais expérimenté. |
| Ego menacé | Les compétences d'un individu sont exposées au regard critique de son entourage. |

Nous ne réagissons pas tous de la même façon face au stress. Une même situation peut donc paraître stressante à certains et aucunement à d'autres. Cela dépend de la vulnérabilité (= sensibilité, fragilité) de l'individu, liée à sa personnalité, à son histoire personnelle, au contexte (état de santé...), etc.

1. Indiquer la fonction du stress.

..................................................

2. Identifier ce qui provoque le stress.

..................................................

3. Expliquer quelle est la réponse immédiate de l'organisme face à un stresseur et donner un exemple de ce que vous ressentez personnellement à ce moment-là.

..................................................

4. Donner, pour chacun des cas suivants, le type de menace qui peut entraîner le stress.

- Un professeur critique votre travail. Type de menace : ..................
- Votre ordinateur tombe en panne alors que vous en avez besoin. Type de menace : ..................
- Pris dans les embouteillages, vous allez être en retard. Type de menace : ..................
- Vous allez faire votre premier saut en parachute. Type de menace : ..................

5. Préciser si nous sommes tous égaux face aux situations stressantes.

..................................................

# Activité 2 Les facteurs de stress

**OBJECTIF :** Lister les facteurs de stress dans la vie quotidienne.

Lire le **DOC. B** et répondre aux questions.

## DOC. B Les facteurs de stress dans la vie quotidienne

Il existe de nombreux facteurs de stress que l'on peut regrouper en 4 grandes catégories :

**Argent**
- Baisse de revenus
- Souscription d'un emprunt
- Perte de revenus

**Santé**
- Maladie
- Accident
- Décès d'un proche

**Vie professionnelle**
- Pression professionnelle (productivité, horaires)
- Mauvais rapports (conflits, harcèlement)
- Précarité professionnelle

**Vie personnelle**
- Examens
- Conflits familiaux
- Rupture, divorce
- Déménagement
- Éducation des enfants
- Gestion des tâches quotidiennes

**1** **Préciser, pour chacun des cas suivants, le ou les facteurs de stress possibles en précisant à quelle catégorie ils correspondent.**

**Cas 1 :** Stéphanie est stressée car suite à une mutation professionnelle, elle va devoir déménager.

- Facteur(s) : ..........

**Cas 2 :** Romane est stressée car elle reprend le travail après un arrêt maladie d'une semaine qui l'a fortement retardée dans son activité.

- Facteur(s) : ..........

**Cas 3 :** À l'approche des épreuves du baccalauréat, Thomas se sent stressé.

- Facteur(s) : ..........

**Cas 4 :** Souvent à découvert en fin de mois, Léon stresse quand il doit faire face à une dépense.

- Facteur(s) : ..........

**2** **Lister l'ensemble des facteurs de stress de votre vie quotidienne.**

..........

**ACTIVITÉ NUMÉRIQUE**

**Regarder la vidéo « Les facteurs de stress au travail » sur le site : liennathan.fr/s38u3j et répondre aux questions.**

**1.** Donner le thème de cette vidéo.

..........

**2.** Énumérer les facteurs de stress au travail.

..........

# Activité 3 Le mécanisme physiologique du stress

**OBJECTIF : Expliquer le mécanisme physiologique du stress par l'action de l'adrénaline et du cortisol.**

Lire le DOC.C et répondre aux questions.

## DOC.C Les phases du stress : le mécanisme physiologique de réponse au stress

Le mécanisme physiologique de réponse au stress s'organise principalement autour de 2 phases :

1. la **phase d'alarme** durant laquelle l'organisme réagit face à l'agression et sécrète de l'adrénaline pour préparer le corps à répondre. Il y a alors accélération du rythme cardiaque, de la respiration, augmentation de la pression artérielle et contraction des muscles. Ainsi, la force musculaire, les sens et les réflexes sont décuplés et nous permettent d'agir rapidement ;

2. la **phase de résistance** : après quelques minutes, l'organisme résiste et compense les dépenses énergétiques occasionnées pour faire face à cette situation en libérant d'autres hormones (dont le cortisol). Le cortisol va permettre de fournir à l'organisme et au cerveau l'énergie suffisante pour réagir à l'agression. Il participe activement à la production d'énergie en transformant les réserves de graisse en sucres. Il dirige également cette énergie au bon endroit, comme dans les muscles de vos jambes si vous devez prendre la fuite.

L'agression terminée et le facteur de stress disparu, l'organisme retrouve son fonctionnement habituel.

Cependant, si la situation stressante perdure, l'organisme entre dans une 3e phase : celle de l'**épuisement**.
Durant cette phase, l'adrénaline et le cortisol continuent à être produits. L'organisme puise dans les réserves énergétiques, entraînant leur épuisement, et des pathologies peuvent apparaître.

**1** **Nommer les 2 principales hormones qui jouent un rôle important dans le mécanisme de réponse de l'organisme face au stress.**

..........

**2** **Donner le rôle de ces hormones.**

..........

..........

**3** **Préciser les hormones qui agissent principalement lors de ces phases.**

- Phase d'alarme : ..........
- Phase de résistance : ..........
- Phase d'épuisement : ..........

**4** **Indiquer l'impact de cette production d'hormones lorsque la situation de stress se prolonge.**

..........

**5** Compléter le schéma ci-dessous à l'aide des mots suivants :
*Épuisement – Adrénaline – Alarme – Cortisol – Résistance*

## 1. PHASE ..............................

**Sécrétion d'hormones de stress dont** ..................................

**Effets**
- Augmentation de la fréquence cardiaque
- Augmentation de la température corporelle
- Vigilance accrue
- Augmentation de la tension artérielle

## 2. PHASE ..............................

**Le corps entre en résistance en secrétant d'autres hormones dont** ..................................................................

**Effets**
- Augmentation du taux de sucre dans le sang

Si la situation stressante se prolonge ou s'intensifie

## 3. PHASE ..............................

**Alerte ! L'organisme est dépassé.**

**Effets**
- Les défenses immunitaires s'effondrent
- Perte d'énergie

**6** Nommer la phase du stress qui peut correspondre à l'apparition de pathologies au niveau de l'organisme.

..................................................................................................

**ACTIVITÉ NUMÉRIQUE**

**Regarder la vidéo « Les mécanismes du stress au travail » sur le site : liennathan.fr/pr87q5 et répondre aux questions.**

**1.** Nommer les 2 familles d'hormones qui jouent un rôle dans la réponse de l'organisme face au stress.

..................................................................................................

..................................................................................................

**2.** Préciser ce que peut différencier la réponse de l'organisme face au stress.

..................................................................................................

..................................................................................................

# Activité 4 Les effets du stress

**OBJECTIF : Différencier les effets du stress aigu et du stress chronique sur la santé.**

Lire le DOC.D et répondre aux questions.

## DOC.D Les différentes formes de stress et leurs effets sur la santé

**• Le stress aigu**

Il est le plus souvent provoqué par un événement inhabituel, spécifique et déstabilisant (examen, déménagement, naissance d'un enfant...) ou par une situation particulièrement menaçante (perte d'un emploi, divorce, conflits...).

Les symptômes liés au stress aigu (troubles digestifs, manque de concentration, agitation, euphorie, tristesse...) sont temporaires et disparaissent une fois l'événement passé ou la situation stressante terminée. [...]

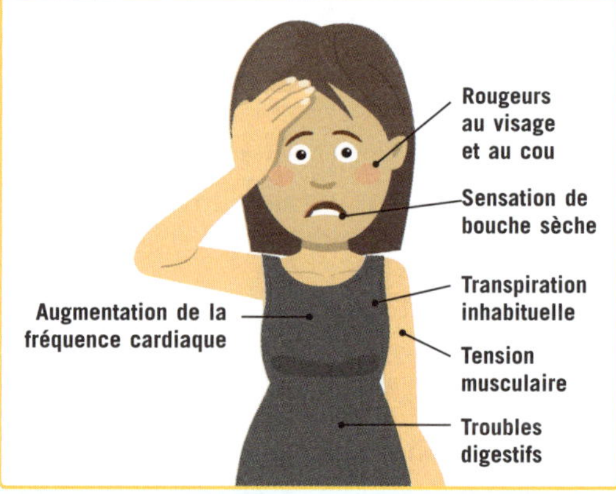


**• Le stress chronique**

Il est la conséquence de l'exposition répétée ou continue à des agents et sources de stress.

Le stress chronique est associé à la phase d'épuisement : l'organisme sécrète constamment les hormones du stress et puise beaucoup trop dans les réserves énergétiques.

Résultat, les organes ainsi que les systèmes immunitaire, respiratoire, circulatoire et cardiaque s'affaiblissent. Le stress chronique est dangereux pour la santé car il aggrave ou augmente le risque de développer certaines pathologies comme les maladies cardio-vasculaires (ex. : hypertension artérielle), respiratoires (ex. : asthme), le diabète de type 2, les troubles musculo-squelettiques, [différents troubles psychiques (ex. : anxiété, dépression)]...

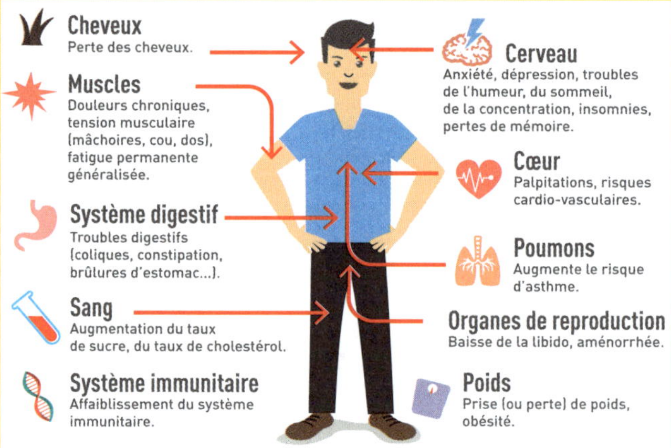


*Santé : des stress et moi*, Fondation April, www.fondation-april.org, réalisation graphique day on mars.

© Fédération Française de Cardiologie – www.fedecardio.org

**1** Préciser ce qui différencie les effets du stress aigu et les effets du stress chronique.

........................................................................................................

........................................................................................................

**2** À partir des cas suivants, préciser si ce sont des effets du stress aigu ou du stress chronique.

**Cas 1 :** Salma doit passer à l'oral devant toute sa classe. Elle transpire abondamment.

- Type de stress responsable : ........................................................................

**Cas 2 :** Sidney a des problèmes relationnels avec son chef au travail. Le soir, il a de plus en plus de mal à s'endormir et se réveille fréquemment en plein milieu de la nuit.

- Type de stress responsable : ........................................................................

# Activité 5 La gestion du stress

**OBJECTIF :** Proposer des actions visant à gérer le stress au quotidien.

Lire le **DOC.E** et répondre à la question.

## DOC.E Quelques conseils pour gérer le stress

Il est difficile de combattre le stress au quotidien car il est impossible de supprimer totalement les stresseurs, même s'il est parfois possible d'en diminuer le nombre ou l'intensité.
Il est toutefois possible d'agir sur soi-même et de mettre en œuvre des mesures individuelles de gestion du stress. Voici quelques exemples :

**DORMIR SUFFISAMMENT**

**MANGER RÉGULIÈREMENT ET ÉQUILIBRÉ**

**FAIRE UNE ACTIVITÉ PHYSIQUE RÉGULIÈRE**

**D'autres conseils sont possibles :**

**SE RELAXER**
La méditation mais aussi les techniques de relaxation, voire les massages permettent de détendre les muscles et de se libérer l'esprit un certain temps.

**S'ORGANISER**
Répartir ses plages horaires, s'organiser afin d'éviter d'être constamment débordé et pouvoir faire face à l'imprévu, procéder par niveau d'importance des tâches.

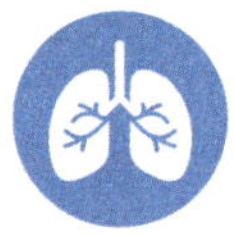

**RESPIRER**
Prendre l'air, marcher avec des respirations profondes en essayant de ne penser à rien.

**SE DIVERTIR**
Écouter de la musique entraînante, regarder un film ou une série plutôt comique… L'esprit n'est ainsi plus préoccupé par la même chose.

**CONSULTER UN PROFESSIONNEL**
Consulter un professionnel de la santé pour une aide psychologique.

**Indiquer, pour chacun des cas suivants, le type de stress subi et proposer un ou des conseils pour gérer le stress.**

**Cas 1 :** Noémie doit absolument rendre un devoir pour lundi mais durant le week-end, elle est invitée à un mariage. Elle se sent très stressée car elle se demande comment elle va faire pour tout gérer.

- Type de stress : ..............................
- Conseil(s) : ..............................

**Cas 2 :** Marie a perdu sa mère l'année dernière et vient d'apprendre que son père souffre d'un cancer. Elle se sent de plus en plus déprimée et n'a plus goût à rien. Elle ne s'alimente plus et reste enfermée chez elle la plupart du temps.

- Type de stress : ..............................
- Conseil(s) : ..............................

**Cas 3 :** Maxime est constamment stressé. Il n'arrive pas à gérer les événements inattendus : un retard de 5 minutes, une file d'attente, une remarque déplacée d'un de ses amis… Heureusement, ces phases de stress sont courtes.

- Type de stress : ..............................
- Conseil(s) : ..............................

# Aide-mémoire

## Le stress au quotidien

**Les caractéristiques du stress**

Le stress est une réaction d'adaptation de l'organisme à un événement précis (stresseur). Il se manifeste par des réactions physiologiques (augmentation des rythmes cardiaque et respiratoire, contraction musculaire, hypervigilance).

**Les facteurs de stress**

Il y a 4 grandes catégories de facteurs de stress : la vie personnelle, la vie professionnelle, la santé et l'argent.

**Le mécanisme physiologique du stress**

La réponse au stress s'organise généralement en 2 phases :

– la phase d'alarme, durant laquelle l'organisme sécrète de l'adrénaline pour nous permettre de réagir ;

– la phase de résistance, durant laquelle la production de cortisol apporte à l'organisme l'énergie nécessaire pour faire face.

Si la situation stressante perdure, une 3e phase peut apparaître : la phase d'épuisement, durant laquelle les hormones sont toujours libérées et où l'organisme s'épuise et s'affaiblit.

**Les effets du stress**

Les effets diffèrent selon que le stress est aigu ou chronique. Dans le premier cas, ils disparaissent rapidement. Les effets possibles du stress chronique sont généralement plus graves et plus durables que ceux du stress aigu.

**La gestion du stress**

On peut limiter les effets du stress en suivant quelques conseils liés à l'hygiène de vie :

– dormir suffisamment ;

– manger régulièrement et de façon équilibrée ;

– pratiquer une activité physique régulière...

# Schéma-bilan

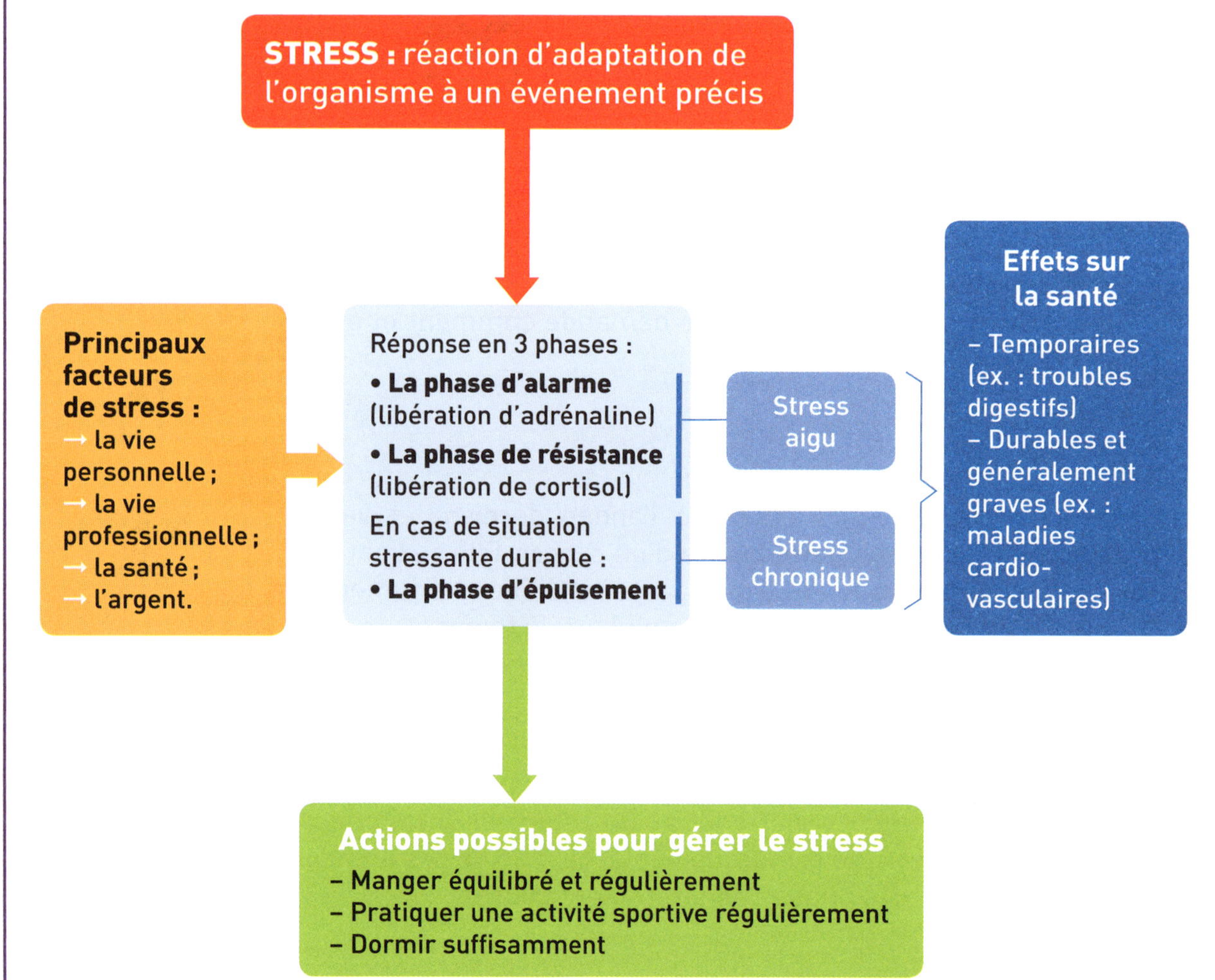


**Testez vos connaissances en réalisant un quiz interactif sur l'i-MANUEL 2.0**

# Évaluation

Nom : ..........

Prénom : ..........

Classe : ..........

## SITUATION

Jeff, originaire du sud de la France, vient d'être muté en région parisienne. Il a beaucoup de mal à se faire à cette nouvelle vie : il est éloigné de ses proches et son nouveau chef le met sous pression. Il se sent constamment stressé et commence à avoir des problèmes variés : palpitations cardiaques, fatigue permanente et nombreuses insomnies.

**1** Compléter le tableau suivant afin d'identifier les différents éléments de la situation.

| | |
|---|---|
| **QUOI ?** Quel est le problème dans cette situation ? | .......... |
| **QUI ?** Quelle est la personne concernée ? | .......... |
| **OÙ ?** Où a lieu cette situation ? | .......... |
| **COMMENT ?** Comment son problème se manifeste-t-il ? | .......... |
| **POURQUOI ?** Pourquoi la personne a-t-elle ce problème ? | .......... |

**2** Donner la définition du stress.

..........

**3** Préciser les facteurs de stress dans la situation de Jeff en précisant à quel type ils correspondent.

..........

..........

Jeff se renseigne sur le stress et découvre qu'il y a plusieurs phases de stress.

**4** Donner les 3 phases du stress.

..........

..........

Lire le DOC. A et répondre à la question.

**5** Indiquer dans quelle phase du stress Jeff se trouve.

..........

..........

**DOC. A** Phase de stress où se trouve Jeff

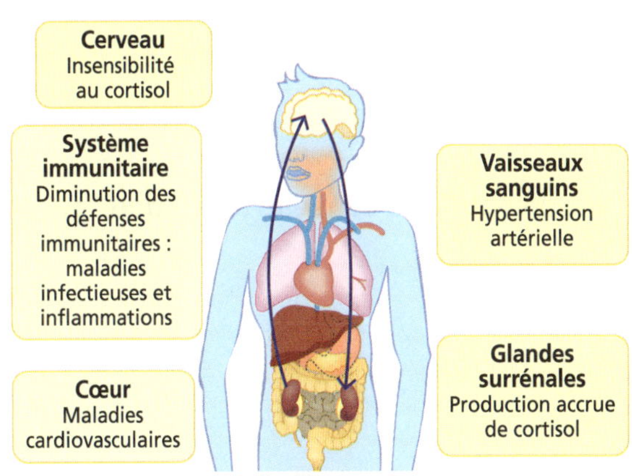

# Évaluation

Lors de ses recherches, Jeff découvre les effets possibles du stress sur l'organisme, notamment les pathologies qu'il peut créer. Il comprend mieux d'où viennent les symptômes qu'il a pu observer sur lui.

Lire le DOC. B et répondre aux questions.

**6** Préciser si les effets présentés correspondent à ceux du stress aigu ou du stress chronique.

..............................

..............................

..............................

**7** Donner 2 exemples d'effets psychiques et 2 exemples d'effets physiques.

Effets psychiques :

..............................

..............................

Effets physiques :

..............................

..............................

**DOC. B Les effets possibles du stress**

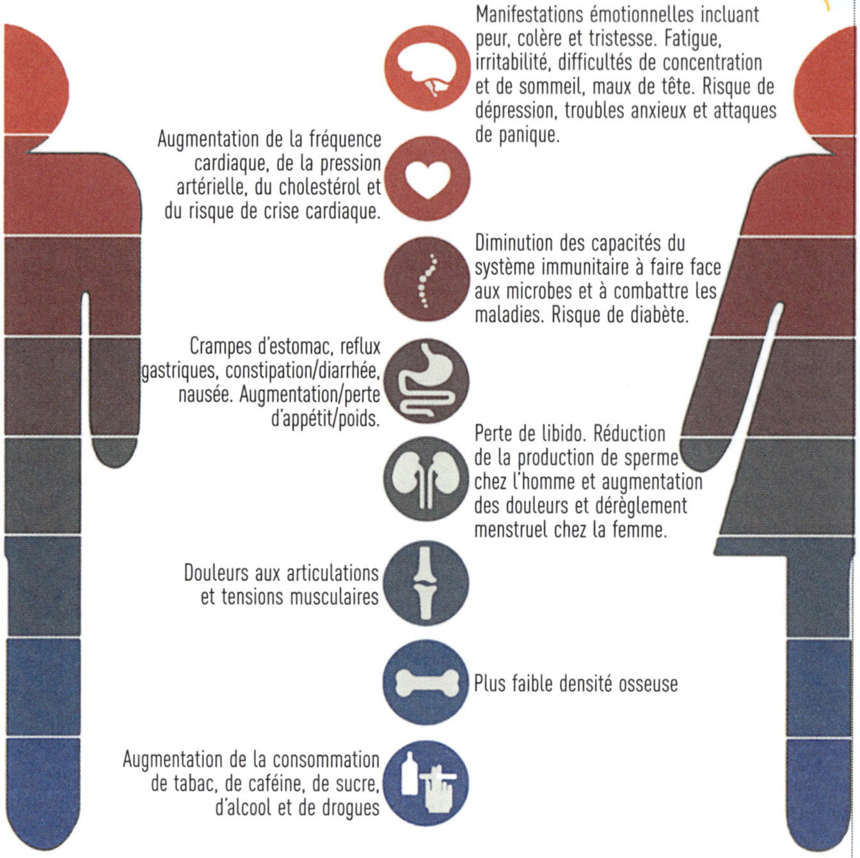


www.umeo-store.com

**8** Rappeler 2 effets possibles du stress aigu.

..............................

..............................

**9** Nommer les 2 hormones responsables des différents effets du stress.

..............................

..............................

**10** Proposer 2 conseils à Jeff pour gérer son stress.

..............................

..............................

..............................

..............................

# 4 Le bruit au quotidien

## SITUATION Actualité

En mars 2019, l'association JNA (Journée Nationale de l'Audition) s'inquiète pour l'audition de la population, notamment des plus jeunes. Suite à diverses enquêtes, les chiffres sont alarmants :

**7 jeunes sur 10 écoutent plus d'une heure par jour de la musique sur leur smartphone.**

**65 % des 15-17 ans écoutent de la musique sur leur smartphone principalement avec des oreillettes.**

**1 jeune sur 4 (26 % des 15-17 ans) reconnaît écouter de la musique avec un volume sonore élevé.**

**1 jeune sur 2 déclare s'endormir avec la musique du smartphone (54 % des 15-17 ans).**

32 % des 15-17 ans n'ont pas conscience des risques liés à une durée d'écoute prolongée avec un casque ou des oreillettes... et pourtant 4 jeunes sur 10 ont déjà ressenti des problèmes auditifs.

Tous ces chiffres sont alarmants, notamment pour l'état de santé du système auditif des jeunes pour qui les risques de surdité précoce sont élevés.

De plus, la réduction du temps de récupération offert au système auditif est un facteur aggravant de risques de fragilisation du système auditif, et donc de survenue de troubles de l'audition.

D'après www.journee-audition.org

## Analyse de la situation

**1** Identifier les éléments de la situation en complétant le diagramme de causes à effets.

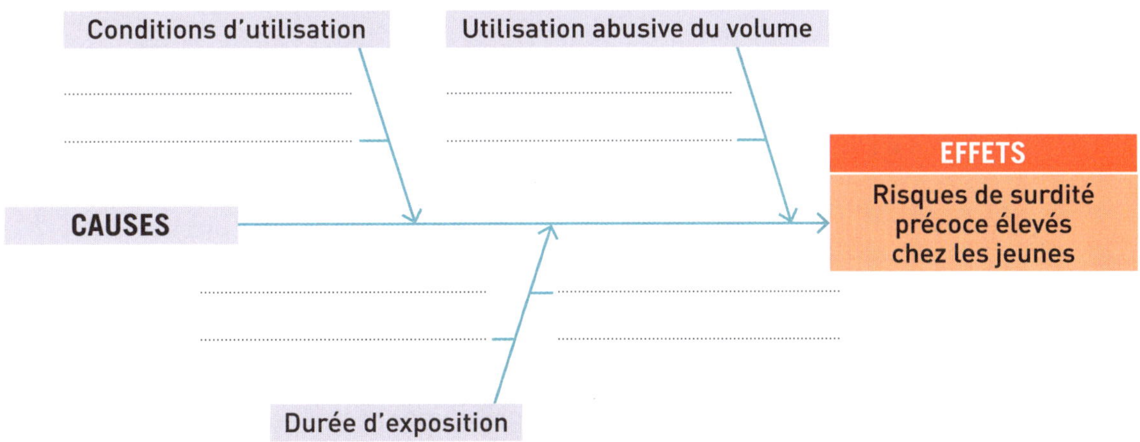


**2** Formuler la problématique de la situation à partir de votre analyse précédente.

..............................................................................................

..............................................................................................

# Activité 1 Les caractéristiques du son

**OBJECTIF : Indiquer les caractéristiques physiques du son.**

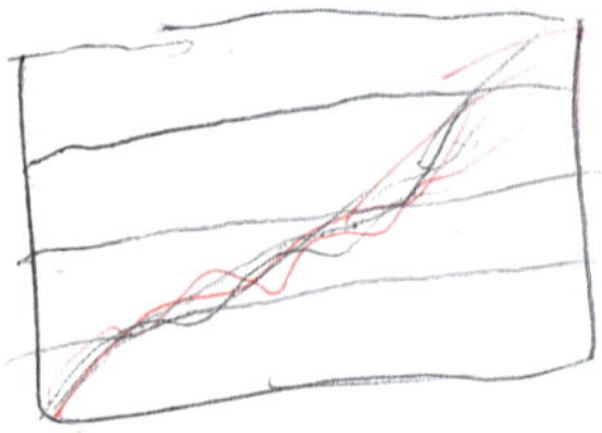

Lire le **DOC.A** et répondre aux questions.

## DOC.A Le son

Le son est un ensemble de vibrations de l'air qui se propagent en ondes sonores.
Il se caractérise principalement par son intensité et par sa fréquence.

**Intensité (son fort ou faible)**
Elle dépend de l'amplitude de la vibration et s'exprime en décibels (dB).

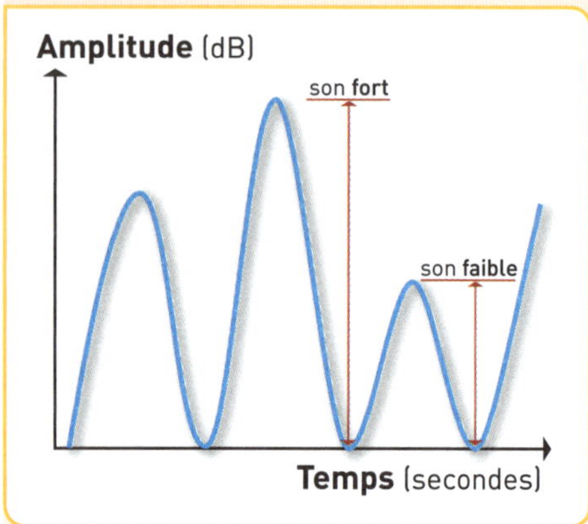


**Fréquence (son grave ou aigu)**
Elle représente le nombre de vibrations périodiques par seconde de la source sonore. Elle se mesure en hertz (Hz).
Exemple : 100 Hz = 100 vibrations/seconde

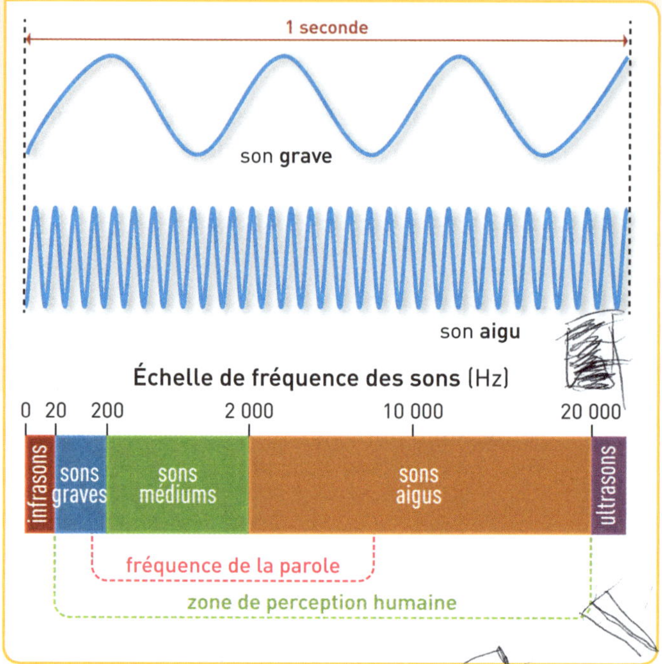


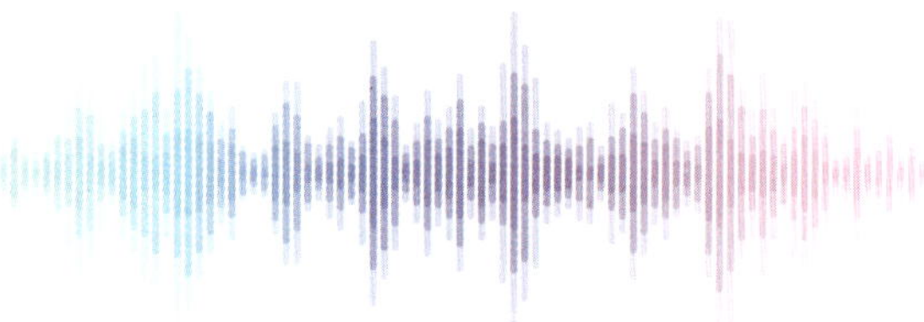

**1** Indiquer sous quelle forme se propage le son.

VIBRATIONS (Aire)

**2** Compléter le tableau suivant sur les caractéristiques physiques du son.

| | | |
|---|---|---|
| **Caractéristiques physiques du son** | Intensité | **Fréquence** |
| **Définition** | **Amplitude de l'onde sonore (sons forts / sons faibles)** | Nombre d'amplitude amin |
| **Unité** | Décibel | **Hertz** |

**3** Associer chaque source de son à l'intensité sonore qui pourrait lui correspondre et entourer le son le plus fort.

| | |
|---|---|
| Marteau-piqueur | 70 dB |
| Imprimante | 100 dB |
| Restaurant scolaire | 85 dB |

**4** Préciser, pour chacune des fréquences suivantes, si l'oreille humaine peut la percevoir, puis indiquer le type de son (grave, aigu, médium, infrason, ultrason) auquel elle correspond.

- 15 Hz : ☐ OUI ☒ NON Type de son : infrason
- 12 000 Hz : ☒ OUI ☐ NON Type de son : aigue
- 21 000 Hz : ☐ OUI ☒ NON Type de son : ultra son
- 700 Hz : ☒ OUI ☐ NON Type de son : médium
- 150 Hz : ☒ OUI ☐ NON Type de son : grave

Lire le **DOC. B** et répondre aux questions.

## DOC. B Le bruit

Le bruit est un ensemble de sons qui provoque une sensation auditive gênante ou désagréable. Le bruit, qui varie selon la personnalité et les goûts de chacun, est lié au fait que celui-ci est inattendu, inconvenant ou indésirable.
Le dessin ci-contre présente quelques exemples de sources de bruit.

© François Avril

**5** Préciser ce qui différencie le bruit du son.

P

**6** Identifier les différentes sources de bruit présentes dans le **DOC. B**.

Perceuse - traveau - orage - Avion

**7** Donner d'autres exemples de sources de bruit auxquels vous avez déjà été exposé(e).

train, voisin, classe, aéroport, trafic

~~ACTIVITÉS NUMÉRIQUES~~

- **Télécharger sur une tablette ou un smartphone l'application Générateur de fréquence.**

Donner les fréquences les plus hautes et les plus basses que vous pouvez entendre.

- **Télécharger sur une tablette ou un smartphone l'application Sonomètre.**

Mesurer deux intensités de bruits du quotidien de votre choix.
Bruits choisis :
▶ ................ = ........ dB ▶ ................ = ........ dB

## Activité 2 — La dangerosité du son

**OBJECTIF : Identifier les paramètres de dangerosité du son.**

Lire le **DOC.C** et répondre aux questions.

### DOC.C Les dangers du son

Le son peut avoir un impact sur notre organisme. En effet, à partir de certains seuils (selon l'intensité), il y a des risques. Voici une échelle du bruit de notre quotidien :

**ÉCHELLE DU BRUIT DE NOTRE QUOTIDIEN** (en dB)

| | |
|---|---|
| Avion au décollage (100 m) | 140 dB |
| Coup de tonnerre | 130 dB |
| Coup de feu | **120 dB** *Seuil de la douleur* |
| Concert et discothèque | 110 dB |
| Marteau piqueur | 100 dB |
| Aboiement, tondeuse, klaxon | **90 dB** *Seuil de danger* |
| | **85 dB** *Seuil de risque* |
| Cantine | **80 dB** *Seuil de nocivité pour une journée de travail de 8 h* |
| Salle de classe | **70 dB** *Seuil de fatigue* |
| Conversation à voix forte | 60 dB |
| Conversation à voix normale | 50 dB |
| Bibliothèque | 40 dB |
| Salle de séjour | 30 dB |
| Chambre à coucher | 20 dB |
| Vent léger | 10 dB |
| | **0 dB** *Seuil d'audition* |

En plus de l'intensité, la durée d'exposition est aussi un paramètre qui rend le son dangereux pour l'homme.
Voici quelques chiffres :

**DURÉE LIMITE D'EXPOSITION (SANS PROTECTION) AVANT DOMMAGES**

- De 120 à 140 dB : **Quelques secondes suffisent à provoquer des dégâts irréversibles.**
- 107 dB : **1 min/jour**
- 101 dB : **4 min/jour**
- 95 dB : **15 min/jour**
- 92 dB : **30 min/jour**
- 86 dB : **2 h/jour**
- 80 dB : **8 h/jour**

**1** Identifier les 2 paramètres qui peuvent rendre le son dangereux pour l'homme.

..........

**2** Justifier, dans les cas suivants, pourquoi le son peut avoir des conséquences sur la santé.

**Cas 1 :** Franck travaille dans un service de maintenance. Le niveau sonore dans l'atelier où il se trouve est d'environ 88 dB.

- Justification du risque possible : ..........

**Cas 2 :** Marwan est barman. Il est exposé à de la musique à 92 dB environ 45 minutes par jour.

- Justification du risque possible : ..........

..........

**Cas 3 :** Paloma travaille 8 heures par jour à proximité d'une machine d'une intensité sonore de 82 dB.

- Justification du risque possible : ..........

Lire le DOC.F et répondre aux questions.

## DOC.F Les effets extra-auditifs possibles du bruit

Une exposition trop intense ou prolongée au bruit peut également provoquer des effets extra-auditifs, qui touchent donc d'autres organes, systèmes ou appareils. Par exemple, les troubles cardiovasculaires (notamment l'hypertension) sont plus fréquents chez les travailleurs exposés au bruit.
D'autres effets extra-auditifs sont possibles :
- l'exposition au bruit pendant le travail a des conséquences négatives sur la qualité du sommeil. Cela interfère avec la fonction récupératrice du sommeil et peut entraîner une fatigue chronique ;
- le bruit peut aussi constituer un facteur de stress, aussi bien au travail que dans la vie sociale, dans la mesure où il est chronique, imprévisible et incontrôlable. Il entraîne alors l'isolement, l'agressivité, l'irritabilité, l'anxiété... ;
- le bruit détériore la performance des travailleurs à différents niveaux (communication, concentration...), ce qui peut entraîner une baisse de la qualité du travail ou de la productivité, voire des accidents du travail.

www.cotral.fr

**3** Expliquer ce que signifie le terme « effets extra-auditifs ».

..........

..........

**4** Expliquer pourquoi les effets du bruit peuvent avoir des conséquences sur la vie sociale.

..........

..........

**5** Déduire le nom des organes, systèmes ou appareils qui peuvent être touchés par le bruit.

..........

..........

### ACTIVITÉ NUMÉRIQUE

**Aller sur le site : liennathan.fr/387xox et écouter les fichiers sons « rock » ou « musique classique ».**

1. Décrire brièvement le son perçu par quelqu'un qui souffre de surdité de perception.

..........

2. Décrire brièvement le son perçu par quelqu'un qui souffre de surdité de transmission.

..........

3. Décrire brièvement le son perçu par quelqu'un qui souffre d'acouphènes.

..........

# Activité 5 Les mesures de prévention collective contre le bruit

**OBJECTIF :** Repérer au niveau collectif les mesures mises en œuvre pour lutter contre les nuisances sonores.

Lire le **DOC. G** et répondre aux questions.

## DOC. G Lutte contre le bruit : quelques exemples de mesures collectives

Afin de lutter efficacement contre le bruit, les mesures mises en place s'appuient sur la Code de la santé publique (qui dit qu'aucun bruit particulier ne doit, par sa durée, sa répétition ou son intensité, porter atteinte à la tranquillité du voisinage ou à la santé de l'homme).

Dans le cas de bruits de voisinage, par exemple, la loi prévoit de porter réclamation auprès de la police municipale ou de la gendarmerie ; le contrevenant responsable du bruit s'expose alors à une contravention de 68 € minimum et à la possible confiscation d'un éventuel matériel (Code pénal). Par contre, le bruit peut être toléré sous certaines conditions, comme pour des travaux de bricolage ou de jardinage, pour lesquels des heures sont tolérées (voir selon mairies et arrêtés préfectoraux).

En ce qui concerne les discothèques, les concerts et les festivals, la réglementation prévoit aussi des limites au niveau de l'intensité sonore.

Les appareils portables et les tablettes qui permettent l'écoute de sons *via* un casque ou des oreillettes doivent répondre à certaines exigences de sécurité : impossibilité de dépasser les 100 dB et informer l'utilisateur des risques dès le dépassement des 85 dB.

Sur le lieu de travail, c'est le Code du travail qui réglemente les différentes mesures de prévention. Par exemple, pour une exposition de 8 heures : à partir de 80 dB, mise à disposition de protecteurs auditifs ; dès 85 dB, obligation de les faire porter ; dès 87 dB, mise en place immédiate de mesures de réduction du bruit.

1. Indiquer sur quels textes se base la lutte contre le bruit.

..................................................

..................................................

2. Donner une sanction applicable en cas de bruit.

..................................................

3. Expliquer en quoi les différentes mesures du **DOC. G** sont des mesures collectives.

..................................................

4. Énumérer les différentes situations dans lesquelles des mesures de prévention collective peuvent être appliquées pour lutter contre le bruit.

..................................................

..................................................

## Activité 6

# Les mesures de prévention et de protection individuelle contre le bruit

**OBJECTIF :** Proposer des mesures de prévention et de protection contre le bruit.

Lire le **DOC. H** et répondre aux questions.

### DOC. H Lutte contre le bruit : quelques exemples de mesures individuelles

Pour lutter contre les bruits de voisinage, la meilleure solution est bien souvent le dialogue ou la solution amiable. Par exemple, inviter la personne à se rendre compte des troubles occasionnés peut être une solution, ou encore prévenir son voisinage d'une fête d'anniversaire peut permettre d'accepter plus facilement un bruit occasionnel.

Si aucune solution n'est trouvée, il en existe une autre, mais qui est plus onéreuse : l'isolation acoustique du logement afin d'être protégé des bruits des autres, mais aussi des bruits que l'on fait soi-même.

Individuellement, il est aussi possible de limiter les risques liés à l'écoute de la musique amplifiée.

Sur l'affiche ci-contre, des conseils sont proposés afin de protéger son ouïe lors de l'écoute de musique.

Certains de ces conseils peuvent aussi s'appliquer pour lutter contre les bruits du quotidien : par exemple, les protecteurs auditifs peuvent être un moyen de protection efficace contre le bruit de voisinage.

**1** Expliquer en quoi le comportement civique de chacun peut être la mesure de prévention la plus efficace pour lutter contre le bruit.

..............................................................................................................................

..............................................................................................................................

..............................................................................................................................

**2** Proposer, pour chacun des cas suivants, des mesures de prévention ou de protection de lutte contre le bruit.

**Cas 1 :** Martin aimerait s'endormir moins tard le soir mais il est constamment gêné par le bruit de ses voisins qui écoutent la télévision très fort.

- Proposition de mesures : ..............................................................................................

**Cas 2 :** Émilie écoute de la musique sur son téléphone plus de 3 heures par jour. Généralement, elle met le son à fond pour « profiter de la musique », comme elle dit.

- Proposition de mesures : ..............................................................................................

# Aide-mémoire

## Le bruit au quotidien

**Les caractéristiques du son**

Le son est un ensemble de vibrations de l'air qui se propage en ondes sonores.
Il se caractérise par son intensité (en dB) et par sa fréquence (en Hz).
Le bruit est un ensemble de sons qui provoque une sensation auditive gênante ou désagréable. Il varie selon chacun d'entre nous et il est lié au fait que celui-ci est inattendu, inconvenant ou indésirable.
Il existe de très nombreuses sources de bruit (bruits de voisinage, bruit au travail…).

**La dangerosité du son**

En fonction de l'intensité et de la durée d'exposition, le son peut avoir des effets sur la santé des individus. Des seuils sont fixés, comme le seuil de danger à 90 dB.

**La perception auditive**

Le système auditif transforme des ondes sonores en ondes mécaniques puis en influx nerveux décodé par la suite au niveau du cerveau. Ces transformations sont possibles grâce à l'intervention des différentes parties de l'oreille (externe, moyenne et interne) et des organes qui les constituent (osselets, tympan, cochlée…).

**Les conséquences possibles du bruit**

Les conséquences possibles du bruit sont nombreuses. Elles peuvent être auditives (surdité de transmission, de perception, acouphènes…) ou extra-auditives (effets possibles sur différents appareils, organes ou systèmes autres que le système auditif).

**Les mesures de prévention contre le bruit**

Il est possible d'agir contre le bruit au niveau collectif (par l'intermédiaire, notamment, de la réglementation et grâce à des sanctions applicables) et au niveau individuel (comportement civique, mesures de protection individuelle comme les bouchons d'oreilles).

# Schéma-bilan

**SON** → **Caractérisé par :**
- l'intensité (en dB) ;
- la fréquence (en Hz).

**SON** ↓ Bruit si la sensation auditive est gênante ou désagréable

Bruit → **Mesures de prévention et de protection**
- **Collectives :** réglementation, sanctions…
- **Individuelles :** protecteurs auditifs, comportement civique…

Si niveau sonore important ou si durée d'exposition importante

↓ **Atteintes sur la santé possibles**
- Système auditif touché
- **Effets extra-auditifs** → autres organes, systèmes ou appareils touchés

↓ **Conséquences sociales et professionnelles**

✓ **Testez vos connaissances en réalisant un quiz interactif sur l'i-MANUEL 2.0**

# 5 L'eau et le développement durable

## SITUATION État des lieux

**80 %** des eaux usées sont encore rejetées dans la nature **sans aucune dépollution**.

**2,2 milliards** de personnes utilisent une source d'eau **contaminée** par des matières fécales.

**1 000 enfants meurent chaque jour** de maladies évitables provoquées par une eau de mauvaise qualité et un manque d'assainissement ou d'hygiène.

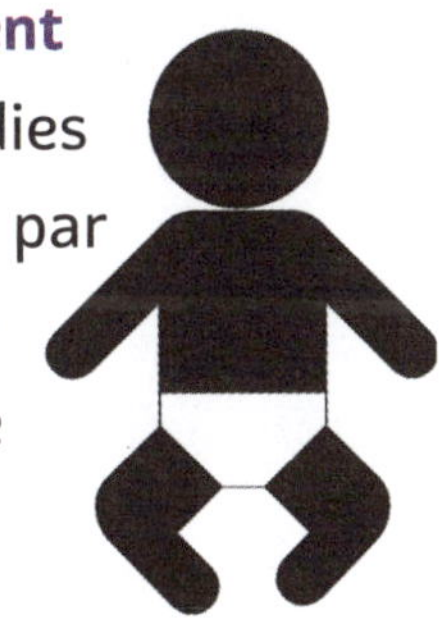

**2,1 milliards de personnes** n'ont pas accès à l'eau potable à leur domicile.

## Analyse de la situation

**1** Identifier les éléments de la situation en complétant le diagramme de causes à effets.

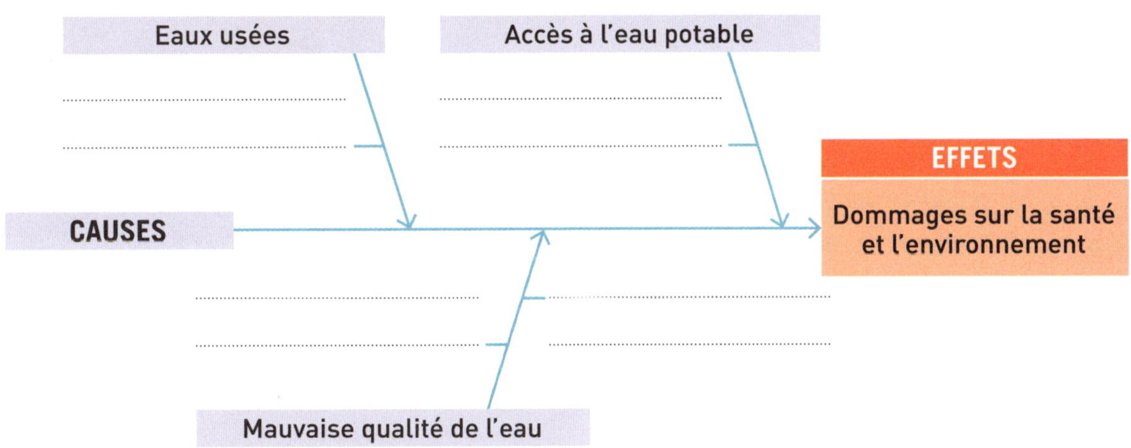


**2** Formuler la problématique de la situation à partir de votre analyse précédente.

..................................................................................................................

..................................................................................................................

# Activité 1 Les ressources en eau

**OBJECTIF : Analyser la diversité des ressources en eau.**

Lire le DOC.A et répondre aux questions.

## DOC.A Les ressources mondiales en eau

**Eau salée**

**97,5 %**

**1,35** milliards de km³

**Eau douce**

**2,5 %**

**35** millions de km³

**Dont 70 %** gelée au niveau des pôles

**30 %** essentiellement dans les sols

L'homme utilise **moins de 1 %** du volume d'eau douce présente sur Terre.

**1** Identifier les 2 types de ressources en eau sur notre planète.

.......................................................................................................

**2** Indiquer la proportion d'eau utilisable par l'homme.

.......................................................................................................

Lire le DOC.B et répondre aux questions.

**3** Préciser les 3 sources d'eau douce les plus utilisées dans le monde.

.......................................................

.......................................................

.......................................................

.......................................................

**4** D'après vos connaissances, indiquer par des exemples à quoi peuvent correspondre les eaux de surface.

.......................................................

.......................................................

.......................................................

## DOC.B Les sources d'eau douce utilisées au niveau mondial

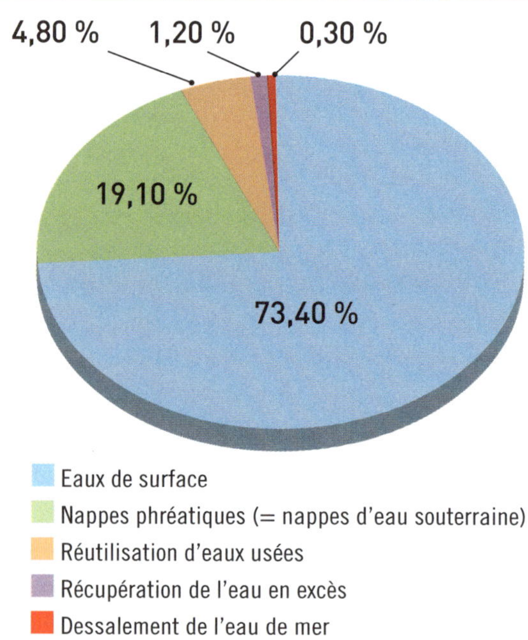

Lire le DOC.C et répondre aux questions.

## DOC.C Prévision de la répartition d'eau douce disponible dans le monde en 2025

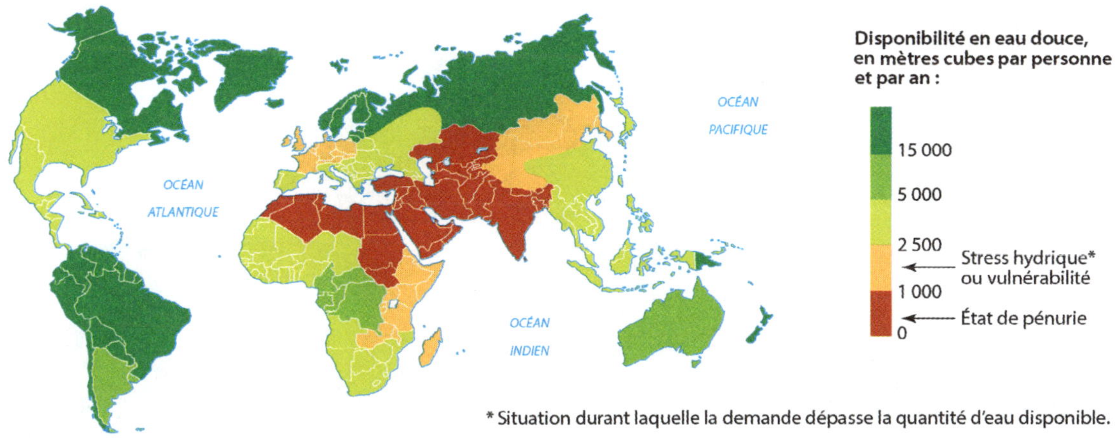


* Situation durant laquelle la demande dépasse la quantité d'eau disponible.

Sources : Unesco, World Resources Institute (WRI).

**5** Proposer une analyse de la répartition d'eau douce disponible en 2025.

**6** Indiquer quelle sera la situation de la France en termes de disponibilité d'eau douce.

**7** Identifier la partie du monde qui se trouvera dans un état de pénurie.

### ACTIVITÉ NUMÉRIQUE

**Regarder la vidéo « L'eau face à ses défis » sur le site : liennathan.fr/602zmx et répondre aux questions.**

1. Donner la proportion des personnes n'ayant pas accès à l'eau potable en précisant le lieu où on les trouve majoritairement.
2. Expliquer le fait que peu de personnes ont accès à l'eau potable malgré le fait que l'accès à l'eau potable est plus important qu'il y a 25 ans.
3. Donner le seuil du stress hydrique pour une personne.
4. Expliquer pourquoi le stress hydrique est amené à augmenter dans les années à venir.

# Activité 2 Le traitement de l'eau pour sa consommation

OBJECTIF : Expliquer l'intérêt de traiter l'eau pour sa consommation.

Lire le DOC.D et répondre aux questions.

## DOC.D Le circuit urbain de l'eau

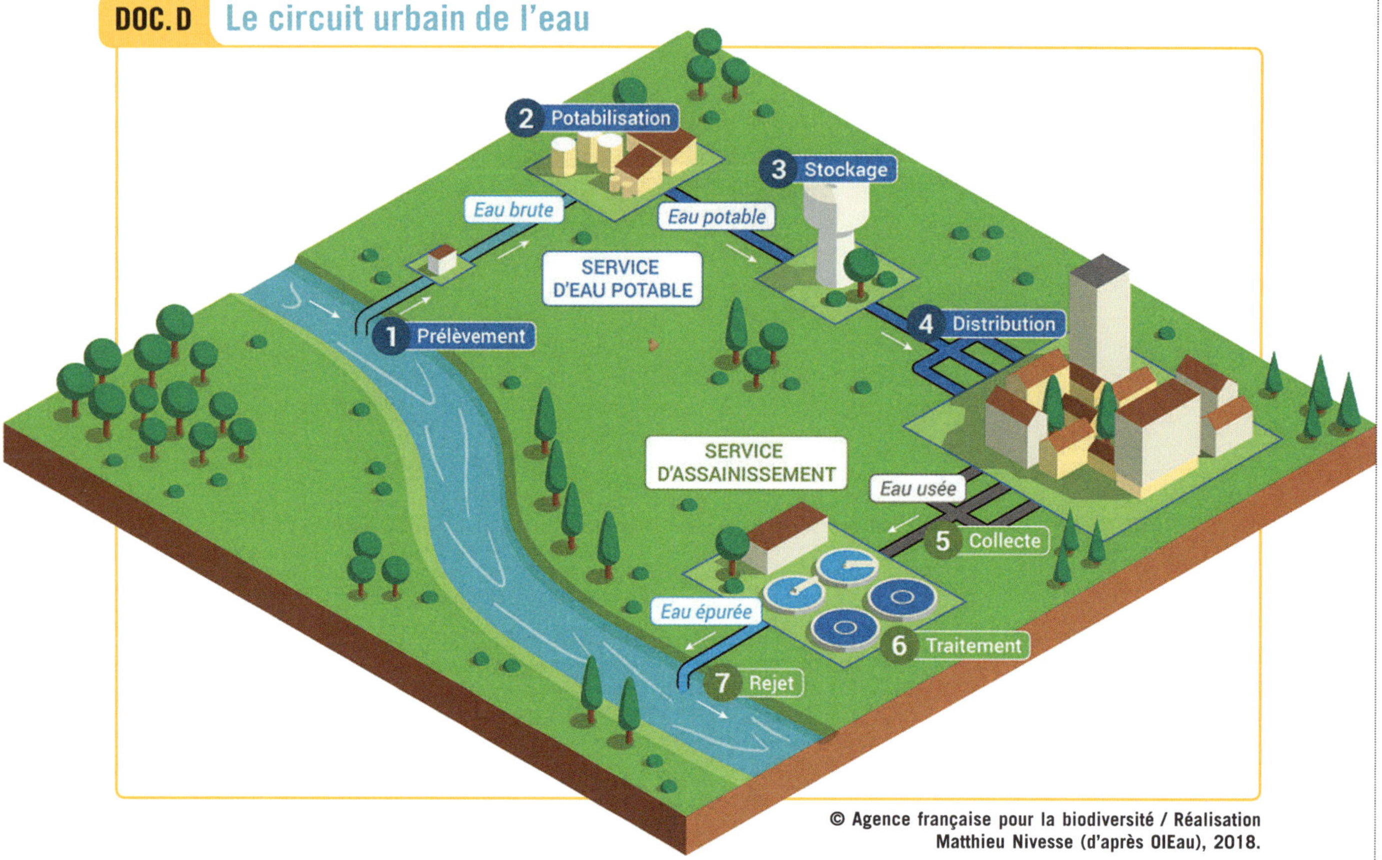


© Agence française pour la biodiversité / Réalisation Matthieu Nivesse (d'après OIEau), 2018.

1 Donner les 2 grands services du circuit urbain de l'eau.

..........

..........

2 Expliquer en quoi consiste l'étape de potabilisation.

..........

..........

3 Expliquer si le service d'assainissement est similaire à l'étape de potabilisation.

..........

..........

4 Indiquer à quoi peuvent correspondre les bâtiments entre les étapes 4 et 5.

..........

..........

Lire le DOC.E et répondre aux questions.

## DOC.E Analyse de l'eau du réseau de distribution de la ville de Vallières-les-Grandes

L'eau potable est une eau qui ne doit pas porter atteinte à la santé des individus. En France, elle doit répondre à des paramètres précis (environ 70) de type microbiologique, physique et chimique. Des contrôles sont effectués sur l'ensemble du système de distribution de l'eau par captage (= prélèvement), à la station de traitement de l'eau et au niveau des réservoirs et des réseaux. Il est possible de vérifier la qualité de l'eau de sa commune sur le site :
https://www.service-public.fr/particuliers/vosdroits/R11461

Voici un exemple de résultats d'analyse sur la ville de Vallières-les-Grandes :

| Informations générales | | |
|---|---|---|
| **Date du prélèvement** | 06/11/2019 09 h 47 | |
| **Commune de prélèvement** | VALLIÈRES-LES-GRANDES | |
| **Conformité** | | |
| **Conclusions sanitaires** | Eau conforme en bactériologie mais non conforme en physico-chimie en raison d'une teneur trop élevée en pesticides supérieure à 0,1 µg/L par substance. | |
| **Conformité bactériologique** | Oui | |
| **Conformité physico-chimique** | Non | |
| **Paramètres analytiques** | | |
| **Paramètres** | **Valeur** | **Limite de qualité** (limite fixée pour des paramètres dont la présence dans l'eau est susceptible de générer des risques pour la santé) |
| **Exemples de paramètres microbiologiques (indicateurs de pollution fécale)** | | |
| ENTÉROCOQUES /100ML-MS* | < 0 n/(100 mL) | ≤ 0 n/(100 mL) |
| ESCHERICHIA COLI /100ML-MF* | < 0 n/(100 mL) | ≤ 0 n/(100 mL) |
| **Exemples de paramètres physiques** | | |
| ASPECT (QUALITATIF) | 0 | |
| COULEUR (QUALITATIF) | 0 | |
| **Exemples de paramètres chimiques** | | |
| ESA-ALACHLORE** | 0,047 µg/L | ≤ 0,1 µg/L |
| ESA-MÉTAZACHLORE** | 0,039 µg/L | ≤ 0,1 µg/L |
| ESA-MÉTOLACHLORE** | 0,161 µg/L | ≤ 0,1 µg/L |

* Bactéries ** Pesticides

**5** Indiquer les types de paramètres de potabilité contrôlés pour l'eau en citant un exemple pour chacun.

..........

..........

**6** Identifier le type de paramètre non conforme et le polluant qui en est responsable.

..........

**7** Déduire si l'eau de Vallières-les-Grandes est potable.

..........

# Activité 3 L'assainissement de l'eau

**OBJECTIF :** Expliquer l'intérêt d'assainir l'eau avant son rejet dans l'environnement.

Lire le **DOC.F** et répondre aux questions.

## DOC.F La dépollution de l'eau

L'assainissement (= dépollution) des eaux usées (eaux qui ont été altérées par l'activité humaine) a pour fonction de préserver l'environnement en débarrassant ces eaux usées de leur pollution avant de les rejeter dans leur milieu naturel.
Il existe 2 types d'assainissement.

**L'assainissement non collectif** permet un traitement des eaux usées d'un habitat par l'intermédiaire d'une fosse et d'une épuration naturelle par le sol.

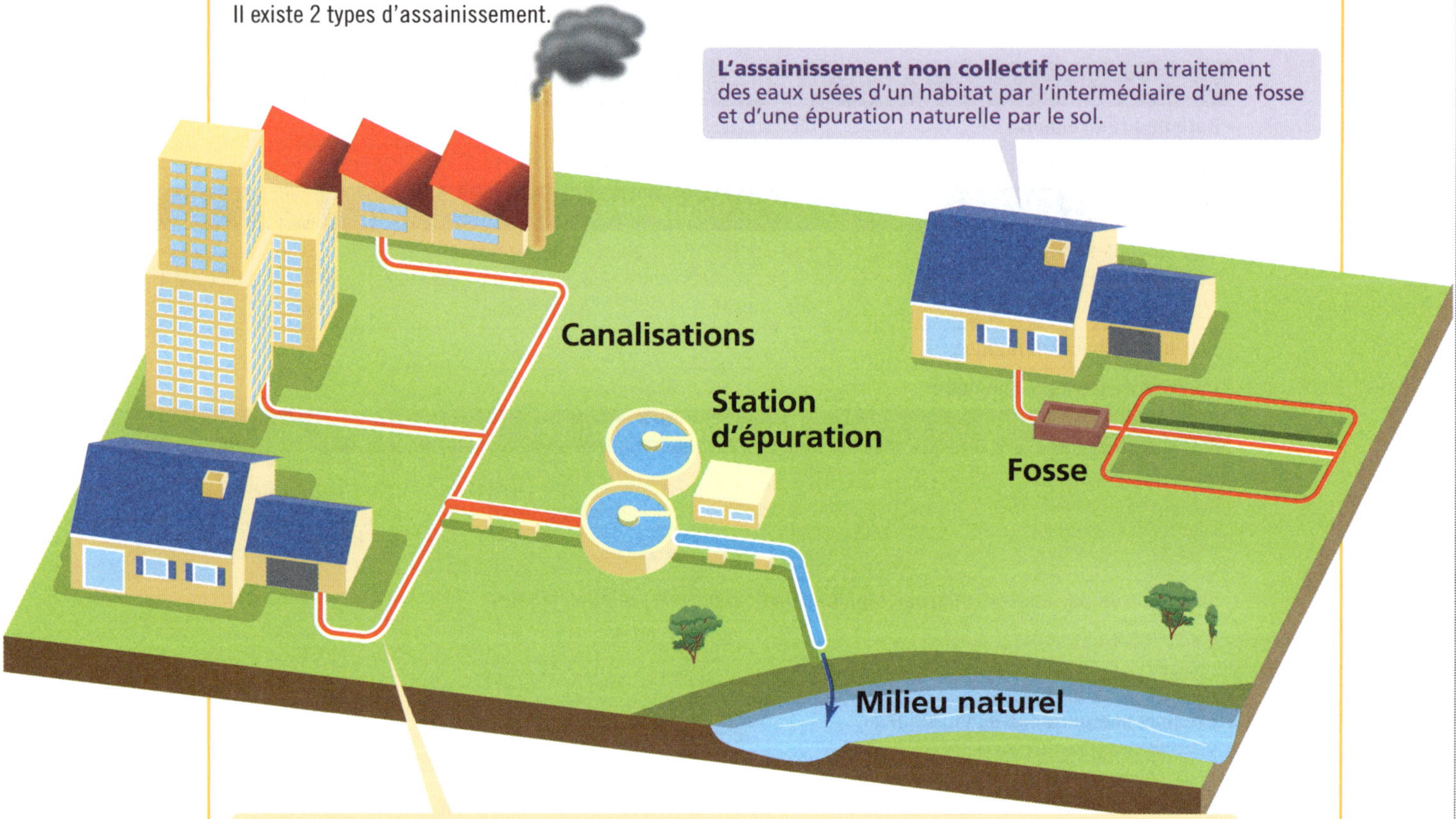


**L'assainissement collectif** consiste à collecter les eaux usées de différentes habitations et industries via des canalisations, afin de les traiter dans une station d'épuration pour les débarrasser des polluants domestiques, agricoles ou industriels avant leur rejet dans le milieu naturel.

1 Préciser à quoi correspondent les eaux usées en citant au moins 2 exemples.

........................................

........................................

........................................

2 Expliquer brièvement pourquoi les eaux usées sont traitées avant leur rejet dans l'environnement.

........................................

........................................

3 Préciser le type d'assainissement qui correspond à votre lieu d'habitation.

........................................

# Activité 4 La consommation en eau

**OBJECTIF : Analyser la consommation en eau d'un ménage.**

Lire le **DOC. G** et répondre aux questions.

## DOC. G La consommation directe d'eau potable en France

Aujourd'hui, chaque Français utilise en moyenne 148 litres d'eau par jour. Pour obtenir la consommation d'eau directe d'une famille, il ne suffit pas de multiplier ce chiffre par le nombre de personnes de la famille. Nous avons des usages de l'eau qui impliquent des utilisations identiques, quel que soit le nombre de personnes au foyer, comme pour la consommation d'un lave-linge.

De plus, la moyenne d'eau consommée peut varier en fonction de différents critères : le niveau de revenu (les personnes à revenu modeste consomment moins de 100 litres d'eau/jour), l'âge (les adultes utilisent nettement plus d'eau que les enfants ou les personnes âgées), le mode de vie (par exemple, en vacances, la moyenne pour un Français passe à 230 litres d'eau par jour), l'existence d'un jardin, d'une pelouse, d'une piscine, etc.

**Un Parisien consomme en moyenne 120 L d'eau par jour. Voici la répartition de sa consommation par poste.**

- **1 lave-linge** = 39 à 84 litres
- **1 bain** = 120 à 150 litres
- **1 douche** = 20 à 60 litres
- **1 lave-vaisselle** = 10 à 18 litres
- **1 vaisselle à la main** = 10 à 20 litres
- **1 chasse d'eau** = 3 à 12 litres

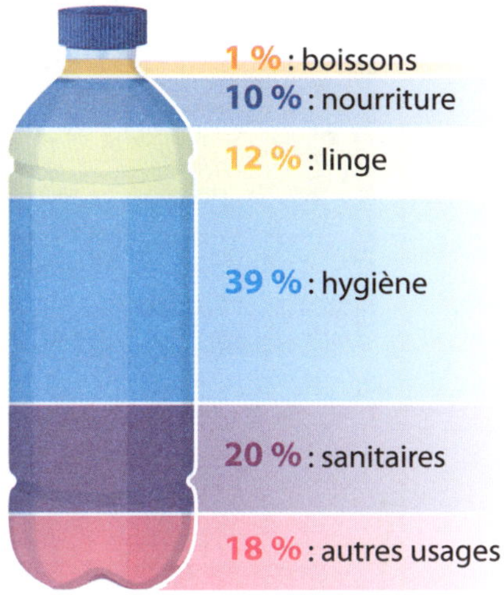


D'après www.eaudeparis.fr

Le schéma ci-dessus présente la consommation moyenne d'eau journalière pour les Parisiens (qui est inférieure à la moyenne nationale).

**1** Préciser les différents éléments suivants.

- Les 2 postes de consommation d'eau les plus importants : ..........
- L'activité du quotidien qui consomme le plus d'eau : ..........
- L'appareil électroménager qui consomme le plus d'eau : ..........

**2** Expliquer pourquoi il est difficile d'estimer la consommation en eau d'une famille.

..........

..........

..........

**3** Estimer la consommation minimum d'eau pour la situation suivante.

Émilie et Franck se douchent rapidement le matin avant de partir au travail. Le soir, en rentrant du travail, Émilie aime bien prendre un bain. Pendant ce temps, Franck fait la vaisselle. Ils se rendent tous les deux aux toilettes environ trois fois par jour.

..........

Lire le **DOC. H** et répondre aux questions.

## DOC. H La consommation d'eau indirecte

**Tous les jours nous consommons 4 150 litres d'eau dont 4 000 litres invisibles :**

### L'eau visible = 5%

**150 L d'eau consommés**

(La douche, l'évier, les toilettes, les machines à laver...)

**15 g de pollution rejetés**

(Les cosmétiques et les produits d'entretien)

*Les chiffres présentés ici représentent la quantité moyenne d'eau par jour et par personne en France.*

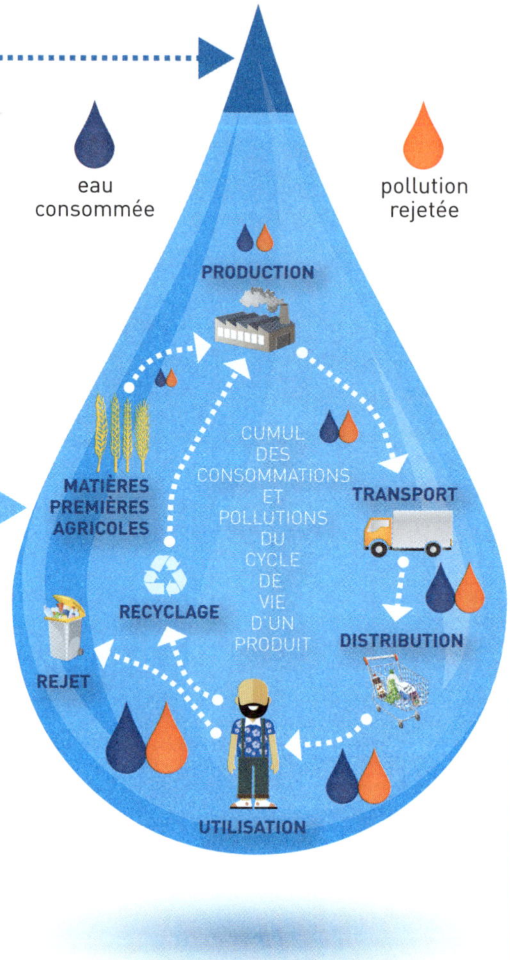


### L'eau invisible = 95%

**4000 L d'eau consommés**

**200 g de pollution rejetés**

C'est l'eau qu'on ne voit pas mais qui est utilisée du début à la fin dans tout le cycle de vie de nos objets et de nos aliments.

### L'eau virtuelle

correspond au volume d'eau total nécessaire à une production agricole, industrielle ou à un service (= consommation indirecte de l'eau).

L'empreinte eau d'un produit correspond à la quantité totale d'eau douce utilisée pour le fabriquer.

Voici quelques exemples d'empreintes eau de certains produits :

1 tasse de café

**140** litres

1 tranche de pain (30g)

**40** litres

1 bol de riz (100g)

**340** litres

1 tranche de bœuf (220g)

**3 100** litres

**4** Expliquer pourquoi l'eau est qualifiée d'« invisible ».

..................................................

..................................................

**5** Préciser ce qu'est l'empreinte eau d'un produit en citant un exemple.

..................................................

**6** Justifier si la consommation directe en eau sur une journée est plus importante que la consommation indirecte.

..................................................

..................................................

..................................................

# Activité 5 Les mesures pour préserver l'eau

**OBJECTIF :** Citer des mesures permettant de préserver l'eau.

Lire le DOC. I et répondre aux questions.

## DOC. I Des mesures pour préserver l'eau

Soyons tous citoyens, économisons l'eau

**ÉCONOMISER L'EAU,**
**c'est protéger la ressource**
mais aussi réduire ses dépenses !

- Ne faites pas tourner les lave-linge ou les lave-vaisselle à moitié vides.
- Ne laissez pas couler l'eau en permanence pendant la toilette.
- Préférez les douches aux bains : un bain consomme 5 × plus d'eau.
- Installez des appareils qui réduisent la consommation d'eau : une chasse d'eau économique consomme 2 × moins.
- L'eau de lavage des légumes peut utilement avoir un deuxième usage pour l'arrosage des plantes.

**La chasse aux fuites**

Pour lutter contre les fuites, surveillez votre consommation d'eau au compteur.

- Les fuites représentent 20 % de la consommation d'un foyer.
- Un robinet ou une chasse d'eau qui fuit = centaines de $m^3$ par an.

**L'État, les collectivités et les entreprises mettent en place des mesures pour préserver l'eau :**
- entretien et construction de réseaux de distribution de l'eau, de stations d'épuration ;
- mise en place de taxes pour ceux qui polluent le plus ;
- recyclage de l'eau dans les industries ;
- utilisation de techniques d'irrigation modernes…

**1** Relever, pour chaque situation suivante, une mesure de prévention individuelle pour préserver l'eau.

- En matière d'hygiène : ........................................
- En ce qui concerne les appareils électroménagers : ........................................
- Dans le jardin : ........................................

**2** Citer deux mesures de prévention collectives pour préserver l'eau.

........................................

........................................

**3** À l'aide de vos connaissances, proposer d'autres mesures individuelles pour préserver l'eau domestique.

........................................

........................................

# Aide-mémoire

## L'eau et le développement durable

**Les ressources en eau**

Sur notre planète, l'eau se répartit sous forme d'eau salée (97,5 %) et d'eau douce (2,5 %). Seul 1 % du volume total d'eau douce est utilisable par l'homme, ce qui fait que de nombreux endroits sur notre planète sont en pénurie d'eau ou en situation de stress hydrique (la demande dépasse la quantité d'eau disponible).

**Le traitement de l'eau pour sa consommation**

L'eau est traitée pour sa consommation : on transforme l'eau brute (venant des cours d'eau) en eau potable. Elle va subir des traitements afin de répondre à des critères précis aux niveaux microbiologique, physique et chimique.

**L'assainissement de l'eau**

Il faut éliminer les polluants présents dans les eaux usées (= eau utilisée) par un assainissement, comme dans une station d'épuration. Les eaux usées sont ainsi traitées avant leur rejet dans le milieu naturel afin de ne pas le perturber et de sauvegarder sa qualité.

**La consommation en eau**

La consommation en eau des ménages (consommation directe) est importante : environ 148 litres par jour et par personne en France (majoritairement pour l'hygiène). La consommation indirecte, qui correspond au volume nécessaire pour une production agricole, industrielle ou un service, est encore plus importante. Même si cette empreinte eau n'est pas forcément visible.

**Les mesures pour préserver l'eau**

Afin de préserver l'eau au maximum, il existe des mesures individuelles (ex. : préférer les douches aux bains) et collectives (ex. : le recyclage de l'eau en milieu industriel).

# Schéma-bilan

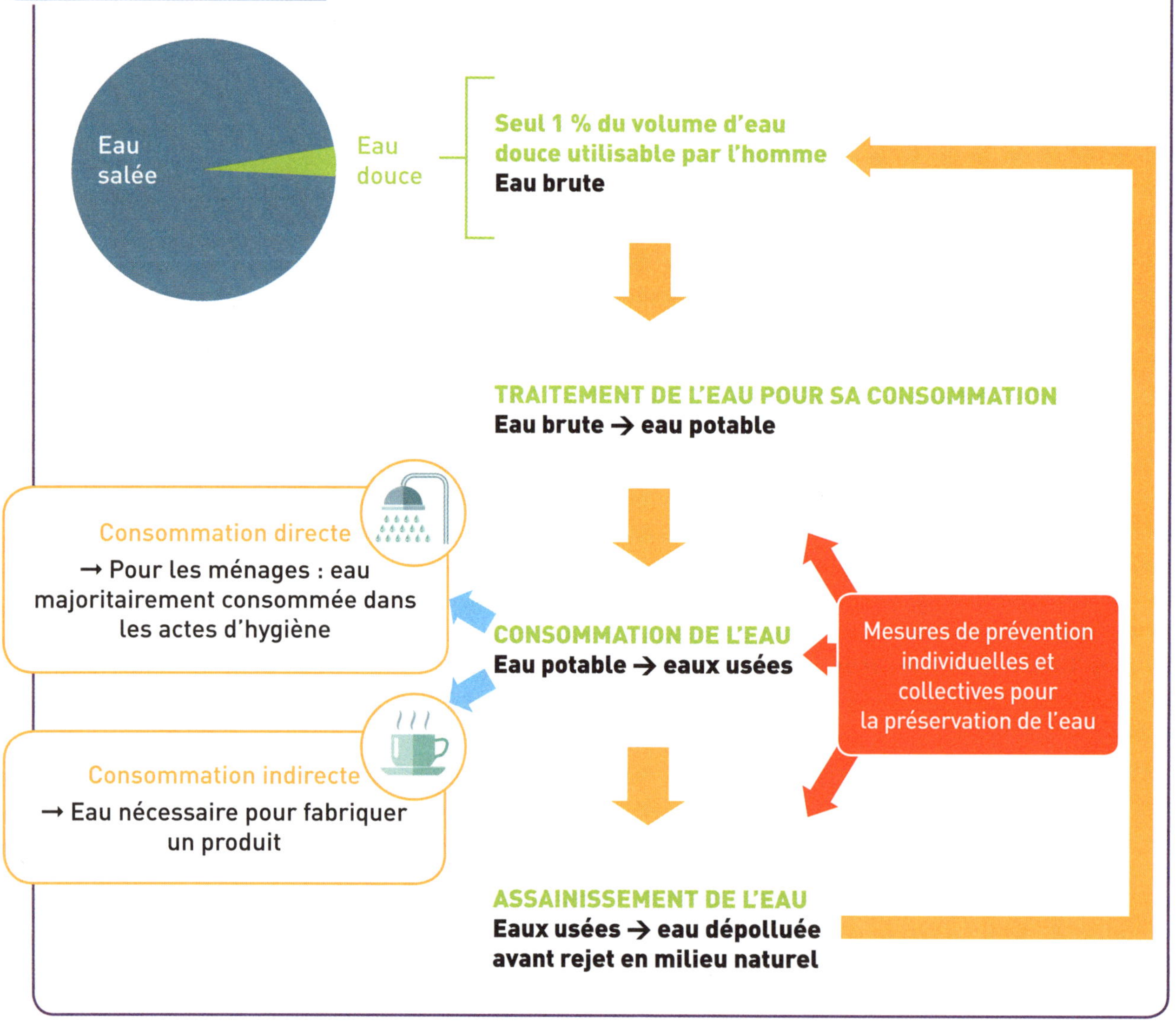


**Testez vos connaissances en réalisant un quiz interactif sur l'i-Manuel 2.0**

# Évaluation

Nom : ..................................................

Prénom : ..................................................

Classe : ..................................................

## SITUATION

Louna vient de recevoir sa première facture d'eau, qu'elle trouve très élevée. En la regardant de plus près, elle constate qu'elle a consommé beaucoup d'eau, mais aussi qu'elle paye des taxes sur le traitement et la distribution de l'eau, la collecte et le traitement des eaux usées. Louna se demande comment elle peut faire pour réduire sa facture. Elle décide alors de se renseigner sur l'utilisation de l'eau et son circuit.

**1** Compléter le tableau suivant afin d'identifier les différents éléments de la situation.

| | |
|---|---|
| **QUOI ?** Quel est le problème dans cette situation ? | .................................................. |
| **QUI ?** Quelle est la personne concernée ? | .................................................. |
| **COMMENT ?** Comment la personne réagit-elle face à cette situation ? | .................................................. |
| **POURQUOI ?** Pourquoi veut-elle réagir ? | .................................................. |

Louna boit beaucoup de thé. Lors de ses recherches sur l'utilisation de l'eau, elle prend conscience que son mode de vie a aussi un impact sur les ressources en eau.

À partir du **DOC. A**, répondre aux questions.

**2** Préciser le type de consommation d'eau illustrée dans ce document.

..................................................

**3** Justifier l'utilisation de 46 L d'eau pour une tasse de thé.

..................................................

..................................................

..................................................

**DOC. A** Combien de litres d'eau pour une tasse de thé ?

**4** Indiquer l'empreinte eau d'une tasse de thé sans lait, avec 2 cuillères à café de sucre.

..................................................

**5** Expliquer l'intérêt de diminuer la consommation de produits ayant une forte empreinte eau.

..................................................

..................................................

# Évaluation

Louna se renseigne maintenant sur le cycle urbain de l'eau pour comprendre les taxes qu'elle doit payer.

**6** Compléter le DOC. B à l'aide des termes suivants :

*Distribution d'eau potable – Station d'épuration – Production d'eau potable*

**DOC. B Le circuit urbain de l'eau**

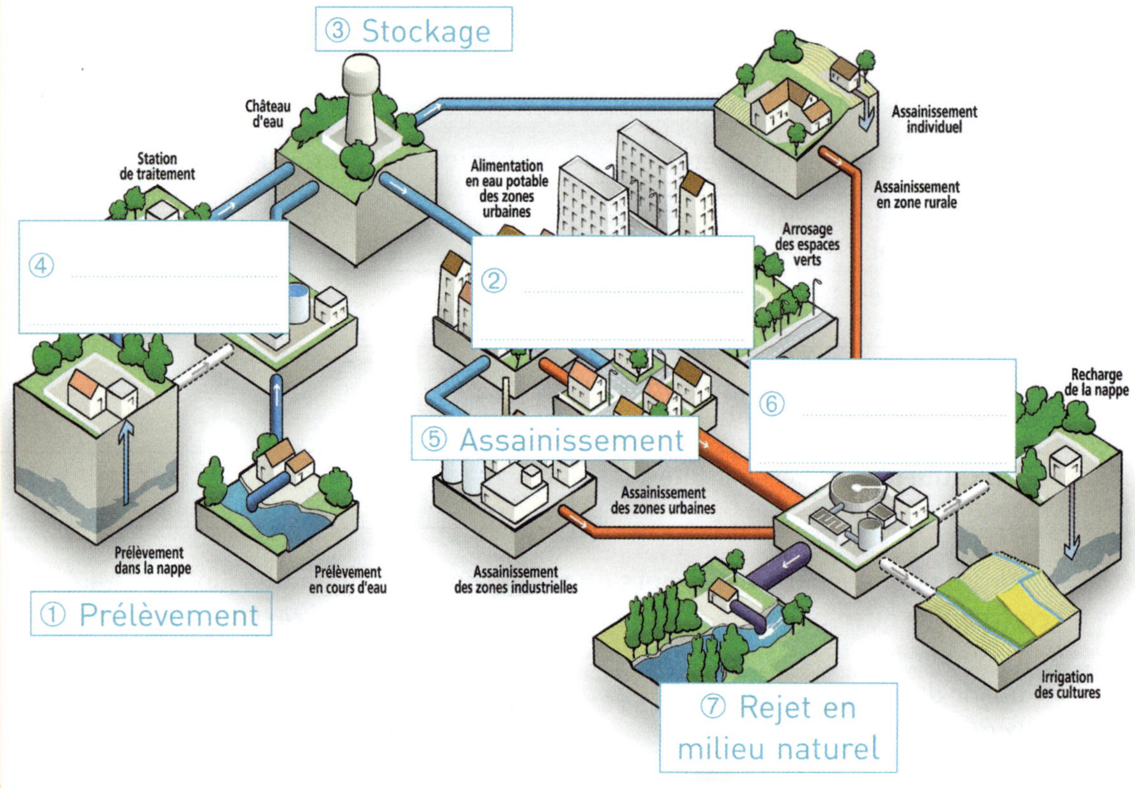


**7** Expliquer la différence entre une station d'épuration et une station de production d'eau potable.

..........

..........

**8** Proposer une mesure collective qui pourrait inciter Louna à réduire sa consommation en eau.

..........

..........

**9** Justifier pourquoi il est important de mettre en place des mesures individuelles et collectives afin de préserver l'eau.

..........

..........

..........

# 6 Les acteurs de prévention

## SITUATION Histoire de l'entreprise Leclech

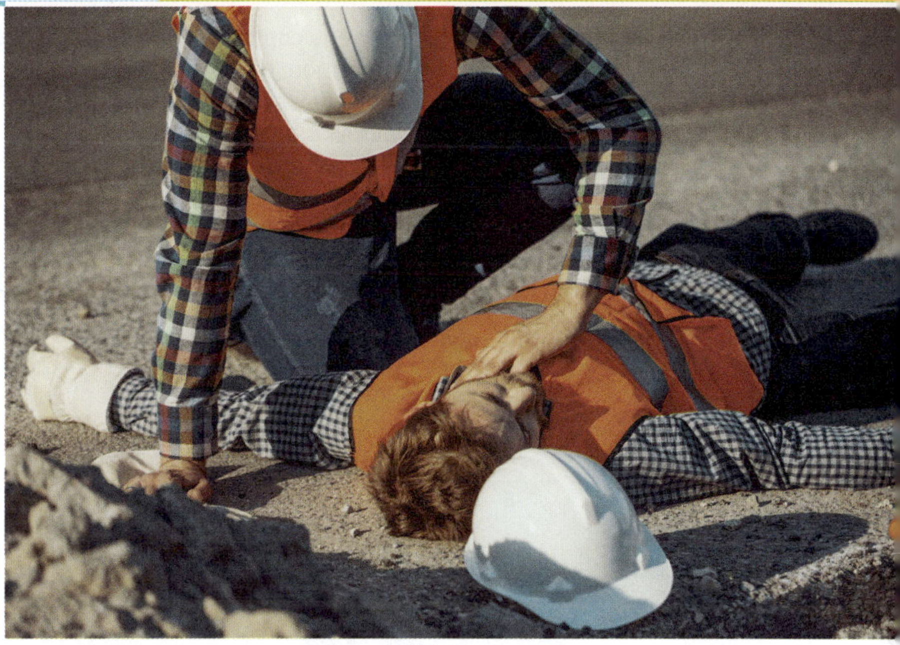

Dans l'entreprise Leclech, un très grave accident du travail vient d'avoir lieu : la victime est décédée. L'employeur ne comprend pas comment cela a pu se produire. Au sein de l'entreprise, le comité social et économique (CSE) mène une enquête, notamment pour éviter un nouvel accident avec d'autres salariés. Lors de cette enquête, le témoignage du sauveteur secouriste du travail (SST) qui est intervenu juste après l'accident est pris en compte. D'autres organismes externes contactent l'entreprise : l'inspecteur du travail, qui souhaite venir vérifier que l'entreprise était bien conforme à la législation, et la caisse d'assurance retraite et santé au travail (CARSAT), qui propose l'intervention d'un de ses experts techniques afin de donner des conseils à l'entreprise en matière de prévention.

## Analyse de la situation

1. Identifier les différents éléments de la situation en complétant le tableau.

| | |
|---|---|
| **QUOI ?** Quel est le problème dans cette situation ? | ........................ |
| **QUI ?** Quels sont les différents intervenants dans cette situation ? | ........................ |
| **OÙ ?** Où ce problème a-t-il eu lieu ? | ........................ |
| **POURQUOI ?** Pourquoi les différents intervenants mettent-ils en place des actions ? | ........................ |

2. Formuler la problématique de la situation à partir de votre analyse précédente.

..............................................................................................................

# Activité 1 Les acteurs internes de prévention

**OBJECTIF :** Identifier les rôles des acteurs internes de prévention.

Lire le **DOC.A** et répondre aux questions.

## DOC.A Les acteurs de prévention possibles au sein de l'entreprise

Afin de lutter efficacement contre les risques professionnels, il est nécessaire de s'appuyer sur des acteurs de prévention, leur mission commune étant la santé et la sécurité des salariés dans l'exercice de leur profession.
Voici les principaux acteurs internes de prévention qui doivent communiquer entre eux pour être le plus efficaces possible.

L'**employeur** est le responsable de la santé et de la sécurité des salariés.

Le **sauveteur secouriste du travail (SST)** porte secours en cas d'urgence dans l'entreprise dans l'attente de l'arrivée des secours spécialisés. Il repère aussi les situations à risque dans l'entreprise et en informe l'employeur.

**ENTREPRISE**

Le **salarié compétent pour la protection et la prévention des risques professionnels (PPRP)** a pour rôle d'aider l'employeur dans ses actions de prévention et de protection des risques professionnels afin d'en avoir une meilleure maîtrise. Il aide aussi à évaluer les risques professionnels.

Le **service de santé au travail*** a pour principal objectif d'éviter toute altération de la santé des salariés.

Le **comité social et économique (CSE)** a pour mission d'assurer l'expression collective des salariés, notamment en matière de prévention.

* Le service de santé au travail n'est pas toujours propre à l'entreprise, il s'agit bien souvent d'un service externe à l'entreprise.

**1** Donner le principal acteur interne de prévention.

..................................................................................................................

**2** Justifier l'intérêt d'avoir plusieurs acteurs internes de prévention.

..................................................................................................................

..................................................................................................................

**3** Préciser le ou les types d'acteurs internes qui peuvent être sollicités pour les actions suivantes.

- Mettre en place des mesures de prévention et de protection dans l'entreprise : ..................................................

..................................................................................................................
- Indiquer à l'employeur certains risques professionnels : ..................................................

Lire le DOC.B et répondre aux questions.

## DOC. B L'organisation et le rôle du CSE

**Les élus :**
→ Ils doivent avoir au moins 18 ans et travailler dans l'entreprise sans interruption depuis au moins 1 an.
→ Ils sont élus tous les 4 ans.
→ Leur nombre varie selon la taille de l'entreprise.

**Obligatoire à partir de 11 salariés :**
→ Composé de l'employeur et d'une délégation du personnel élu.

**Missions liées à la santé et à la sécurité au travail :**
→ Enquête en cas d'accident du travail
→ Étude d'aménagement de poste
→ Mise en place d'actions de prévention et d'information
→ Analyse des conditions de travail et des risques

**Rôle général :**
→ Instance représentative des salariés, qui a pour mission d'assurer l'expression collective des salariés pour défendre leurs intérêts dans les décisions relatives à la gestion, à l'évolution économique et financière de l'entreprise, à l'organisation du travail, à la formation professionnelle et aux techniques de production.

**4** Indiquer si le CSE est présent dans toutes les entreprises.

..........

**5** Indiquer, pour chaque situation suivante, le ou les types d'actions que le CSE peut mettre en place.

**Cas 1 :** Maureen doit réaliser le document d'évaluation des risques professionnels de son entreprise.

- Action(s) possible(s) : ..........

**Cas 2 :** Quentin a eu un accident du travail suite à un problème de circulation interne de véhicules.

- Action(s) possible(s) : ..........

..........

**Cas 3 :** Suite au problème de santé de Christophe, il faut changer son siège de travail.

- Action(s) possible(s) : ..........

Lire le DOC.C et répondre aux questions.

**6** Indiquer le rôle principal du service de santé au travail.

..........

..........

**7** Expliquer comment le service de santé au travail peut surveiller l'état de santé des salariés.

..........

..........

## DOC. C Le service de santé au travail

Les médecins du travail coordonnent des équipes composées de plusieurs membres (infirmiers, techniciens, ergonomes, etc.) dont l'objectif commun est d'éviter l'altération de la santé des salariés. Ils formulent ainsi des conseils et mettent place des actions en entreprise.

**Autres missions possibles :**

Surveillance de l'état de santé : suivi individuel du salarié *via* des visites médicales

Traçabilité et veille sanitaire : mise à jour du dossier médical et du dossier entreprise

# Activité 2 Les organismes de prévention externes à l'entreprise

**OBJECTIF :** Identifier les missions des organismes de prévention externes à l'entreprise.

Lire le **DOC. D** et répondre aux questions.

## DOC. D Les missions des acteurs de prévention externes

Les entreprises peuvent faire appel à des organismes externes pour les accompagner dans leur démarche de prévention.

ENTREPRISE

L'**inspecteur du travail** contrôle l'application du Code du travail et conseille les salariés et l'employeur, notamment dans le domaine de la prévention.

La **caisse d'assurance retraite et de la santé au travail** (Carsat Retraite & Santé au travail) intervient dans la prévention des risques professionnels par des contrôles, des conseils et des propositions de formations. Elle fixe également les taux de cotisation des accidents du travail et des maladies professionnelles, et gère le compte retraite des salariés tout au long de leur vie professionnelle.

**Exemples d'autres organismes :**

– L'**Association régionale pour l'amélioration des conditions de travail (ARACT)** aide et conseille les petites et moyennes entreprises (PME) dans des projets pour améliorer les conditions de travail. Elle dépend de l'ANACT (Agence nationale pour l'amélioration des conditions de travail). (Anact Aract – Le réseau)

– L'**Institut national de recherche et de sécurité (INRS)** participe à la prévention des maladies professionnelles et des accidents du travail, notamment en proposant des outils et des services de prévention aux entreprises. (inrs)

**1** Donner l'objectif commun des différents acteurs externes de prévention.

............................................................

............................................................

**2** À partir des cas suivants, préciser le ou les types d'acteurs externes qui peuvent être sollicités.

**Cas 1 :** Une entreprise a besoin de conseils sur la réglementation du travail avant la mise en place d'une nouvelle machine dans un atelier.

- Acteurs(s) externe(s) : ............................................................

**Cas 2 :** Une société recherche des conseils pour le réaménagement du poste de travail d'un salarié de retour d'un arrêt de longue maladie.

- Acteurs(s) externe(s) : ............................................................

**Cas 3 :** Un chef d'entreprise recherche des formations ou des outils pour réaliser l'analyse des risques professionnels.

- Acteurs(s) externe(s) : ............................................................

Lire le DOC.E et répondre aux questions.

## DOC.E L'inspecteur du travail

**3** Indiquer à quel type de réglementation l'inspecteur du travail se réfère.

............................................................

**4** Compléter le tableau en précisant le rôle de l'inspecteur du travail pour chaque situation.

| Situations | Actions possibles de l'inspecteur du travail |
|---|---|
| L'inspecteur du travail constate qu'une machine n'est pas conforme. | |
| Un employeur décide de modifier le règlement intérieur. | |
| Des salariés se plaignent de la durée hebdomadaire du travail. | |

**ACTIVITÉ NUMÉRIQUE**

**Regarder la vidéo « Les missions des CARSAT » sur le site : liennathan.fr/q42i7h et répondre aux questions.**

**1.** Indiquer le rôle principal des CARSAT.

............................................................

**2.** Donner 2 missions que peuvent effectuer les CARSAT.

............................................................

............................................................

**3.** Expliquer pourquoi il peut être intéressant pour les entreprises d'investir dans la prévention.

............................................................

............................................................

............................................................

# Aide-mémoire

## Les acteurs de prévention

### Les acteurs internes de prévention

Il y a de nombreux acteurs internes de prévention :
- l'employeur reste le responsable de la santé et sécurité des salariés ;
- le sauveteur secouriste du travail (SST) porte secours en cas d'urgence dans l'entreprise et repère les situations à risque afin de prévenir tout accident ;
- le salarié compétent pour la protection et la prévention des risques professionnels (PPRP) aide l'employeur dans la maîtrise des actions de prévention et de protection ainsi que dans l'évaluation des risques professionnels ;
- le comité social et économique (CSE) assure l'expression collective des salariés, notamment en matière de santé, de sécurité et des conditions de travail ;
- le service de santé au travail a pour but d'éviter toute altération de la santé des salariés (il peut aussi s'agir d'un organisme externe à l'entreprise).

### Les organismes de prévention externes à l'entreprise

Il y a aussi de nombreux acteurs externes à l'entreprise dont, principalement :
- la caisse d'assurance retraite et de la santé au travail (CARSAT), qui intervient dans la prévention des risques professionnels par des contrôles, des conseils et des propositions de formations ;
- l'inspecteur du travail, qui contrôle l'application du Code du travail et conseille salariés et employeurs, notamment dans le domaine de la prévention ;
- d'autres organismes (INRS, ARACT…), qui peuvent intervenir en matière de prévention sur demande de l'entreprise.

# Schéma-bilan

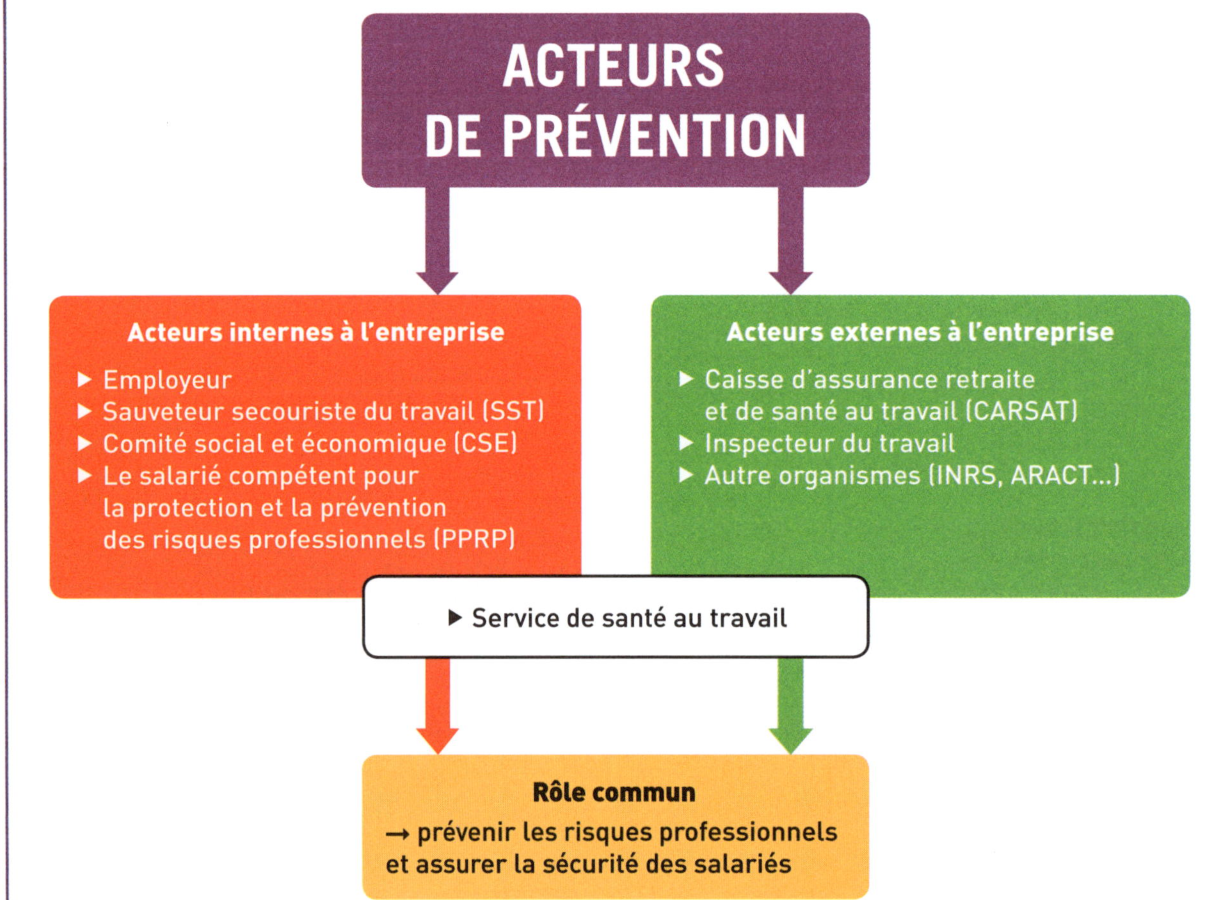


Testez vos connaissances en réalisant un quiz interactif sur l'i-MANUEL 2.0

# Évaluation

Nom : ..................................................

Prénom : ..................................................

Classe : ..................................................

## SITUATION

Suite à des plaintes des opérateurs au sujet de leurs conditions de travail, Anthony, chef d'entreprise d'une PME, décide de demander conseil auprès de l'inspecteur du travail et de son salarié compétent pour la protection et la prévention des risques professionnels (PPRP). Ces derniers lui rappellent qu'il est important de réagir avant qu'il y ait un accident du travail ou une maladie professionnelle.

**1** Compléter le tableau suivant afin d'identifier les différents éléments de la situation.

| | |
|---|---|
| **QUOI ?** Quel est le problème dans cette situation ? | .................................................. |
| **QUI ?** Quelle est la personne concernée ? | .................................................. |
| **COMMENT ?** Comment la personne concernée réagit-elle face à cette situation ? | .................................................. |
| **POURQUOI ?** Pourquoi des actions doivent-elles être mises en place ? | .................................................. |

À partir du DOC. A, répondre aux questions.

**2** Identifier 2 acteurs internes de prévention et 2 acteurs externes.

- Acteurs de prévention externes :
  - ..................................................
  - ..................................................
- Acteurs de prévention internes :
  - ..................................................
  - ..................................................

**3** Donner 2 rôles possibles du CSE dans le cas d'Anthony.

..................................................

..................................................

..................................................

..................................................

### DOC. A Les acteurs de prévention

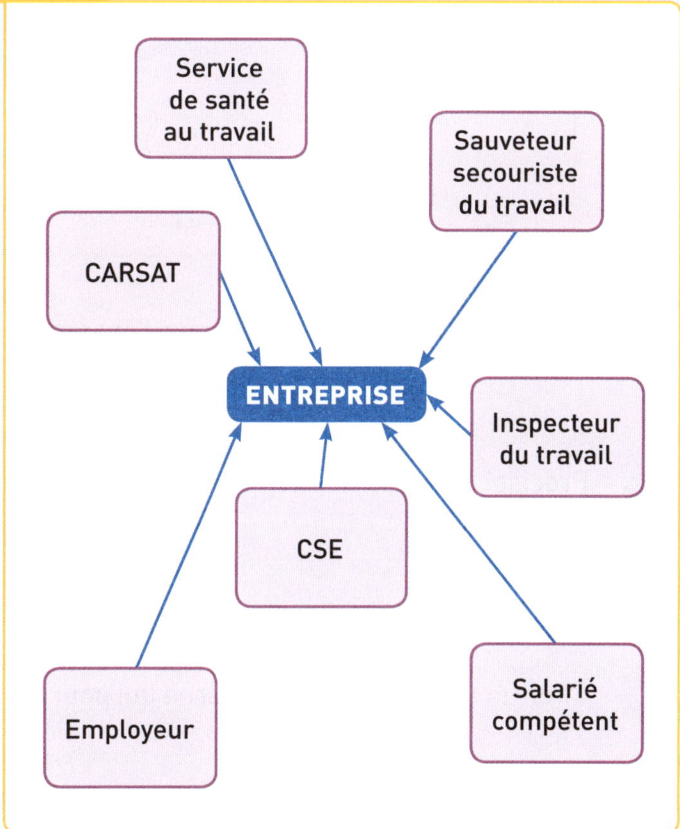

# Évaluation

L'inspecteur du travail constate que la législation est respectée et le signale à l'employeur.

**4** Préciser le document sur lequel l'inspecteur du travail s'appuie pour vérifier la législation.

..................................................................................................................................................

**5** Indiquer l'autre rôle que peut jouer l'inspecteur du travail dans cette situation de conflit entre Anthony et ses salariés.

..................................................................................................................................................

Anthony sollicite finalement de nombreux autres acteurs internes et externes de prévention afin de faire le meilleur choix.

À partir du DOC.B, répondre aux questions.

## DOC.B Un organisme aux diverses missions

**6** Identifier l'organisme qui effectue l'ensemble de ces missions.

..................................................................................................................................................

**7** Préciser la ou les missions de cet organisme qui seraient utiles dans le cas d'Anthony.

..................................................................................................................................................

..................................................................................................................................................

**8** Citer un autre organisme externe qui pourrait aider Anthony.

..................................................................................................................................................

..................................................................................................................................................

# 7 L'assistance et le secours en milieu professionnel

## SITUATION Fait divers

Le 19 septembre 2020, dans la soirée, un incendie, dont on ne connaît pas encore l'origine, s'est déclaré au sein de l'entreprise Curry. Le feu a débuté dans le stock de papier. Deux sauveteurs secouristes du travail (SST) ont agi efficacement en appelant aussitôt les secours ; cette action a permis d'éviter que le feu se propage à d'autres bâtiments. De plus, l'entreprise étant proche du centre-ville, les dommages auraient pu être encore plus importants.
Heureusement, il n'y a eu aucune victime. Selon les secours, le plan d'évacuation a été parfaitement respecté par les salariés, ce qui leur a permis de quitter rapidement les lieux.
« Cette situation devrait servir d'exemple. La prévention dans l'organisation des secours, notamment en cas d'incendie, est primordiale pour éviter les victimes », a déclaré le responsable de l'intervention des pompiers.

## Analyse de la situation

1 Identifier les différents éléments de la situation en complétant le tableau.

| | |
|---|---|
| **QUOI ?** Quel est le problème de la situation ? | ........................ |
| **QUI ?** Quelles sont les personnes concernées dans la situation ? | ........................ |
| **OÙ ?** Où a lieu le problème dans cette situation ? | ........................ |
| **QUAND ?** Quand a eu lieu le problème ? | ........................ |
| **COMMENT ?** Comment ont réagi les personnes dans cette situation ? | ........................ |
| **POURQUOI ?** Pourquoi faut-il réagir rapidement dans cette situation ? | ........................ |

2 Formuler la problématique de la situation à partir de votre analyse précédente.

........................

# Activité 1 L'organisation des secours et les moyens d'alerte

**OBJECTIF : Présenter l'organisation des secours et des moyens d'alerte en milieu professionnel.**

**1** Compléter le **DOC.A** avec les termes suivants :

*Avertissements de danger – Obligations – Évacuation et secours – Interdictions – Lutte contre l'incendie*

## DOC.A La signalisation

De nombreux panneaux de signalisation existent en entreprise. La signification d'un panneau dépend de sa forme, de sa couleur et du pictogramme (symbole représentant un mot ou une idée) utilisé. Savoir identifier ces éléments permet de gagner un temps précieux en cas d'incident.

Interdiction | Avertissement danger | Obligation

Interdiction de toucher | Entrée interdite aux personnes non autorisées | Danger électrique | Matières inflammables ou haute température | Protection obligatoire des voies respiratoires | Protection obligatoire de l'ouïe

Évacuation et secours | Lutte contre l'incendie

Douche de sécurité | Téléphone pour le sauvetage et les premiers secours | Issue de secours | Direction à suivre pour trouver un équipement de lutte contre l'incendie | Indication d'un équipement de lutte contre l'incendie

Lire le **DOC.B** et répondre aux questions.

**2** Indiquer ce qui oblige l'employeur à mettre en place des mesures d'organisation de secours.

Non assistance à personne en danger

**3** Expliquer comment un salarié d'une entreprise prend connaissance de la procédure à suivre en cas d'accident.

Regarder le plan d'évacuation

**4** D'après le plan d'évacuation, répondez aux questions suivantes.

- Quels sont les moyens qui permettent d'alerter ?

Parking A / B

- Quel est le point de rassemblement à atteindre s'il y a un feu dans le laboratoire ?

## DOC. B L'organisation des secours

D'après le Code du travail, l'employeur est dans l'obligation d'organiser dans son entreprise la conduite à tenir en cas d'urgence, d'accident ou d'incendie, notamment pour les soins d'urgence à apporter aux victimes.

L'organisation de ces premiers secours repose sur :

- la mise à disposition de moyens humains à travers la formation de personnels aux gestes et secours d'urgence (formation SST) ;
- l'établissement de consignes écrites, portées à la connaissance des salariés, décrivant la conduite à tenir en cas d'urgence, d'accident ou d'incendie (exemple : le chemin d'évacuation, clairement fléché, à suivre en cas d'urgence) ;
- un dispositif d'alerte efficace et la mise à disposition de matériels de premiers secours adaptés (exemple : un équipement de premiers secours clairement identifiable et placé dans les locaux de manière réfléchie).

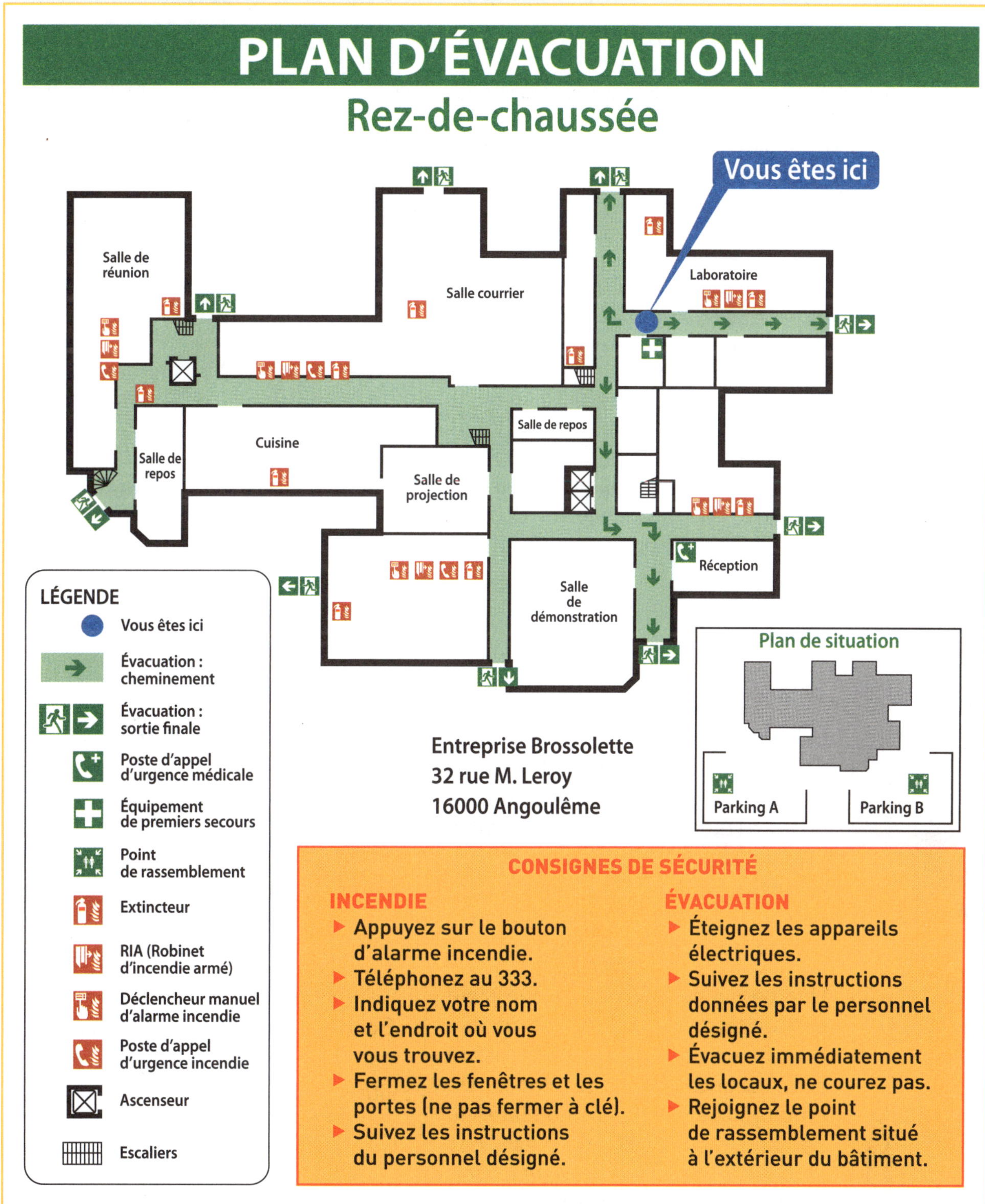

# Activité 2 L'alerte

OBJECTIF : Proposer les éléments d'un message d'alerte adapté à une situation.

Lire le DOC.C et répondre aux questions.

## DOC.C L'alerte en cas d'urgence

Lors d'un incident, l'alerte est primordiale : elle permet aux secours d'arriver rapidement et d'apporter une réponse adaptée à la situation.

Dans tous les cas, il est nécessaire de suivre la procédure spécifique mise en place par l'entreprise et de faire intervenir les personnes prévues, au sein de l'entreprise, dans l'organisation des secours.

En l'absence de procédure spécifique ou de service de secours interne à l'entreprise, il est nécessaire d'appeler le plus rapidement possible les numéros suivants :

- **18** Numéro d'appel des pompiers. Il est à privilégier en cas d'incendie. Pour une personne blessée mais qui n'est pas dans une urgence vitale, il est aussi possible d'appeler ce numéro.
- **15** Numéro d'appel du SAMU. Il est à privilégier en cas d'urgence vitale ou pour prendre un avis médical.

**Le message d'alerte**

Nom, numéro d'appel et localisation précise

Nature du problème et état/nombre de victimes

Actions effectuées sur la ou les victimes

**1** Préciser la procédure à suivre en priorité dans n'importe quel type d'incident en entreprise.

Son nom ; le lieu ; circonstance ; nombre de victime

**2** Indiquer, pour chacun des cas suivants, les éléments à donner lors du message d'alerte.

Un feu s'est déclenché dans le local de la réserve. Le bleu de travail de Clovis s'est embrasé mais celui-ci a réussi à l'éteindre. Pendant ce temps, ses collègues ont essayé d'étouffer les flammes mais n'y sont pas parvenus. Deux autres personnes ont été légèrement brûlées.

**Numéro composé :** ~~10~~ 18

« Bonjour, je suis Stéphane Vuidel, dans l'entreprise Lemaître à Rennes... »

**Suite du message :** Un feu s'est déclenché et clovis s'est embrasé et 2 autres person ont été brulé

Une personne a reçu un bidon plein sur la tête. Malgré le fait qu'elle portait un casque, elle a perdu connaissance sous le choc. Un employé la mise en position latérale de sécurité (PLS). Il n'est pas secouriste mais il se souvient d'avoir vu ce geste à la télévision.

**Numéro composé :** 15

« Bonjour, je suis Émilien Dumanoir, dans l'entreprise Hérault à Limoges... »

**Suite du message :** Une person a reçu un bidon sur la tête et a perdu connaissance, elle est en PLS.

# Activité 3 L'obligation d'assistance à une personne en danger

OBJECTIF : Expliquer l'obligation de porter assistance à toute personne en danger.

Lire le DOC. D et répondre aux questions.

## DOC. D La réglementation en ce qui concerne l'assistance à personne en danger

Lorsqu'une personne est en danger ou dans une situation de vulnérabilité importante, de détresse, il convient de lui porter assistance. Le fait de s'en abstenir se nomme la non-assistance à personne en danger.
Cette abstention est punie par la loi.
Elle est caractérisée lorsque 2 éléments sont réunis :
1. **une personne en danger, qui fait face à un péril grave et imminent.** Ce péril doit menacer sa vie ou son intégrité physique et doit être connu des personnes susceptibles d'être accusées de non-assistance à personne en danger (par exemple, la victime d'un accident de la circulation grièvement blessée et les témoins de l'accident) ;
2. **une abstention de porter secours :** il y a non-assistance lorsque l'on s'abstient d'aider la victime ou d'alerter les secours, alors que l'on était en mesure de le faire. Il faut que cette aide soit nécessaire pour sauver la victime et qu'elle n'expose pas le sauveteur lui-même à un danger. Par exemple, en cas d'incendie, il ne peut pas être reproché à une personne de ne pas s'être jetée sans protection dans les flammes pour tenter de sauver une victime, mais il peut lui être reproché de ne pas avoir alerté les secours.

L'auteur d'une non-assistance à personne en danger peut faire l'objet de sanctions pénales et civiles. La victime peut porter plainte contre l'auteur de cette infraction et réclamer des dommages et intérêts en cas de préjudice. La personne coupable de non-assistance à personne en danger peut être condamnée à une peine pouvant aller jusqu'à 5 ans d'emprisonnement et 75 000 € d'amende.

**NON-ASSISTANCE À PERSONNE EN DANGER**
Article 223-6 du Code pénal

D'après Service-public.fr

**1** Indiquer le texte de loi qui punit un individu qui n'intervient pas pour porter assistance à une personne en danger.

..............................................................................................................

**2** Préciser, pour chacun des cas suivants, s'il y a obligation d'assistance à personne en danger.

**Cas 1 :** Un salarié est coincé sous une barre métallique qui est tombée sur sa jambe. Il hurle de douleur sous le poids de la barre.

- Y a-t-il obligation d'assistance à personne en danger ? ☒ OUI ☐ NON
- Si oui, action à effectuer : ..............................................................................................

**Cas 2 :** Lors d'un déplacement professionnel, un salarié est témoin d'un accident de voiture. Le véhicule accidenté et son conducteur sont au milieu de la route.

- Y a-t-il obligation d'assistance à personne en danger ? ☒ OUI ☐ NON
- Si oui, action à effectuer : ..............................................................................................

**Cas 3 :** Dans un bureau, un salarié est victime d'un malaise. Il n'a pas perdu conscience et s'est relevé, mais dit avoir des maux de tête.

- Y a-t-il obligation d'assistance à personne en danger ? ☐ OUI ☒ NON
- Si oui, action à effectuer : ..............................................................................................

# Aide-mémoire

## L'assistance et le secours en milieu professionnel

**L'organisation des secours et les moyens d'alerte**

L'employeur doit organiser dans son entreprise la conduite à tenir en cas d'urgence, d'accident ou d'incendie, notamment pour les soins d'urgence à apporter aux victimes.

Cette organisation repose sur :
- la mise à disposition de moyens humains à travers la formation de personnels aux gestes et secours d'urgence (formation de secourisme) ;
- l'établissement de consignes écrites, à portée des salariés, qui décrivent la conduite à tenir en cas d'urgence, d'accident ou d'incendie ;
- des moyens d'alerte efficaces et la mise à disposition de matériels de premiers secours adaptés.

**L'alerte**

L'alerte permet aux secours d'arriver rapidement et d'apporter une réponse adaptée à la situation. Il existe généralement une procédure d'alerte à suivre mais elle est propre à chaque entreprise. Dans certains cas, il faut appeler le plus rapidement les services de secours :
- le 18 (pompiers) en cas d'incendie ;
- le 15 (SAMU) en cas d'urgence vitale ou pour prendre un avis médical.

**L'obligation d'assistance à une personne en danger**

Lorsqu'une personne est en danger, il convient de lui porter assistance. La non-assistance à cette personne est punie par la loi (Code pénal), ce qui rend la rend obligatoire.

# Schéma-bilan

**Cas d'urgence, accident, incendie**
**en milieu professionnel**

**En cas de personne en danger :**
obligation de porter secours (non-assistance punie par la loi)

**Organisation des secours et moyens d'alerte**

**Alerte**
- Procédure d'alerte de l'entreprise
- Appels d'urgence

**Plan d'évacuation**

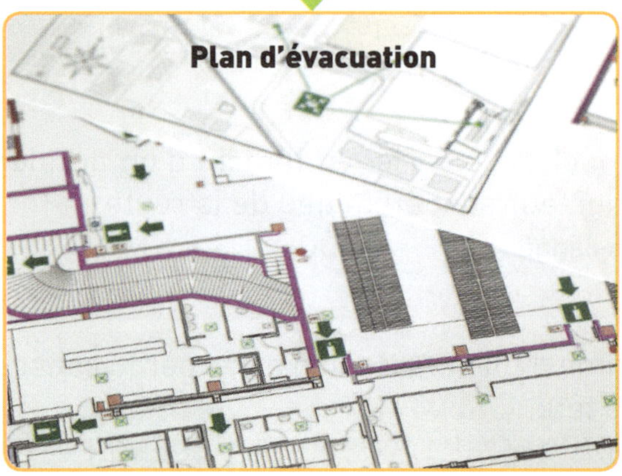

**Panneaux de signalisation**

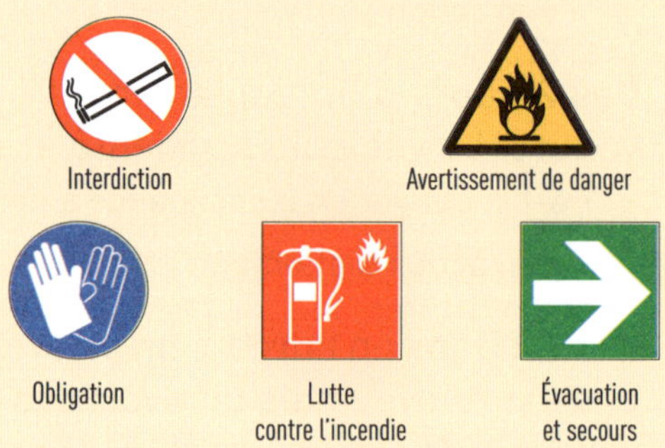


Testez vos connaissances en réalisant un quiz interactif sur l'i-Manuel 2.0

# Évaluation

Nom : ........................................
Prénom : ........................................
Classe : ........................................

## SITUATION

Martin est responsable des services généraux de l'entreprise Chapuis, située à Nantes. Lors de la vérification de l'éclairage des locaux, il glisse sur le sol et chute violemment. Blessé à la tête (saignement) et à la cheville (entorse), il demande de l'aide à sa collègue Adèle. Celle-ci décide de prévenir les secours et de regarder le plan d'évacuation de l'immeuble afin de trouver la trousse de premiers secours.

**1** Compléter le tableau suivant afin d'identifier les différents éléments de la situation.

| | |
|---|---|
| **QUOI ?** Quel est le problème dans cette situation ? | ........................................ |
| **QUI ?** Quelles sont les personnes concernées ? | ........................................ |
| **OÙ ?** Où a lieu cette situation ? | ........................................ |
| **COMMENT ?** Comment une des personnes concernées réagit-elle face à cette situation ? | ........................................ |

En cherchant le plan d'évacuation de l'immeuble, Adèle observe un panneau qui est juste à côté d'eux.

**2** Indiquer à quel type de panneaux de signalisation correspond le triangle avec un fond jaune.

........................................

Adèle décide de joindre les secours avec son téléphone portable.

**3** Indiquer le numéro à appeler dans cette situation.

........................................

**4** Énumérer les informations qu'Adèle va donner aux secours lors de son appel.

........................................

........................................

Les secours ont prévu leur arrivée dans 10 minutes. Ils ont conseillé à Adèle de continuer à chercher la trousse de secours. Adèle hésite à emprunter une porte de service sur laquelle apparaît cette signalisation :

**5** Préciser, en justifiant, si Adèle peut emprunter cette porte de service.

........................................

........................................

# Évaluation

Adèle trouve enfin le plan d'évacuation.

**6** À partir du **DOC.** , répondre aux questions.

**DOC.** Le plan d'évacuation de l'immeuble

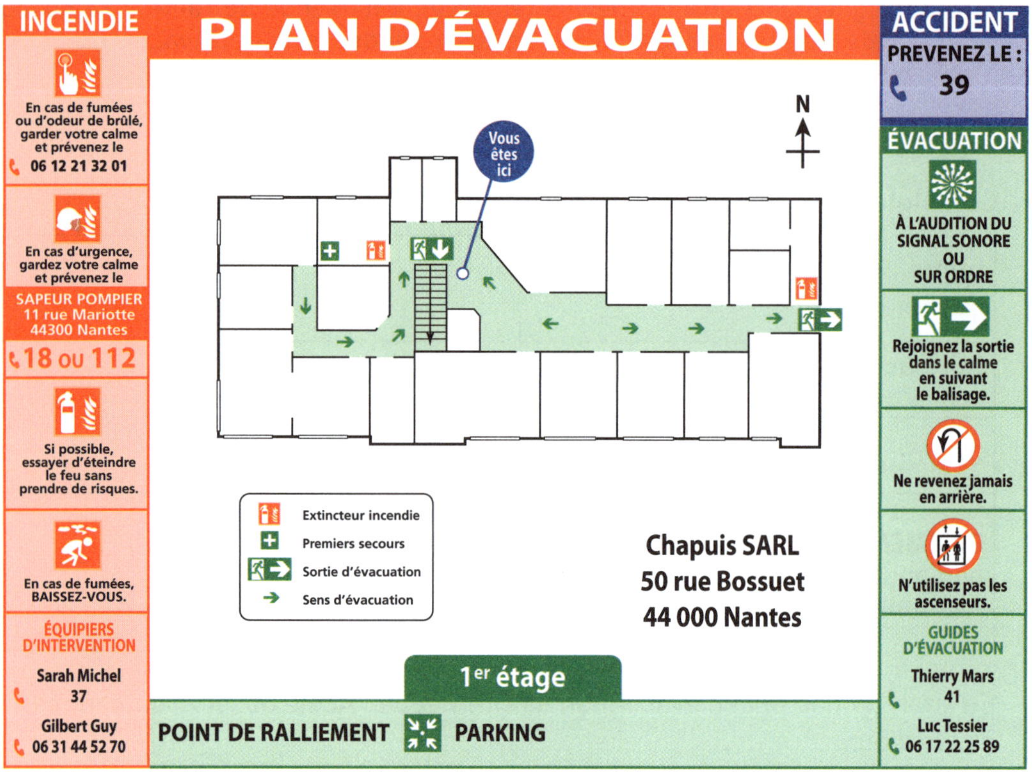


• Entourer le lieu où se trouve la trousse de secours.

• Expliquer ce qu'indiquent les flèches vertes.

........................................................................................................................

• Indiquer à quoi correspond la signalétique sur fond rouge.

........................................................................................................................

• Préciser le nombre de sorties d'évacuation que les secours pourront emprunter quand ils vont prendre en charge Martin.

........................................................................................................................

**7** Après l'incident, Adèle et Martin ont croisé 2 personnes qui ne sont pas intervenues pour les aider. Préciser s'il s'agit d'un cas de non-assistance à personne en danger en justifiant.

........................................................................................................................

........................................................................................................................

........................................................................................................................

# 8 L'analyse des risques professionnels

## SITUATION Histoire de Slimane

Slimane, 17 ans, effectue sa dernière période de formation en milieu professionnel (PFMP) en tant qu'aide-soignant.
En début de stage, il suit une formation durant laquelle il apprend à identifier les principaux risques professionnels de son secteur.
Les formateurs expliquent qu'il est nécessaire de repérer les différents éléments susceptibles d'occasionner un dommage afin de l'éviter ou de le limiter.
Slimane comprend qu'une analyse poussée permet de mieux comprendre les risques professionnels et de mettre en place des mesures de prévention et de protection efficaces pour y faire face.

## Analyse de la situation

**1** Identifier les différents éléments de la situation en complétant le tableau.

| | |
|---|---|
| **QUOI ?** Quel est le problème abordé durant la formation ? | ........ |
| **QUI ?** Qui est concerné par cette formation ? | ........ |
| **QUAND ?** Quand a lieu cette formation ? | ........ |
| **COMMENT ?** Comment le problème peut-il être évité ? | ........ |
| **POURQUOI ?** Pourquoi est-il nécessaire d'identifier les risques professionnels de son secteur ? | ........ |

**2** Formuler la problématique de la situation à partir de votre analyse précédente.

........

# Activité 1 Les composantes d'une activité de travail

**OBJECTIF :** Repérer les composantes d'une activité de travail dans un secteur professionnel à l'aide de l'outil d'analyse fourni.

Lire le **DOC.A** et répondre aux questions.

## DOC.A L'approche par le risque

L'approche par le risque est une démarche d'analyse des risques professionnels basée sur l'observation de l'activité de travail.
La méthode ITAMaMi permet d'observer et d'analyser l'activité de travail dans une approche globale, afin d'en repérer les dangers. Les informations recueillies lors de l'observation sont classées selon 5 composantes :

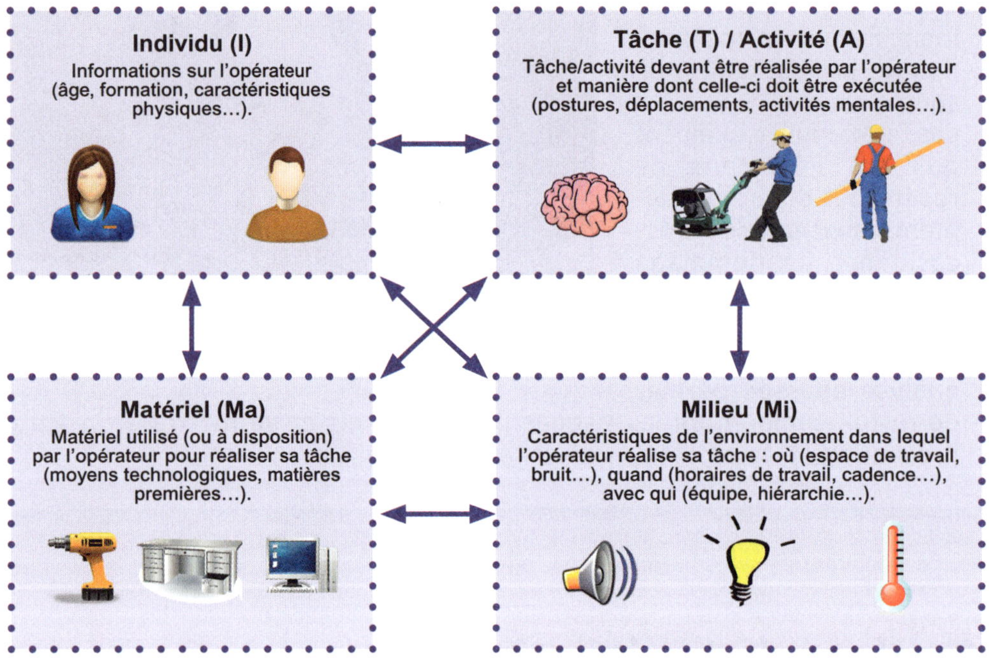


Ces nombreux éléments évoluent dans le temps et interagissent de façon permanente.

**1** Indiquer ce qui compose une activité de travail.

…………………………………………………………………………………………………………

**ACTIVITÉ NUMÉRIQUE**

**Regarder la vidéo « Ishikawa - 5M - Analyse des causes » sur le site : liennathan.fr/46oxw2 et répondre aux questions.**

**1.** Expliquer à quoi correspond l'outil 5M.

…………………………………………………………………………………………………………

…………………………………………………………………………………………………………

**2.** Donner les 5 composantes de la méthode 5M.

…………………………………………………………………………………………………………

**3.** Identifier le point commun entre l'outil ITAMaMi et l'outil 5M.

…………………………………………………………………………………………………………

**2 À partir de la situation de travail suivante, repérer les composantes de l'activité de travail en utilisant l'outil ITAMaMi.**

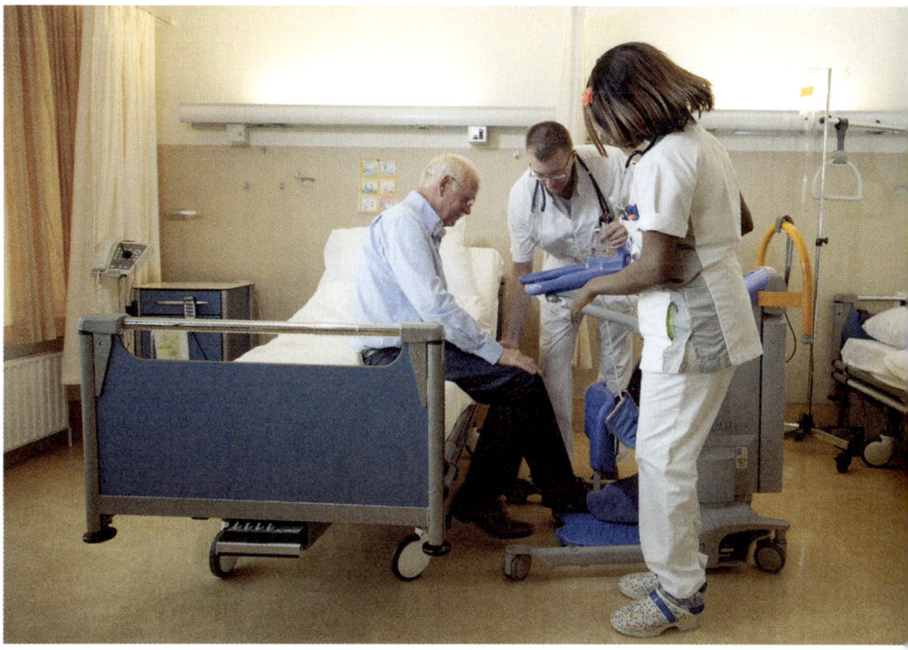

Slimane, 17 ans, aide-soignant, est en stage dans une structure de soins. Son poste consiste à assurer des soins de prévention, de maintien et d'éducation à la santé pour assurer le bien-être des patients et les aider dans leur autonomie. Il accompagne donc les patients dans les activités quotidiennes. Ainsi, il doit les porter, les soutenir et les déplacer (= manutentions) lorsqu'il fait les lits, lors des repas, de la toilette, etc.

Pour cela, Slimane dispose d'un lève-malade mais il ne l'utilise pas car il trouve son utilisation inadaptée à l'organisation des chambres relativement étroites. Il fait donc la manutention des patients à mains nues, sans l'aide de son collègue, avec qui il ne s'entend pas. Pour faciliter les manipulations des patients, il utilise la fonction de hauteur réglable des lits. Les horaires de Slimane sont fixes (35 h par semaine) mais il travaille certains jours fériés.

**ACTIVITÉ DE TRAVAIL : Aide et accompagnement aux activités quotidiennes**

**Individu**

........................................

........................................

........................................

........................................

**Tâche / Activité**

........................................

........................................

........................................

........................................

**Matériel**

........................................

........................................

........................................

........................................

**Milieu**

........................................

........................................

........................................

........................................

# Activité 2 Les éléments d'apparition d'un dommage

**OBJECTIF : Identifier les éléments d'apparition d'un dommage dans une activité de travail.**

Lire le DOC.B et répondre aux questions.

## DOC.B L'identification des éléments d'apparition d'un dommage

Une fois les composantes de l'activité de travail repérées à l'aide d'un outil d'analyse (ITAMaMi, par exemple), il est plus facile d'identifier les éléments d'apparition d'un dommage (= éléments d'une situation de travail aboutissant à un dommage).
Le repérage des **dangers** liés à l'activité de travail permet de mettre en évidence les **situations dangereuses** et les **événements déclencheurs** qui peuvent être à l'origine d'un **dommage** pour l'**opérateur**.

**Danger :** facteur capable de provoquer une lésion ou une atteinte à la santé.

**Situation dangereuse :** situation dans laquelle une personne est exposée à un ou plusieurs dangers.

**Événement déclencheur :** événement (appelé aussi événement dangereux) qui fait basculer la situation dangereuse en accident (pouvant provoquer un dommage). Lorsque l'événement déclencheur est soudain, le dommage se traduit par un accident du travail, alors que quand il est lié au temps d'exposition (à long terme), il se traduit par une maladie professionnelle.

**Dommage :** lésion ou atteinte à la santé possible (c'est la conséquence de l'accident). Il existe trois types de dommage : le dommage immédiat (accident du travail), le dommage différé (maladie professionnelle) et le dommage potentiel (dommage qui pourrait éventuellement avoir lieu).

La personne concernée dans la situation de travail est généralement qualifiée d'« **opérateur** ».

**Exemple**

**Danger :** produits chimiques.

**Situation dangereuse :** l'opérateur utilise des produits chimiques pour le nettoyage du sol.

**Evénement déclencheur :** l'opérateur mélange deux produits chimiques.

**Dommage :** l'opérateur perd connaissance suite à l'inhalation des produits.

**1** Donner l'intérêt d'identifier les éléments d'apparition d'un dommage.

..........

..........

**2** Expliquer ce qui différencie l'accident du travail de la maladie professionnelle au niveau des éléments d'apparition d'un dommage.

..........

..........

**3** Préciser la différence entre le danger et le dommage.

..........

**4** Compléter le tableau suivant en cochant, pour chaque situation ou élément, la case correspondante.

| | Danger | Situation dangereuse | Événement déclencheur | Dommage |
|---|---|---|---|---|
| L'opérateur travaille à proximité d'un fil dénudé sous tension. | ☐ | ☒ | ☐ | ☐ |
| Le travail en hauteur | ☐ | ☒ | ☐ | ☐ |
| Une luxation de l'épaule | ☐ | ☐ | ☐ | ☒ |
| Hâté par une commande urgente | ☐ | ☐ | ☒ | ☐ |
| L'électricité | ☒ | ☐ | ☐ | ☐ |
| L'opérateur utilise un cutter. | ☐ | ☒ | ☐ | ☐ |
| Des douleurs importantes dans le bas du dos | ☐ | ☐ | ☐ | ☒ |
| Une perte d'équilibre | ☐ | ☐ | ☒ | ☐ |

**5** Identifier, dans les cas suivants, le danger, la situation dangereuse, l'événement déclencheur et le dommage.

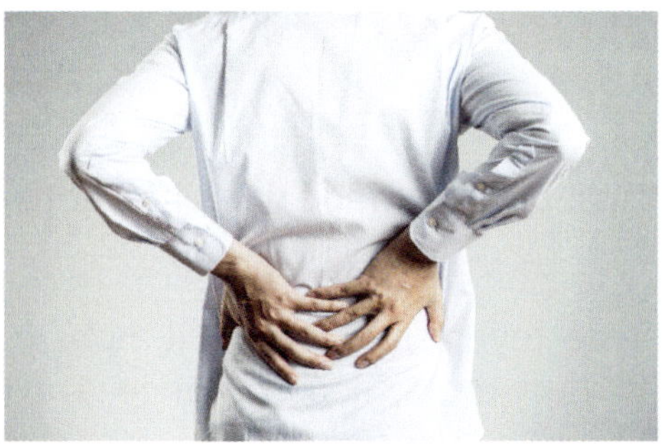

**Cas 1 :** Slimane doit porter et déplacer un patient très lourd. Son collègue, avec qui il ne s'entend pas, refuse de l'aider. Après avoir réalisé la manutention, Slimane a des douleurs dans le bas du dos.

**Danger :** Déplacer un patient lourd

**Situation dangereuse :** Sans l'aide de son ami

**Événement déclencheur :** manutention

**Dommage :** Douleur dans le bas du dos

**Cas 2 :** Pris par le temps, Paulo n'a pas mis de protection pour sortir un plat chaud du four. À peine saisi, il lâche le plat. Il est gravement brûlé à la main.

**Danger :** brulur

**Situation dangereuse :** ……………

**Événement déclencheur :** ……………

**Dommage :** ……………

# Activité 3 La représentation schématique du processus d'apparition d'un dommage

**OBJECTIF :** Proposer une représentation mettant en lien les éléments du processus d'apparition d'un dommage pour un risque identifié.

Lire le DOC.C et répondre aux questions.

## DOC.C Exemple de représentation schématique du processus d'apparition du dommage

Il existe différentes représentations schématiques pour mettre en relation les éléments d'apparition d'un dommage, que l'on nomme « processus d'apparition du dommage » (PAD).
En voici un exemple :

La machine sur laquelle Alix travaille est très bruyante. Sur une journée de travail, Alix est exposée à une intensité sonore qui est supérieure à 93 dB. Elle est victime d'une baisse de l'audition.

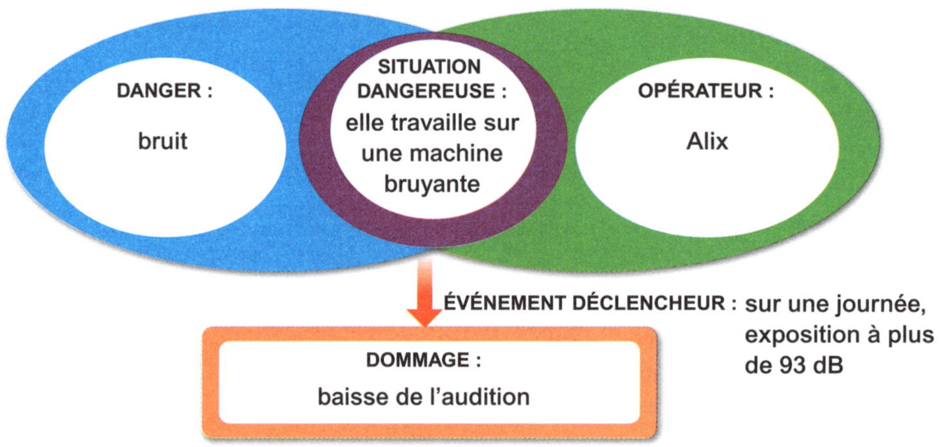


**1** Compléter les schémas du processus d'apparition du dommage des différents risques professionnels suivants.

**Cas 1 :** Thomas utilise un nouveau solvant pour nettoyer sa machine. Il a des contacts répétés avec ce produit chaque jour. Au bout d'un mois, il commence à avoir des irritations sur les mains.

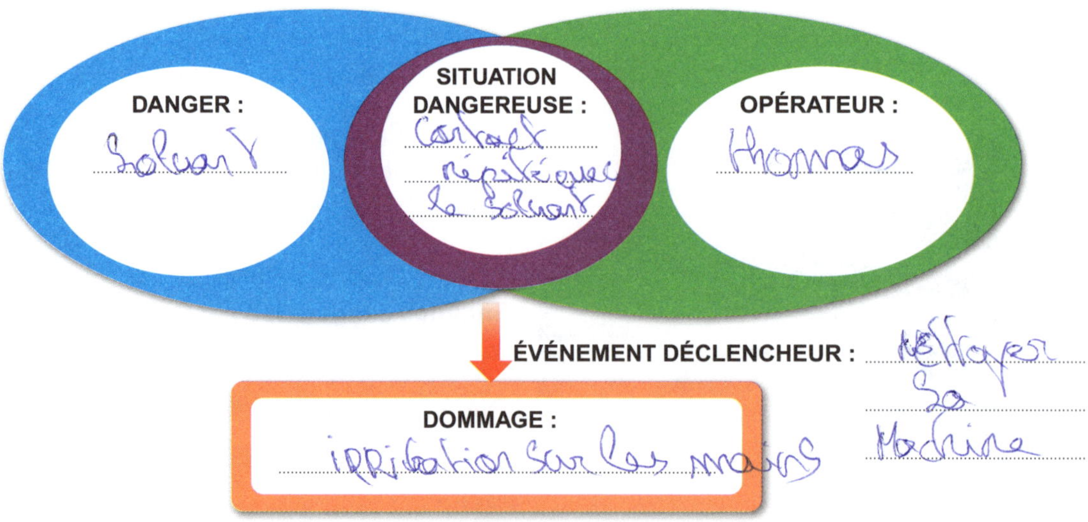

**Cas 2 :** Benjamin installe la fibre sur la façade d'une maison à 3 m du sol. Il se met à pleuvoir et Benjamin glisse puis tombe au sol. Il se casse les 2 jambes.

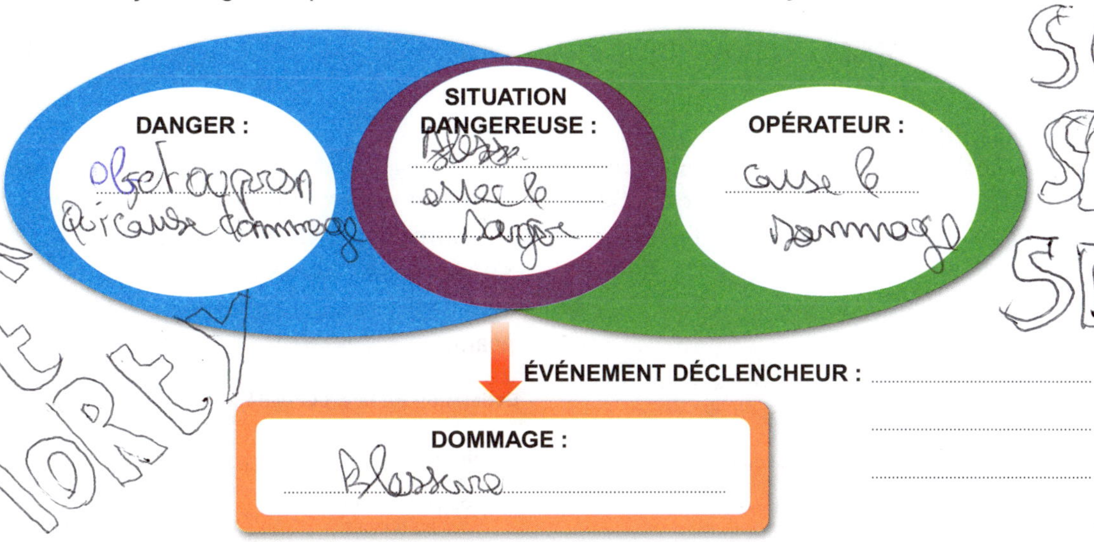


**2** **Proposer une représentation mettant en lien les éléments du processus d'apparition du dommage pour le risque suivant.**

*Sur un chantier, Mila utilise des outils rattachés au courant électrique. Un vieil appareil a un fil dénudé. Lors de son utilisation, Mila touche le fil dénudé sous tension. Elle s'écroule au sol, électrisée.*

# Activité 4 L'évaluation du risque

**OBJECTIF :** Évaluer le risque à l'aide d'un outil pour une situation donnée.

Lire le **DOC. D** et répondre aux questions.

## DOC. D Outil d'évaluation du risque

Un risque professionnel, c'est l'éventualité qu'un danger provoque un dommage sur une personne. Pour l'évaluer, on doit estimer la gravité du dommage et sa probabilité d'occurrence (= possibilité que cela se produise). Avec ces 2 données établies, le niveau de priorité du risque étudié peut alors être évalué.

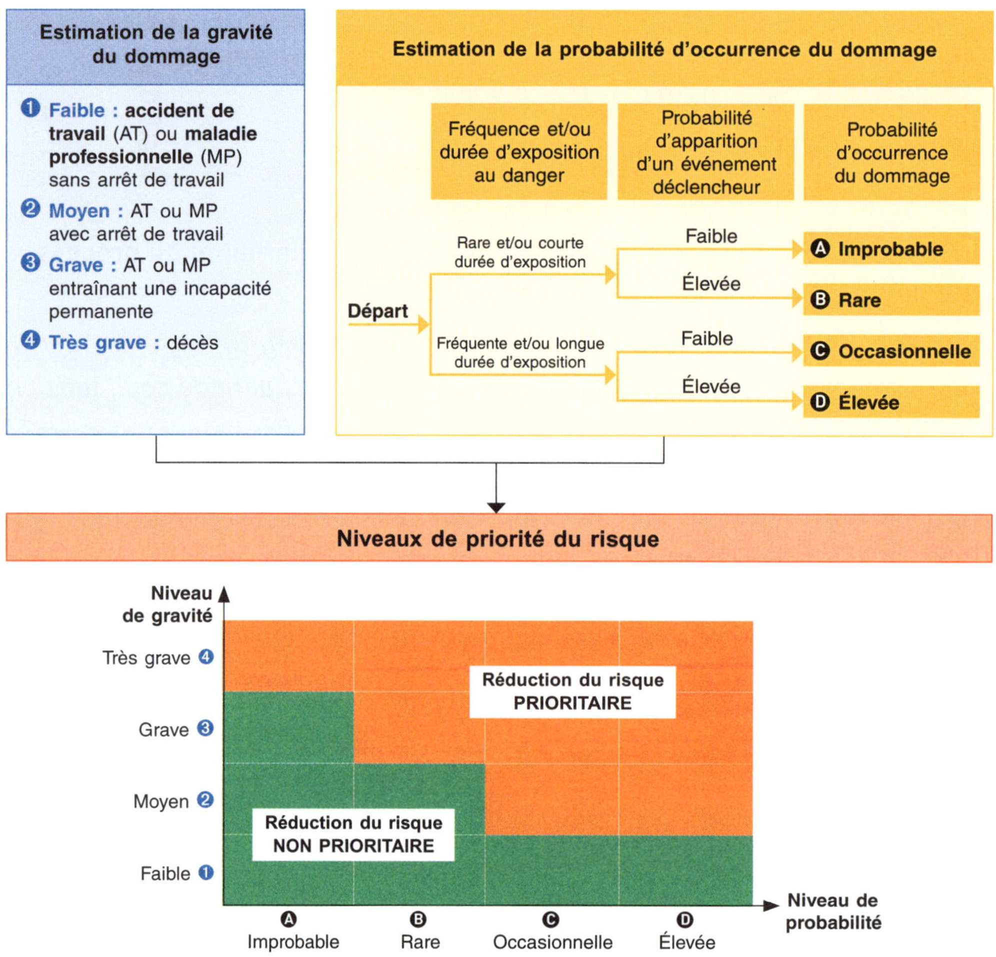


**1** **Estimer la gravité du dommage dans les cas suivants.**

**Cas 1 :** Slimane consulte son médecin pour des douleurs au dos suite à la manutention d'une personne très lourde dans son activité professionnelle. Il a un arrêt de travail de 5 jours.

- Gravité du dommage : ..........

**Cas 2 :** Charline s'est blessée avec un objet coupant au travail. 15 minutes après avoir soigné sa blessure, elle a repris son poste de travail.

- Gravité du dommage : ..........

**Cas 3 :** Après être tombé d'un toit sur un chantier, Farouk a dû arrêter son travail. Il n'a pas retrouvé toute sa mobilité et ne peut reprendre son activité professionnelle.

- Gravité du dommage : ..........

## 2 Estimer la probabilité d'occurrence du dommage dans les cas suivants.

**Cas 1 :** Janelle est en contact régulier avec des patients contagieux et oublie fréquemment de se désinfecter les mains. Elle contracte souvent différents types de maladies.

- Probabilité d'occurrence du dommage : ..........

**Cas 2 :** Pascal travaille dans une usine de textile où il effectue des gestes répétitifs. Durant les périodes de fêtes, il y a un surplus de production. Pascal doit alors produire plus et ressent des douleurs au niveau du coude.

- Probabilité d'occurrence du dommage : ..........

**Cas 3 :** Suite à une explosion due à un incident technique, un opérateur a été brièvement en contact avec une grande quantité de gaz. Il est intoxiqué.

- Probabilité d'occurrence du dommage : ..........

## 3 Évaluer le risque dans les cas suivants.

**Cas 1 :** Bastien travaille dans des chambres froides. Il est fréquemment exposé à des températures inférieures à −20 °C. Souffrant de nombreuses engelures (= lésions et enflures douloureuses) aux doigts, il a parfois du mal à exercer son activité professionnelle.

- Gravité : .......... - Probabilité : ..........

▶ Niveau de priorité : ..........

**Cas 2 :** Jonas doit parfois découper des pièces à la disqueuse. Il met rarement ses gants car il est aussi chargé de répondre aux appels téléphoniques. Un jour, sa main dérape lors de la découpe d'une pièce et Jonas se sectionne 2 doigts. Il ne pourra désormais plus reprendre ce poste de travail.

- Gravité : .......... - Probabilité : ..........

▶ Niveau de priorité : ..........

**Cas 3 :** Lucien, électricien, décide de pousser à mains nues un échafaudage métallique pour gagner du temps. Ce dernier entre en contact avec une ligne électrique sous tension. Lucien tombe inanimé au sol. Il est électrocuté et décède.

- Gravité : .......... - Probabilité : ..........

▶ Niveau de priorité : ..........

**ACTIVITÉ NUMÉRIQUE**

**Regarder la vidéo « OiRA, outil en ligne d'évaluation des risques » sur le site : liennathan.fr/38m7dg et répondre aux questions.**

**1.** Donner l'objectif de l'outil OiRA.

..........

**2.** Expliquer en quoi l'association des salariés peut être une plus-value lors de l'utilisation de l'outil OiRA.

..........

..........

# Activité 5

## Les mesures possibles face aux risques professionnels

**OBJECTIFS :** Proposer une mesure de prévention visant à supprimer ou à réduire le risque, proposer une mesure visant à protéger un ou des opérateurs face à un risque, proposer une mesure d'information ou de formation d'un opérateur en lien avec le risque identifié.

Lire le **DOC.E** et répondre aux questions.

### DOC.E Les principes généraux de prévention (article L4121-2 du Code du travail)

Il existe 9 principes généraux de prévention à appliquer par ordre de priorité :

1. Éviter le risque
2. Évaluer les risques qui ne peuvent pas être évités
3. Combattre les risques à la source
4. Adapter le travail à l'Homme
5. Tenir compte de l'état de l'évolution de la technique
6. Remplacer ce qui est dangereux par ce qui n'est pas dangereux ou par ce qui est moins dangereux
7. Planifier la prévention
8. Prendre des mesures de protection collective en leur donnant la priorité sur les mesures de protection individuelle
9. Donner les instructions appropriées aux travailleurs

En s'appuyant sur ces principes, voici, par ordre d'efficacité, les mesures applicables pour lutter contre les risques professionnels :

- **Mesures de prévention :** l'action s'effectue sur le danger ou la situation dangereuse pour supprimer le risque. À défaut, il faut réduire le risque.
- **Mesures de protection :** l'action s'effectue sur l'opérateur pour limiter les dommages possibles en privilégiant la protection collective à la protection individuelle.
- **Mesures d'information et de formation :** l'information permet de signaler les risques, la formation permet de former les opérateurs afin d'éviter certains risques.

**1** Identifier le(s) principes(s) de prévention correspondant aux mesures illustrées dans les images suivantes.

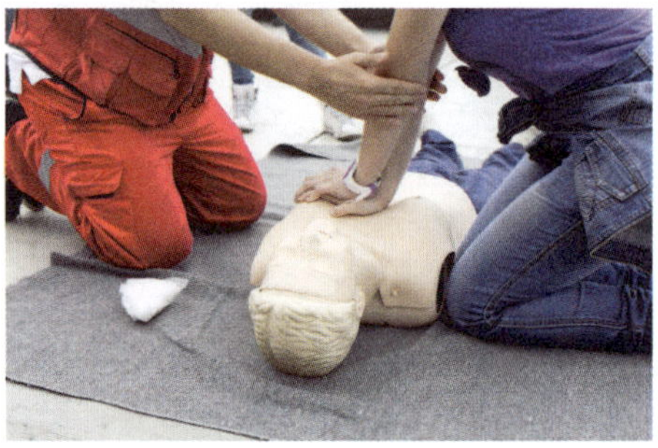

Principe(s) de prévention : information

Principe(s) de prévention : information.

Principe(s) de prévention : prévention

Principe(s) de prévention : protection

**2** **À l'aide des schémas de processus d'apparition du dommage suivants, proposer des actions pour lutter contre les risques professionnels.**

- Peut-on supprimer ou réduire le danger ?

☐ OUI ☐ NON

Si oui, par quoi peut-on le remplacer ?

.......................................................

- Peut-on supprimer la situation dangereuse ?

☐ OUI ☐ NON

Si oui, quelle est la solution trouvée ?

.......................................................

- Peut-on limiter le dommage ?

☐ OUI ☐ NON

Si oui, quel moyen de protection peut-on utiliser ?

.......................................................

Il s'agit d'une protection :

☐ collective ☐ individuelle

- Quelles mesures de formation ou d'information peuvent être mises en place ?

.......................................................

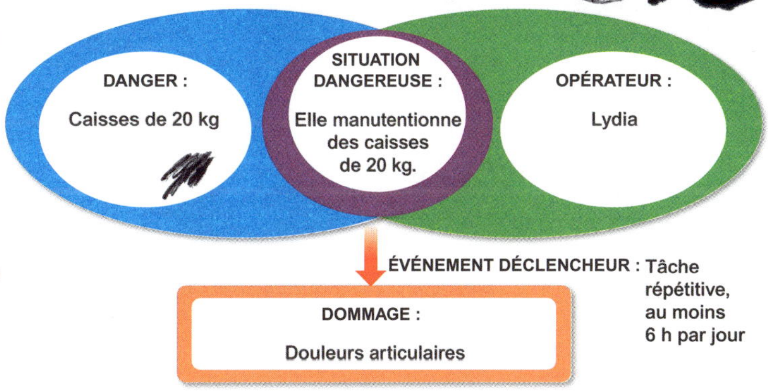


- Peut-on supprimer ou réduire le danger ?

☐ OUI ☐ NON

Si oui, par quoi peut-on le remplacer ?

.......................................................

- Peut-on supprimer la situation dangereuse ?

☐ OUI ☐ NON

Si oui, quelle est la solution trouvée ?

.......................................................

- Peut-on limiter le dommage ?

☐ OUI ☐ NON

Si oui, quel moyen de protection peut-on utiliser ?

.......................................................

Il s'agit d'une protection :

☐ collective ☐ individuelle

- Quelles mesures de formation ou d'information peuvent être mises en place ?

.......................................................

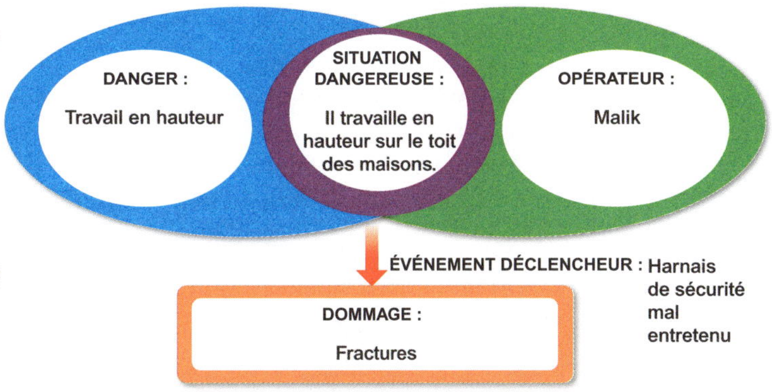

## Aide-mémoire

### L'analyse des risques professionnels

**Les composantes d'une activité de travail**

L'approche par les risques est basée sur l'observation d'une activité de travail (à l'aide d'un outil d'analyse, comme ITAMaMi) afin d'identifier ses différentes composantes en interrelation : l'opérateur, la tâche / l'activité, le matériel et le milieu.

**Les éléments d'apparition d'un dommage**

L'analyse des risques professionnels consiste à identifier les éléments d'apparition d'un dommage : l'opérateur, le danger, la situation dangereuse, l'événement déclencheur et le dommage.

**La représentation schématique du processus d'apparition d'un dommage**

Les éléments d'apparition d'un dommage sont mis en relation dans un schéma. Il existe différentes formes possibles pour représenter ce processus d'apparition du dommage (PAD).

**L'évaluation du risque**

Afin d'évaluer un risque professionnel, on doit estimer la gravité et la probabilité d'occurrence du dommage. Une fois ces 2 données établies, il est possible d'évaluer le niveau de priorité du risque étudié à l'aide d'outils d'estimation.

**Les mesures possibles face aux risques professionnels**

Pour lutter contre les risques professionnels, il est possible :
- de supprimer ou de réduire le risque (mesures de prévention) ;
- de protéger un ou des opérateurs face aux risques (mesure de protection individuelle ou collective) ;
- d'informer ou de former les opérateurs en lien avec le risque identifié (mesures d'information / de formation).

## Schéma-bilan

**Activité de travail**

Avec différentes composantes :
- ▶ Individu
- ▶ Tâche / Activité
- ▶ Matériel
- ▶ Milieu

↓

**Identification des éléments d'apparition du dommage**

- Danger
- Opérateur
- Situation dangereuse
- Événement déclencheur
- Dommage (potentiel, immédiat ou différé)

⇨ **Représentation schématique du processus d'apparition du dommage (PAD)**

→

**ÉVALUATION DU RISQUE**

Le niveau de priorité du risque est évalué grâce à un outil en estimant la gravité et la probabilité d'occurrence du dommage.

↓

**MESURES POUR LUTTER CONTRE LES RISQUES PROFESSIONNELS**

→ Mesures de prévention (suppression ou réduction du risque)
→ Mesures de protection (collective ou individuelle)
→ Mesures d'information ou de formation

**Testez vos connaissances en réalisant un quiz interactif sur l'i-MANUEL 2.0**

# 9 L'analyse d'un risque spécifique au secteur professionnel

## Activité 1 Les risques spécifiques au secteur professionnel

**OBJECTIF :** Repérer les risques spécifiques du secteur professionnel.

**1** Entourer les risques spécifiques de votre secteur professionnel.

Risque lié à l'électricité

Risque routier en mission

Risques psychosociaux

Risque de chute de hauteur

Risque lié à la manutention mécanique

Risque d'effondrement et de chute d'objets

Risque d'incendies, d'explosions

Risque et nuisances liés au bruit

Risque lié aux équipements de travail (machines, outils…)

Risque lié aux circulations internes de véhicules

Risque lié aux ambiances lumineuses

Risque lié aux ambiances thermiques

Risque lié à la charge physique de travail (consécutif à des efforts physiques intenses, prolongés, répétés, des postures inconfortables ou contraignantes)

Risque lié aux produits, aux émissions, aux déchets par inhalation, ingestion ou contact cutané de produits (gaz, solide, liquide)

Risque lié aux agents biologiques (lié à la présence de micro-organismes sur le lieu de travail)

Risque de trébuchement, heurt ou autre perturbation de mouvement

**2** Si d'autres risques sont présents dans votre secteur professionnel, les noter ci-dessous.

.......................................................................................................

.......................................................................................................

# Activité 2

## L'analyse et l'évaluation d'un risque spécifique

**OBJECTIF :** Appliquer une démarche d'analyse et d'évaluation d'un risque spécifique du secteur professionnel.

**1** Choisir l'un des risques entourés dans l'activité 1 et rédiger une situation de travail lui correspondant. (Vous pouvez vous inspirer de vos travaux pratiques ou de votre expérience professionnelle durant vos stages.)

*Votre situation de travail devra absolument comporter : un opérateur, une situation dangereuse, un événement déclencheur, un danger et un dommage.*

SITUATION DE TRAVAIL :

**2** À partir de la situation de travail rédigée (question 1), compléter le schéma d'apparition du dommage.

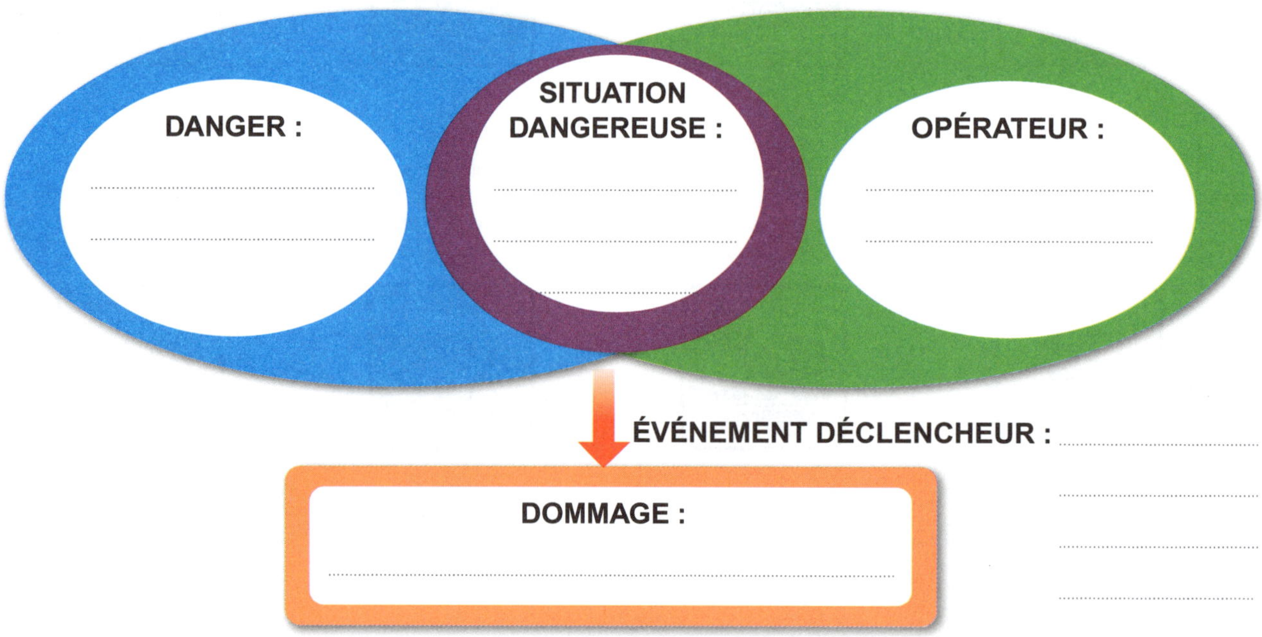

**3** À l'aide de l'outil suivant, estimer la gravité et la probabilité d'occurrence du dommage de la situation de travail (question 1).

**Estimation de la gravité du dommage**

1. **Faible : accident de travail** (AT) ou **maladie professionnelle** (MP) sans arrêt de travail
2. **Moyen :** AT ou MP avec arrêt de travail
3. **Grave :** AT ou MP entraînant une incapacité permanente
4. **Très grave :** décès

**Estimation de la probabilité d'occurrence du dommage**

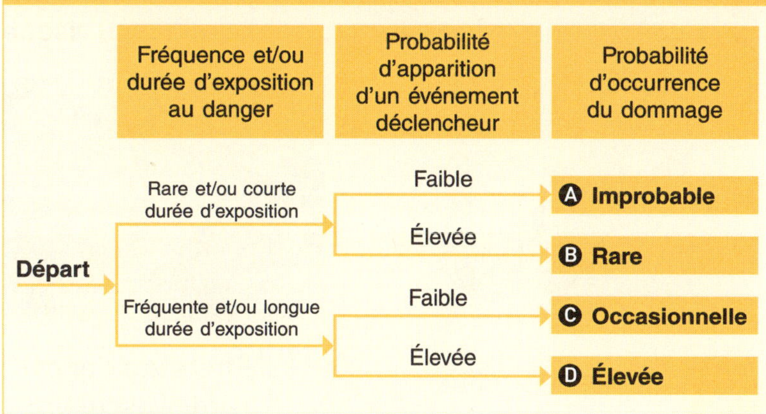


**Niveaux de priorité du risque**

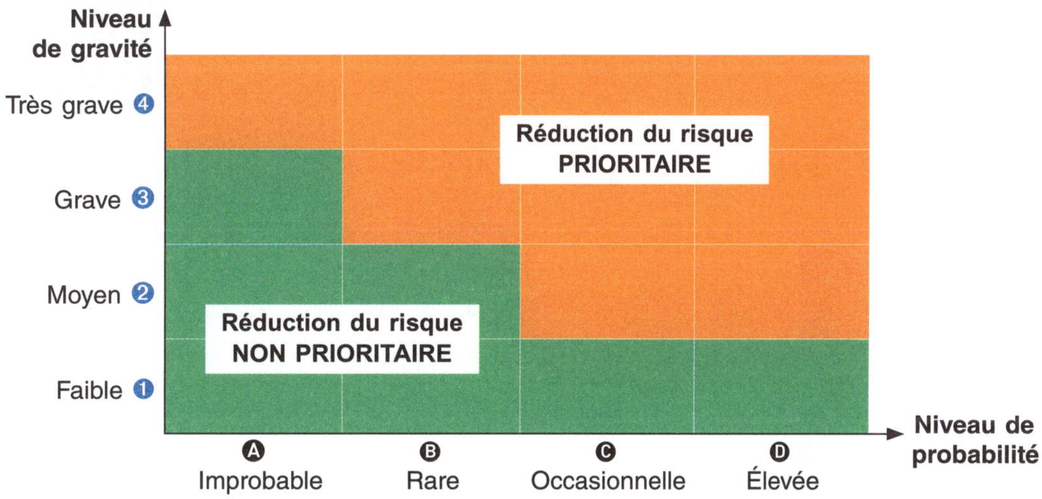


- Gravité du dommage : ..........
- Probabilité d'occurrence du dommage : ..........

**4** Déduire le niveau de priorité du risque lié à la situation de travail.

..........

**5** D'après votre évaluation du risque, expliquer brièvement les actions qui devront être mises en place.

..........

..........

..........

..........

# Activité 3 Les effets physiopathologiques d'un risque spécifique

**OBJECTIF : Expliquer les effets physiopathologiques de l'exposition au danger.**

**1** **Cocher les effets physiopathologiques (= troubles du mode de fonctionnement de l'organisme) possibles correspondant au risque que vous avez choisi.**

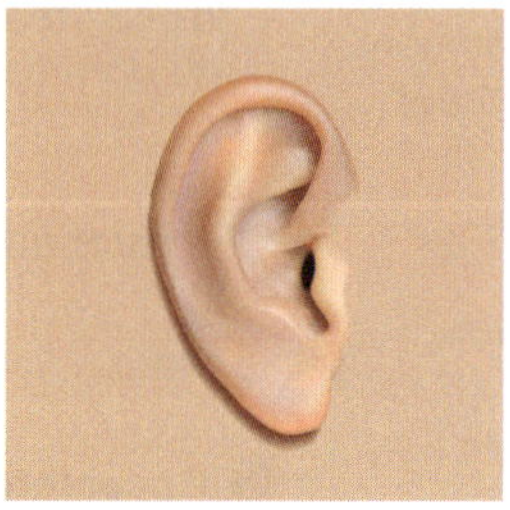

☐ Effets sur l'audition

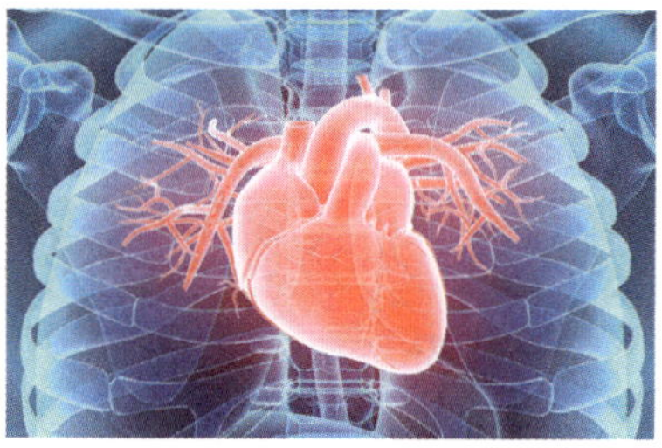

☐ Effets sur l'appareil cardiovasculaire

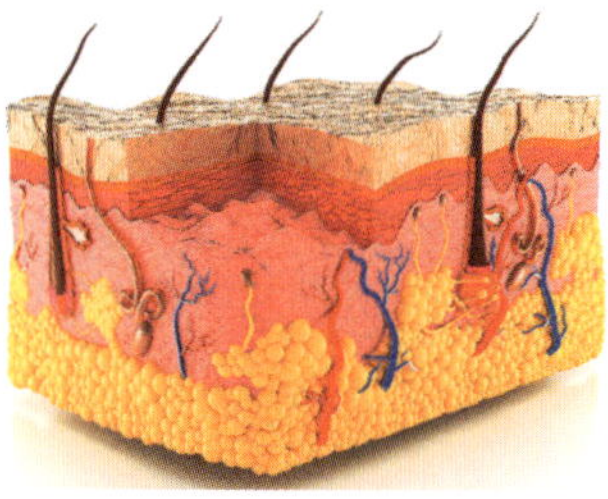

☐ Effets sur la peau

☐ Effets sur les muscles

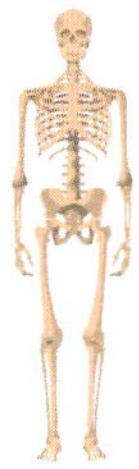

☐ Effets sur le squelette

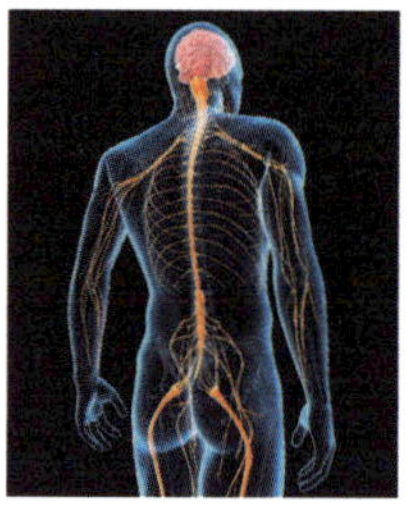

☐ Effets sur le système nerveux

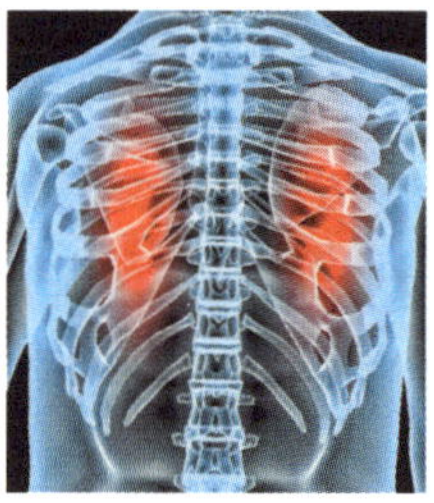

☐ Effets sur l'appareil respiratoire

☐ Autres : ..............................................................................

..............................................................................

..............................................................................

**2** **Indiquer, à partir des définitions suivantes, le type d'affection correspondant à l'atteinte sur la santé que vous avez mise en évidence (= dommage) dans votre situation de travail.**

**Affection aiguë :** elle évolue rapidement mais dure peu de temps.

**Affection chronique :** elle dure dans le temps (généralement plus de 3 mois) et peut même être permanente.

▶ Le dommage de la situation de travail :

..............................................................................

▶ Il s'agit d'une affection : ☐ aiguë ☐ chronique

# Activité 4 Les mesures de prévention d'un risque spécifique

**OBJECTIF :** Proposer des mesures de prévention hiérarchisées en lien avec le risque.

**1** Proposer des mesures de lutte contre le risque spécifique que vous avez choisi en complétant les informations suivantes. (Vous pouvez vous aider du schéma d'apparition du dommage complété à la question 2 de l'activité 2.)

## LES MESURES DE PRÉVENTION, DE SUPPRESSION OU DE RÉDUCTION DU RISQUE

- Peut-on supprimer ou réduire le danger ? ☐ OUI ☐ NON

Si oui, par quoi peut-on le remplacer ? ......................................................

......................................................

- Peut-on supprimer la situation dangereuse ? ☐ OUI ☐ NON

Si oui, quelle est la solution trouvée ? ......................................................

......................................................

## LES MESURES DE PROTECTION

- Peut-on limiter le dommage ?
  ☐ OUI ☐ NON

Si oui, compléter le document ci-contre.

**Mesures de protection collective**

☐ Mesures de protection par éloignement (ex. : balisage)
- ▸ ..............................
- ▸ ..............................

☐ Mesures de protection par obstacle (ex. : rambarde de sécurité)
- ▸ ..............................
- ▸ ..............................

☐ Mesures de protection par atténuation d'une nuisance (ex. : insonorisation d'un local)
- ▸ ..............................
- ▸ ..............................

☐ Mesures de protection par consignation d'une fonction dangereuse lors d'une intervention.
- ▸ ..............................
- ▸ ..............................

☐ Autres : ..............................

..............................

**Mesures de protection individuelle**

- ☐ Casque
- ☐ Protection auditive
- ☐ Masque de protection respiratoire
- ☐ Visière
- ☐ Gants
- ☐ Vêtements de protection
- ☐ Lunettes de protection
- ☐ Harnais de sécurité
- ☐ Chaussures de sécurité
- ☐ Autres : ..............................

..............................

## LES MESURES DE FORMATION / D'INFORMATION

- Quelles mesures de formation ou d'information peuvent être mises en place ?

..............................

..............................

..............................

..............................

..............................

..............................

**2** Classer les mesures trouvées dans la question précédente par ordre d'efficacité.

1) ......................................................

2) ......................................................

3) ......................................................

4) ......................................................

## ACTIVITÉS NUMÉRIQUES

- **Aller sur Internet.**

  Chercher les statistiques liées aux accidents du travail et aux maladies professionnelles dans votre métier (ou secteur professionnel) et repérer trois risques prépondérants. (Ne pas reprendre le risque choisi en début de chapitre.)

  ▶ RISQUE 1 :

  ▶ RISQUE 2 :

  ▶ RISQUE 3 :

- **Aller sur le site http://www.bossons-fute.fr.**

  Chercher, pour chacun des 3 risques précédents, une mesure de suppression ou de réduction du risque, une mesure de protection et une mesure de formation ou d'information.

  **RISQUE 1**

  ▶ Mesure de suppression ou de réduction du risque :

  ▶ Mesure de protection :

  ▶ Mesure de formation ou d'information :

  **RISQUE 2**

  ▶ Mesure de suppression ou de réduction du risque :

  ▶ Mesure de protection :

  ▶ Mesure de formation ou d'information :

  **RISQUE 3**

  ▶ Mesure de suppression ou de réduction du risque :

  ▶ Mesure de protection :

  ▶ Mesure de formation ou d'information :

- **Regarder la vidéo « Le document unique, comment ça marche ? » sur le site : liennathan.fr/67s5rd et répondre aux questions.**

  **1.** Expliquer brièvement ce qu'est le document unique.

  **2.** Nommer les 2 éléments indispensables devant figurer sur le document unique.

  **3.** Donner le but du document unique.

  **4.** Déduire pourquoi le document unique doit être accessible à tous les salariés.

- **Aller sur Internet.**

  Chercher un exemple de document unique d'évaluation des risques en lien avec le secteur professionnel ou le métier de votre choix et nommer les différents termes que l'on retrouve dans les chapitres 17 et 18.

# 10 La sécurité alimentaire

## SITUATION Revue de presse

La sécurité alimentaire concerne tout le monde et doit être prioritaire. En France, des contrôles fréquents sont effectués sur les produits alimentaires afin de préserver la qualité sanitaire des aliments. Malgré tout, des scandales dans ce domaine se multiplient depuis plus de 10 ans. Voici les principaux :

2011 : 7 enfants sont infectés par la bactérie E. coli après avoir consommé des steaks de la marque Steak Country. Certains des enfants touchés resteront handicapés à vie. Le producteur a été condamné à 2 ans de prison ferme.

2012 : des tartelettes Ikea contaminées par des matières fécales en Chine. L'enseigne a dû retirer de la vente l'ensemble de ces tartelettes (plus de 23 pays ont été concernés).

2013 : des barquettes de lasagnes « pur bœuf » contiennent de la viande de cheval. De nombreuses enseignes sont concernées.
Ce scandale a mis en évidence les problèmes d'étiquetage de la viande car ici, plus de 750 tonnes de viande ont été mal étiquetées volontairement.

2017 : les magasins Aldi, en Allemagne, retirent de la vente des œufs contaminés au Fripronil. En France, plusieurs centaines de milliers d'œufs contaminés ont également été importés et transformés dans divers produits de grande consommation.

**2018 : 183 bébés ayant consommé des produits Lactalis sont atteints de salmonellose en France. Au final, 12 millions de produits ont été retirés.**

## Analyse de la situation

**1** Identifier les différents éléments de la situation en complétant le tableau.

| | |
|---|---|
| **QUOI ?** Quel est le problème commun à ces différents articles ? | ........ |
| **QUI ?** Qui est concerné par ce problème ? | ........ |
| **QUAND ?** Quand ont lieu ces événements ? | ........ |
| **COMMENT ?** Comment la France essaie-t-elle d'éviter ce problème ? | ........ |
| **POURQUOI ?** Pourquoi est-il nécessaire d'éviter ce problème ? | ........ |

**2** Formuler la problématique de la situation à partir de votre analyse précédente.

........

........

# Activité 1 La qualité sanitaire des aliments

**OBJECTIF : Expliquer les deux principaux critères de la qualité sanitaire des aliments.**

Lire le **DOC.A** et répondre aux questions.

## DOC.A Les contrôles sur les produits alimentaires

La sécurité sanitaire des aliments est un aspect essentiel de la santé publique : elle permet de garantir qu'un aliment est sain, c'est-à-dire sans danger pour l'organisme. De nombreux contrôles sont effectués lors des différentes étapes de production, de transformation et de distribution des aliments.
Ces contrôles portent notamment sur :
– la qualité microbiologique : vérification de l'absence de contamination par des micro-organismes (notamment pathogènes) ;
– la qualité chimique : vérification de l'absence de substances chimiques.
De plus, une vérification de l'absence de corps étrangers est réalisée lors de ces contrôles.

Sécurité sanitaire de la chaîne alimentaire : **150 000** contrôles / an

Qualité des produits : **130 000** contrôles / an

**Où ?**

**À la production**
(chez les agriculteurs, pêcheurs, éleveurs, etc.)

**À la transformation**
(abattoirs, coopératives, industriels, etc.)

**À la distribution**
(transport, restauration, commerces, etc.)

**Aux frontières**
(animaux, végétaux, produits, imports et exports)

**Que contrôle-t-on ?**

La mise en place de **mesures** pour assurer la **qualité sanitaire** des produits

**Les conditions d'hygiène**

**L'absence d'agents contaminants dans les denrées et dans les aliments des animaux**
- corps étrangers (ex. : bouts de verres, insectes)
- micro-organismes (ex. : virus, bactéries, champignons microscopiques)
- substances chimiques (ex. : pesticides, dioxine)

1 Définir le principe de la sécurité sanitaire.

..........

2 Préciser comment et où la sécurité sanitaire des aliments est assurée.

..........

..........

3 Citer les éléments qui sont vérifiés lors de ces contrôles.

..........

..........

..........

4 Indiquer les 2 principaux critères sur lesquels la vigilance est accrue lors des contrôles en expliquant pourquoi.

..........

..........

..........

**5** À l'aide du **DOC.A** et de vos connaissances, proposer une explication possible pour chacun des cas suivants.

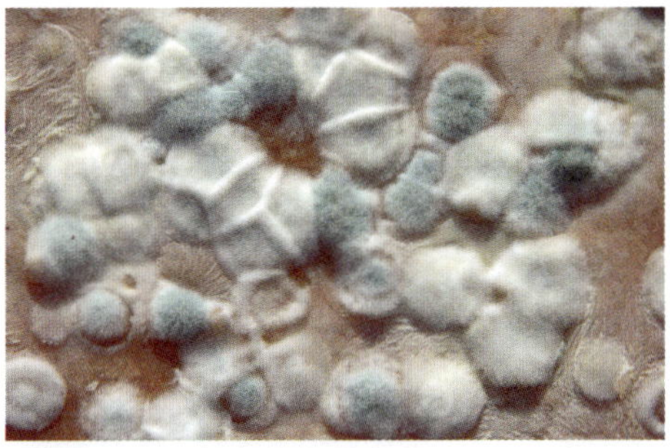

- Bactéries présentes dans un produit alimentaire :

.................................................................................................

.................................................................................................

- Cheveu présent dans un produit alimentaire :

.................................................................................................

.................................................................................................

- Pesticides présents dans un produit alimentaire :

.................................................................................................

.................................................................................................

## ACTIVITÉS NUMÉRIQUES

**• Regarder la vidéo « Comment sont contrôlés les aliments que nous consommons ? » sur le site : liennathan.fr/7d60ih et répondre aux questions.**

**1.** Préciser qui sont les personnes qui effectuent les contrôles sanitaires des aliments.

.................................................................................................

**2.** Indiquer les différents types de denrées dans lesquels on vérifie la présence de contaminants.

.................................................................................................

.................................................................................................

**3.** Expliquer les conséquences possibles si les résultats des analyses ne respectent pas la réglementation.

.................................................................................................

.................................................................................................

**• Regarder la vidéo « L'analyse de la qualité du lait en laboratoire interprofessionnel » sur le site : liennathan.fr/s042bm et répondre aux questions.**

**1.** Indiquer qui effectue les analyses de la qualité du lait.

.................................................................................................

**2.** Donner un élément, correspondant à chacun des critères suivants, qui est vérifié sur un échantillon de lait.

▶ Qualité chimique : .................................................................................................

▶ Qualité microbiologique : .................................................................................................

**3.** Expliquer ce qu'est la traçabilité.

.................................................................................................

.................................................................................................

# Activité 2 Maintenir la qualité microbiologique des aliments

OBJECTIF : Expliquer les précautions qui permettent de maintenir la qualité microbiologique des aliments jusqu'à leur consommation.

Lire le DOC. B et répondre aux questions.

## DOC. B La décomposition des aliments

Les aliments se décomposent sous l'action de facteurs externes (air, humidité, chaleur...) et de micro-organismes (bactéries, champignons...) qui constituent la flore de décomposition. Leur aspect et leur composition sont alors complètement modifiés :

Les micro-organismes se multiplient rapidement dans les aliments riches en matières organiques (sucres, protéines), dont certains peuvent être pathogènes et rendre ainsi les aliments non consommables.
Il est important de ne pas se référer uniquement à l'aspect visuel des aliments pour savoir s'ils sont consommables car le développement de micro-organismes est possible sans pour autant que cela soit visible.

**1** Identifier ce qui engendre la décomposition des aliments.

..............................................................................................................................

..............................................................................................................................

..............................................................................................................................

**2** Indiquer, pour chacun des aliments suivants, si sa contamination par des micro-organismes pathogènes est possible, en justifiant.

Contamination possible par des micro-organismes pathogènes ?

☐ OUI ☐ NON

Pourquoi ? ..............................................................................................

..............................................................................................................................

Contamination possible par des micro-organismes pathogènes ?

☐ OUI ☐ NON

Pourquoi ? ..............................................................................................

..............................................................................................................................

Lire le DOC.C et répondre aux questions.

## DOC. C Précautions de conservation

Le froid est utilisé pour la conservation des aliments car il limite, voire stoppe la prolifération des micro-organismes.

La chaîne du froid vise à maintenir les produits alimentaires à une température donnée, que ce soit pendant leur fabrication, leur stockage, leur transport, leur distribution (en magasin) ou leur conservation au domicile des consommateurs. La température préconisée est par ailleurs mentionnée sur l'étiquette alimentaire.

Si la chaîne du froid est rompue, cela accélère la prolifération de bactéries et réduit considérablement la durée de vie de l'aliment, le rendant impropre à la consommation, voire dangereux pour la santé du consommateur.

Voici ci-contre les principales températures d'un réfrigérateur-congélateur, avec quelques conseils pour une meilleure conservation des aliments.

**3** Identifier à quel(s) moment(s) la chaîne du froid doit être maintenue.

..........................................................................................

..........................................................................................

**4** Expliquer pourquoi il est important de respecter le mode de conservation préconisé sur l'emballage alimentaire d'un produit acheté en magasin.

..........................................................................................

..........................................................................................

**5** Proposer, pour chacun des cas suivants, les précautions à prendre pour préserver la qualité microbiologique des aliments.

**Cas 1 :** Célia se rend à pied au supermarché du quartier. Dans sa région, il fait souvent plus de 30 °C.

- Précautions à prendre : ..........................................................................................

..........................................................................................

**Cas 2 :** Max cuisine en grande quantité et a souvent des restes de repas.

- Précautions à prendre : ..........................................................................................

..........................................................................................

**Cas 3 :** Jade ne sait jamais à quelle température conserver les aliments qu'elle achète.

- Précautions à prendre : ..........................................................................................

..........................................................................................

Lire le DOC.D et répondre aux questions.

## DOC.D La date limite de consommation

On peut trouver des dates sur certaines denrées alimentaires. Seules celles qui ont une DLC (voir ci-contre) doivent être retirées de la vente dès que la date est atteinte. La qualité microbiologique du produit dans ce cas n'est plus assurée.

www.test-achats.be

**6** Donner un exemple de produit alimentaire qui porte l'une des mentions suivantes.

- DLC : ..................................................
- DDM : ..................................................

**7** Expliquer pourquoi le fait de vérifier la DLC est une précaution importante pour assurer la qualité microbiologique d'un aliment.

..................................................

Lire le DOC.E et répondre aux questions.

## DOC.E L'hygiène avec les produits alimentaires

Afin d'éviter une contamination par des micro-organismes extérieurs, des conseils simples d'hygiène doivent être appliqués :

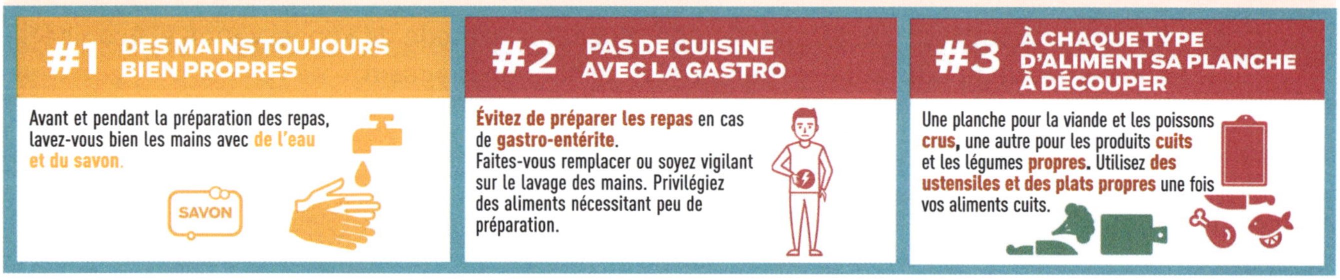


www.anses.fr

**8** Préciser l'objectif commun de ces 3 mesures d'hygiène.

..................................................

**9** À partir du cas suivant, indiquer, dans l'ordre, les différentes précautions à prendre afin d'éviter une contamination par des micro-organismes extérieurs.

Émile, qui est sous traitement médical car il souffre d'une angine, doit préparer à manger à ses enfants. Il a décidé de leur faire des crudités en entrée, suivies de morceaux de poulet accompagnés de courgettes.

- Précautions à prendre :

1) ..................................................

2) ..................................................

3) ..................................................

# Activité 3 Les mentions particulières

**OBJECTIF : Expliquer l'intérêt de la mention des substances allergènes sur les étiquettes d'aliments.**

Lire le DOC.F et répondre aux questions.

## DOC.F Les autres mentions utiles sur une étiquette alimentaire

De nombreuses informations peuvent se cacher sur une étiquette alimentaire, notamment dans la liste des ingrédients.

Ingrédients : farine **(blé)**, sucre, chocolat au lait (sucre, beurre de cacao, poudre de **lait**, sel), E427, carbonate d'ammonium, arôme naturel de vanille, sirop de glucose, sel.

1. Les ingrédients sont indiqués par ordre d'importance (c'est-à-dire de la plus grande quantité en poids à la plus petite). Attention donc aux produits dont le sucre ou l'huile sont indiqués en première position !
2. Il existe 14 allergènes dont la déclaration sur l'étiquette est obligatoire en cas de présence. Ces allergènes sont indiqués en gras.
3. Certains éléments sont composés de plusieurs ingrédients. Dans ce cas, le détail de leur composition est indiqué entre parenthèses.
4. Les additifs peuvent être indiqués par leur nom ou par un code de type « EXXX ». Il est conseillé d'éviter de consommer des produits contenant plus de trois additifs. En effet, ils peuvent être mauvais s'ils sont consommés avec excès.
5. Privilégiez les ingrédients que l'on peut retrouver dans une cuisine : le sucre plutôt que le sirop de glucose par exemple.

**Mutualité française, août 2018.**

Un allergène est une substance capable de provoquer une réaction allergique chez une personne sensibilisée. Cette réaction est plus ou moins grave en fonction des individus et peut même, dans certains cas, se révéler mortelle.
Un additif est une substance ajoutée en faible quantité aux aliments industriels pour en améliorer leur goût, leur consistance, leur couleur ou leur conservation.

**1** **Expliquer l'utilité, pour un consommateur, d'avoir la mention d'un ou de plusieurs allergènes sur une étiquette alimentaire.**

.......................................................................................................

.......................................................................................................

**2** **À partir des étiquettes suivantes, préciser le (ou les) produit(s) concerné(s) par les mentions indiquées.**

**Produit 1**

**Ingrédients** : **lait** écrémé, sucre, crème légère **(lait)**, eau, sirop de glucose, **cacahuètes**, beurre de cacao, matière grasse du **lait**, matière grasse de noix de coco, **lait** écrémé en poudre, **lactose**, **lait** entier en poudre, émulsifiants (lécithine de **soja**, E471, E477), stabilisants (E410, E412, E414), cacao maigre, amidon, sel, matière grasse de palme, colorants (E100, E133, E160a, E160e, E162, E171, E172), dextrine, extrait naturel de vanille, huile de palme, arôme.
(Peut contenir : **amande**, **noisette** et autres **fruits à coque**).

**Produit 2**

Ingrédients : carotte 49 %, céleri 25 %, eau, huile de colza, persil, épice, **moutarde** à l'ancienne (eau, vinaigre d'alcool, graine de **moutarde**, sel, arômes, curcuma), sel, **moutarde** (eau, vinaigre d'alcool, graine de **moutarde**, sel), vinaigre d'alcool, jus de citron à base de concentré, jaune d'**œuf**, sucre, amidon transformé, épaississant : gomme xanthane, acidifiant : E330, conservateur : sorbate de potassium, antioxydant : acide ascorbique.

- Produit(s) contenant des allergènes : ..............................
- Produit(s) ne pouvant convenir à une personne allergique aux œufs : ..............................
- Produit(s) ne pouvant convenir à une personne allergique aux fruits à coque : ..............................
- Produit(s) contenant des additifs : ..............................
- Produit contenant le plus d'additifs : ..............................

# Activité 4 Garantir la sécurité alimentaire

**OBJECTIF : Présenter le dispositif garantissant la sécurité alimentaire du consommateur en France.**

Lire le **DOC. G** et répondre aux questions.

## DOC. G La sécurité alimentaire en France

La sécurité alimentaire en France s'appuie sur un ensemble de règlements européens, appelé « Paquet hygiène », dont l'objectif est d'harmoniser le niveau de sécurité sanitaire en impliquant l'ensemble des acteurs de la chaîne alimentaire (soumis ainsi aux mêmes exigences) et en optimisant les contrôles des autorités sanitaires.

**1** Indiquer qui est responsable de la qualité sanitaire des produits mis en vente.

**2** Énumérer l'ensemble des acteurs qui garantissent la sécurité alimentaire en France.

### SÉCURITÉ SANITAIRE DES ALIMENTS
### LE DISPOSITIF DE CONTRÔLE ET DE VEILLE

**1**

**LES ENTREPRISES SONT LES PREMIÈRES RESPONSABLES DE LA QUALITÉ SANITAIRE DES PRODUITS QU'ELLES METTENT SUR LE MARCHÉ**

Elles ont l'obligation réglementaire de mettre en place un **plan de maîtrise des risques sanitaires**.

Pour vérifier la bonne maîtrise de ces risques tout au long du process de fabrication, elles doivent notamment effectuer des **autocontrôles** portant à la fois sur le matériel, les matières premières et les produits finis.

**LA RÉGLEMENTATION IMPOSE AUX ENTREPRISES D'INFORMER LES POUVOIRS PUBLICS DÈS LORS QU'ELLES ONT CONNAISSANCE DE RÉSULTATS DÉFAVORABLES SUR LES PRODUITS FINIS MIS SUR LE MARCHÉ.**

**En cas de non conformité et/ou de risque pour la santé publique il est procédé au retrait ou au rappel des produits**

*Le **retrait** est le fait de retirer des lieux d'entreposage ou des rayons des produits non encore vendus sur lesquels une non conformité est constatée.*
*Le **rappel** intervient lorsque l'on demande aux consommateurs de ne pas consommer et le cas échéant de rapporter des produits qu'ils ont achetés.*

**2**

**LES SERVICES DE L'ÉTAT SONT EN CHARGE DES MESURES DE GESTION DES RISQUES**

Ils veillent au **respect de la réglementation par les établissements de la chaîne alimentaire**.

***Le ministère en charge de l'agriculture et de l'alimentation (DGAL)** a pour mission de vérifier la qualité et la sécurité des aliments à tous les maillons de la chaîne alimentaire.*

***Le ministère en charge de la consommation (DGCCRF)**, exerce une mission de protection des consommateurs et de surveillance de l'ensemble de la sécurité et de la loyauté des produits.*

Les inspections et les contrôles sont conduits selon sur une fréquence basée sur une analyse de risque par des agents de la DGAL et de la DGCCRF affectés dans les **directions départementales de la cohésion sociale et de la protection des populations (DDCSPP)**, placées sous la responsabilité du Préfet.

**3**

**LA VEILLE SANITAIRE ET LA GESTION DES ALERTES SONT COORDONNÉES PAR LES SERVICES DE L'ÉTAT**

La protection de la santé publique consiste notamment en une veille sanitaire dont l'objet est de détecter dès que possible les événements significatifs en terme de santé humaine.

**Santé Publique France** centralise ainsi les déclarations émanant des médecins au niveau national et coordonne les enquêtes épidémiologiques afin de déterminer l'origine des contaminations. Lorsqu'une origine alimentaire est suspectée, Santé Publique France transmet cette alerte aux administrations centrales concernées selon leur domaine de compétence (DGS, DGAL et DGCCRF).

Les autorités nationales transmettent ensuite les instructions aux **directions départementales en charge de la protection de la population (DDCSPP)**, coordonnent les mesures de gestion et assurent un appui technique aux services afin d'éliminer le plus rapidement possible tout risque pour la santé publique.

MINISTÈRE DE L'AGRICULTURE ET DE L'ALIMENTATION

https://agriculture.gouv.fr

## DOC. H Le principe de précaution

Le principe de précaution a pour but de prévenir les risques encore inconnus ou incertains. Il peut être appliqué à la sécurité alimentaire en cas d'incertitude scientifique, quand les études sont insuffisantes pour démontrer l'existence d'un risque. Il s'agit de prendre des mesures de sécurité avant d'obtenir la preuve concrète d'un dommage.

**3** **À partir du DOC. G et du DOC. H, indiquer comment peuvent intervenir les différents acteurs pour chacun des cas suivants.**

**Cas 1 :** Plusieurs médecins se rendent compte que de nombreux patients ayant consommé le même produit alimentaire sont malades. Ils font remonter cette information auprès de Santé Publique France.

- Action mise en place par Santé Publique France :

..................................................................................

..................................................................................

**Cas 2 :** Le bisphénol A (BPA) est suspecté de provoquer des troubles de la reproduction et des effets cancérogènes. Ces effets ont été observés chez l'animal mais n'ont pas été démontrés chez l'homme.

- Action mise en place par l'État :

..................................................................................

..................................................................................

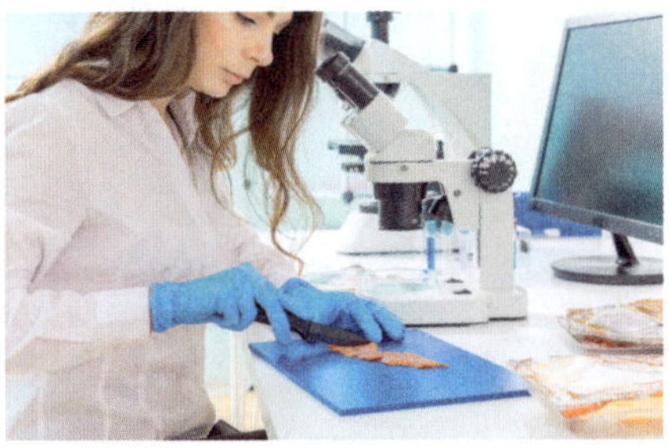

**Cas 3 :** Après avoir effectué un contrôle, une entreprise s'aperçoit que les résultats montrent la présence d'agents contaminants dans ses produits.

- Action mise en place par l'entreprise :

..................................................................................

..................................................................................

### ACTIVITÉ NUMÉRIQUE

**Regarder la vidéo « C'est quoi le principe de précaution ? » sur le site : liennathan.fr/uf357w et répondre aux questions.**

**1.** Citer un cas pour lequel le principe de précaution a été appliqué.

..................................................................................

..................................................................................

**2.** Expliquer si le principe de précaution est propre à la réglementation française.

..................................................................................

..................................................................................

# Aide-mémoire

## La sécurité alimentaire

### La qualité sanitaire des aliments

La sécurité sanitaire garantit qu'un aliment est sain, c'est-à-dire sans danger pour l'organisme. Des contrôles sont effectués lors des différentes étapes de production, de transformation et de distribution des aliments, pour vérifier particulièrement :

→ la qualité microbiologique (absence de contamination par des micro-organismes (notamment pathogènes) ;

→ la qualité chimique (absence de substances chimiques).

### Maintenir la qualité microbiologique des aliments

Pour maintenir la qualité microbiologique des aliments, qui se décomposent, il est nécessaire de respecter :

- la chaîne du froid ;
- les conditions de conservation ;
- la DLC (date limite de consommation) ;
- les règles d'hygiène lors de la préparation des repas (ex. : lavage des mains).

### Les mentions particulières

De nombreuses informations sont présentes sur les étiquettes des produits alimentaires, dans la liste des ingrédients, dont les allergènes (substances capables de provoquer une réaction allergique chez une personne sensibilisée) et les additifs (substances ajoutées en faible quantité aux aliments industriels pour en améliorer la saveur, la conservation...).

### Garantir la sécurité alimentaire

Pour garantir la sécurité alimentaire, la réglementation implique l'ensemble des acteurs de la chaîne alimentaire (entreprises, services de l'État, Santé Publique France...) pour optimiser les contrôles.

En cas de suspicion sur un produit, sans preuve scientifique de dommages, le principe de précaution peut être appliqué.

# Schéma-bilan

**Qualité sanitaire des aliments**

▶ Garantir que les aliments sont sains, sans danger pour l'organisme.

Contrôles effectués avec vérification :
- de la qualité chimique ;
- de la qualité microbiologique.

**MENTIONS PARTICULIÈRES SUR L'ÉTIQUETTE ALIMENTAIRE**

▶ Additifs
▶ Allergènes

**RÉGLEMENTATION**

• Implication de l'ensemble des acteurs de la chaîne alimentaire (entreprises, services de l'État, Santé Publique France...)
• Optimisation des contrôles des autorités sanitaires

▶ Application du principe de précaution en cas de doute scientifique sur un produit

**MAINTENIR LA QUALITÉ MICROBIOLOGIQUE**

▶ Respecter :
- la chaîne du froid ;
- la date limite de consommation (DLC) ;
- les conditions de conservation selon le type de produit ;
- l'hygiène lors de l'utilisation et de la consommation des produits alimentaires.

Testez vos connaissances en réalisant un quiz interactif sur l'i-MANUEL 2.0

# Évaluation

Nom : ........................................

Prénom : ........................................

Classe : ........................................

## SITUATION

Anita vient d'être admise à l'hôpital. Elle souffre de vomissements et de violents maux de ventre. À son arrivée, elle s'aperçoit que 4 autres personnes présentent les mêmes symptômes qu'elle. Les résultats d'analyse révèlent une intoxication alimentaire. Après avoir interrogé les personnes contaminées, il s'est avéré qu'elles avaient toutes consommé du steak haché de la marque Big Steak. Santé Publique France transmet alors l'alerte aux services de l'État et des contrôles vont être effectués sur les produits de la marque afin d'éliminer rapidement tout risque pour la santé publique.

**1** Compléter le tableau suivant afin d'identifier les différents éléments de la situation.

| | |
|---|---|
| **QUOI ?** Quel est le problème dans cette situation ? | ........................................ |
| **QUI ?** Quelle est la personne concernée ? | ........................................ |
| **COMMENT ?** Comment les services de l'État vont-ils réagir ? | ........................................ ........................................ |
| **POURQUOI ?** Pourquoi les services de l'État doivent-ils réagir ? | ........................................ ........................................ |

Avant d'alerter les services de l'État, Santé Publique France s'est assuré que les DLC des produits consommés avaient bien été respectées.

**2** Expliquer à quoi correspond la DLC.

........................................

........................................

Les DLC des produits ayant été respectées, les services de l'État vérifient que tous les contrôles ont bien été effectués.

Lire le **DOC. A** et répondre aux questions.

**3** Préciser ce qui va être contrôlé dans les steaks hachés Big Steak.

........................................

........................................

**4** Indiquer qui va effectuer ce contrôle.

........................................

........................................

**DOC. A** Les contrôles

### QUE CONTRÔLE-T-ON ?

*La mise en place effective des **mesures appropriées** pour assurer la qualité sanitaire des produits*

*Le bon respect des **conditions d'hygiène** dans les établissements (propreté des animaux, respect de la chaîne du froid...)*

*La **présence de contaminants*** dans les denrées animales, végétales et aliments pour animaux, en réalisant des prélèvements qui sont analysés par un réseau de laboratoires agréés et **30 laboratoires nationaux** de référence. Plus de **800 000 résultats d'analyses** sont obtenus.*

**substances interdites et anabolisantes, médicaments vétérinaires, contaminants environnementaux, agents biologiques néfastes (salmonelles, listeria, etc.).*

https://agriculture.gouv.fr

# Évaluation

**5** Donner les 2 principaux critères de la qualité sanitaire des aliments.

..............................................................................................................................

Les contrôles ont montré que la contamination des steaks hachés avait eu lieu au niveau de la chaîne de production.

**6** Préciser l'action qui sera mise en place suite à ces résultats défavorables.

..............................................................................................................................

..............................................................................................................................

Anita, désormais soucieuse de maintenir la qualité des produits alimentaires qu'elle consomme, se renseigne sur les précautions à prendre.

Lire le **DOC. B** et répondre aux questions.

## DOC. B La conservation des aliments

① LES CONDITIONS DE CONSERVATION

Respectez les conditions de conservation qui sont indiquées sur l'emballage des produits :

- À CONSERVER À MAX 6 °C
- À CONSERVER À L'ABRI DE LA CHALEUR
- À CONSERVER DANS LES 5 JOURS APRÈS L'OUVERTURE

② LES TEMPÉRATURES DU RÉFRIGÉRATEUR

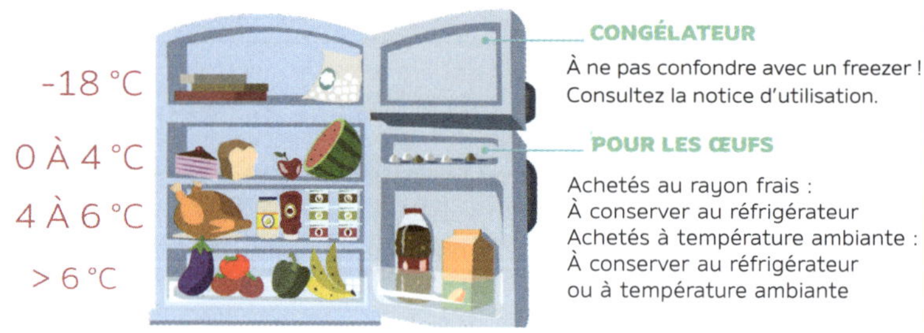


© Freepik, Mutualité française, août 2018.

**7** Préciser où sont indiquées les conditions de conservation d'un produit alimentaire.

..............................................................................................................................

**8** Identifier la température préconisée pour conserver un steak haché.

..............................................................................................................................

**9** Donner un conseil de conservation adapté pour des œufs achetés à température ambiante.

..............................................................................................................................

**10** Proposer 2 autres conseils (autres que ceux du **DOC. B**) afin de maintenir la qualité microbiologique des aliments après leur achat.

- ..............................................................................................................................
- ..............................................................................................................................

# 11 Les ressources en énergie et le développement durable

## SITUATION Constat en chiffres

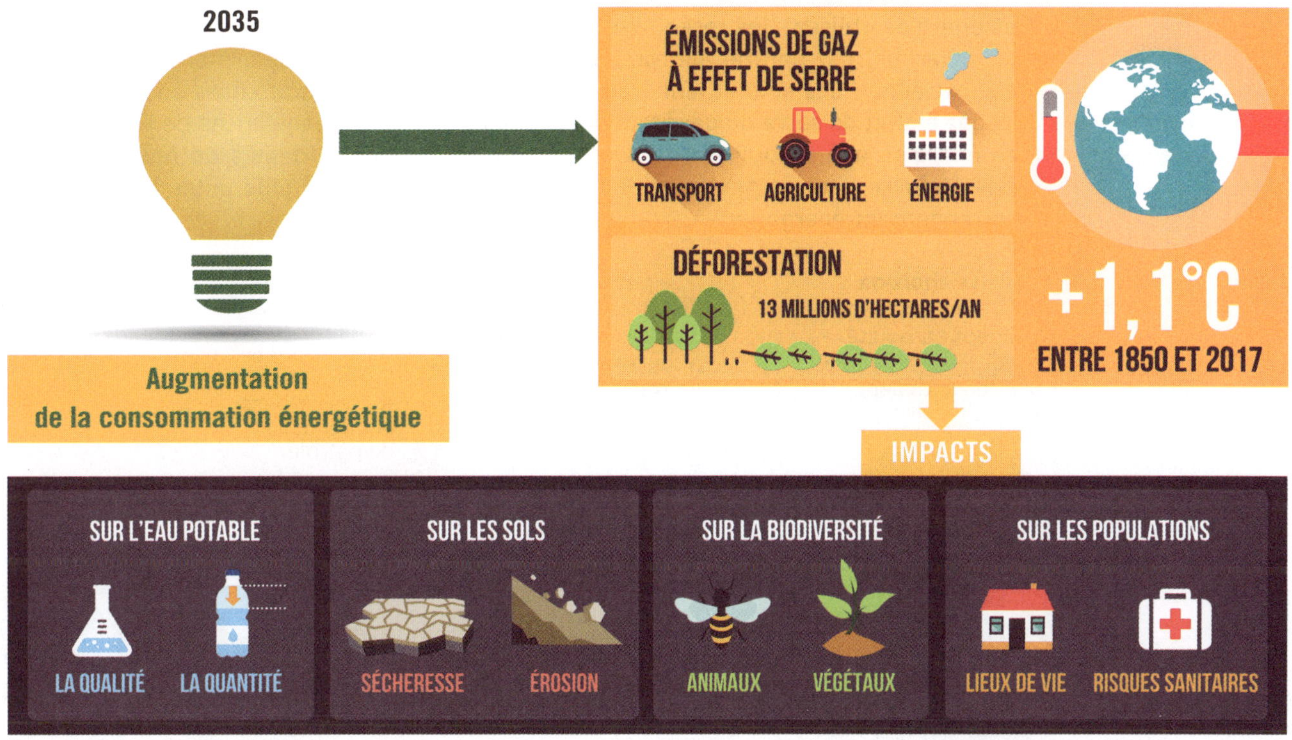


© gachwell/comillus.ADEME/www.mtaterre.fr

## Analyse de la situation

1 Identifier les éléments de la situation en complétant le diagramme de causes à effets.

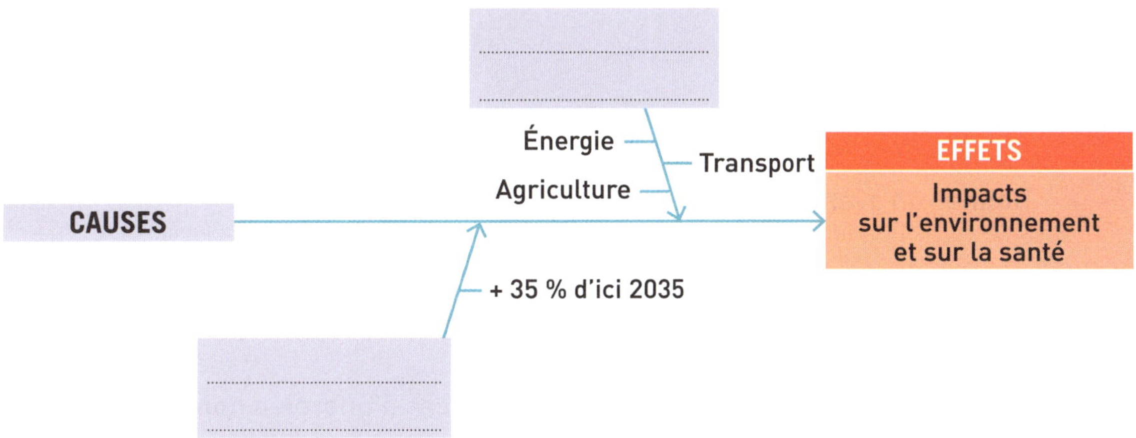


2 Formuler la problématique de la situation à partir de votre analyse précédente.

..........................................................................................................

..........................................................................................................

# Activité 1 Les sources d'énergies

**OBJECTIF :** Caractériser les sources d'énergies renouvelables et non renouvelables en fonction de leurs avantages et leurs limites.

Lire le DOC.A et répondre aux questions.

## DOC.A Les énergies non renouvelables

Ces énergies utilisent des ressources terrestres qui mettent des millions d'années à se constituer (charbon, gaz naturel, pétrole) ou qui ne peuvent pas se reformer sur Terre (uranium). Leur extraction des sols et leur transformation pour la consommation énergétique émettent des gaz à effet de serre ou génèrent des déchets radioactifs dans le cas de l'énergie nucléaire. Les énergies non renouvelables sont utilisées par l'homme depuis de nombreuses années. Il les maîtrise donc et peut ainsi les exploiter facilement. De plus, elles fournissent un très bon rendement énergétique.

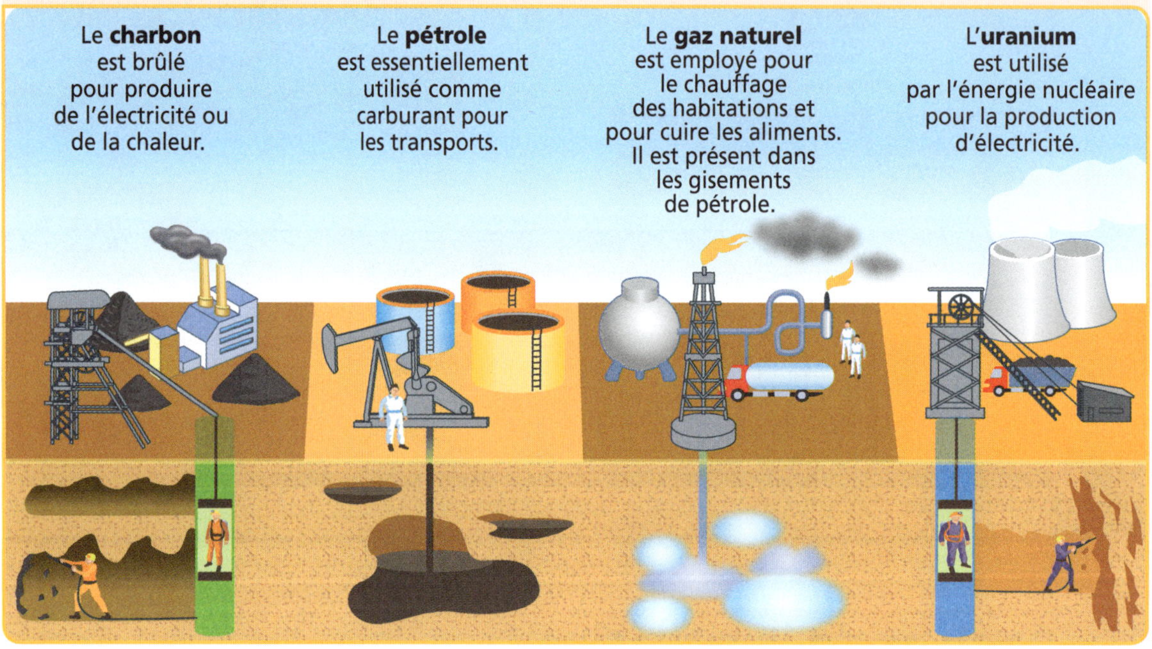


1. Justifier pourquoi les énergies non renouvelables sont épuisables.

.................................................................................................

.................................................................................................

.................................................................................................

2. Donner un avantage de ces sources d'énergies.

.................................................................................................

.................................................................................................

3. Identifier le principal inconvénient des sources d'énergies non renouvelables.

.................................................................................................

.................................................................................................

.................................................................................................

Lire le DOC.B et répondre aux questions.

## DOC.B Les énergies renouvelables

Ces énergies proviennent de 2 grandes sources naturelles qui se renouvellent en permanence :
- le Soleil (à l'origine du cycle de l'eau, des marées, du vent et de la croissance des végétaux) ;
- la Terre (qui dégage de la chaleur).

Les énergies renouvelables n'engendrent pas ou peu de déchets ou d'émissions polluantes, mais elles peuvent avoir un impact sur la biodiversité (installation de barrages, déforestation...). Leur rendement énergétique est faible, la plupart de ces énergies dépendant des caprices de la nature.

Il existe 5 grandes familles d'énergies renouvelables :

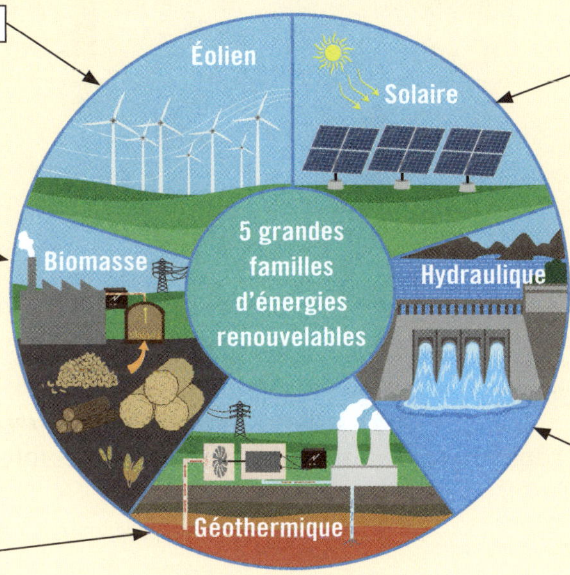


**4** Citer 2 avantages des énergies renouvelables.

..................................................................................................

..................................................................................................

**5** Identifier, pour chaque énergie, la source naturelle dont elle provient.

| | Soleil | Terre |
|---|---|---|
| Énergie éolienne | ☐ | ☐ |
| Énergie solaire | ☐ | ☐ |
| Énergie biomasse | ☐ | ☐ |
| Énergie géothermique | ☐ | ☐ |
| Énergie hydraulique | ☐ | ☐ |

**6** Préciser la limite des énergies renouvelables en justifiant.

..................................................................................................

..................................................................................................

..................................................................................................

# Activité 2 Les ressources énergétiques au niveau mondial

**OBJECTIF : Repérer les ressources en énergie au niveau mondial.**

Lire le **DOC. C** et répondre aux questions.

## DOC. C La répartition mondiale des ressources énergétiques non renouvelables

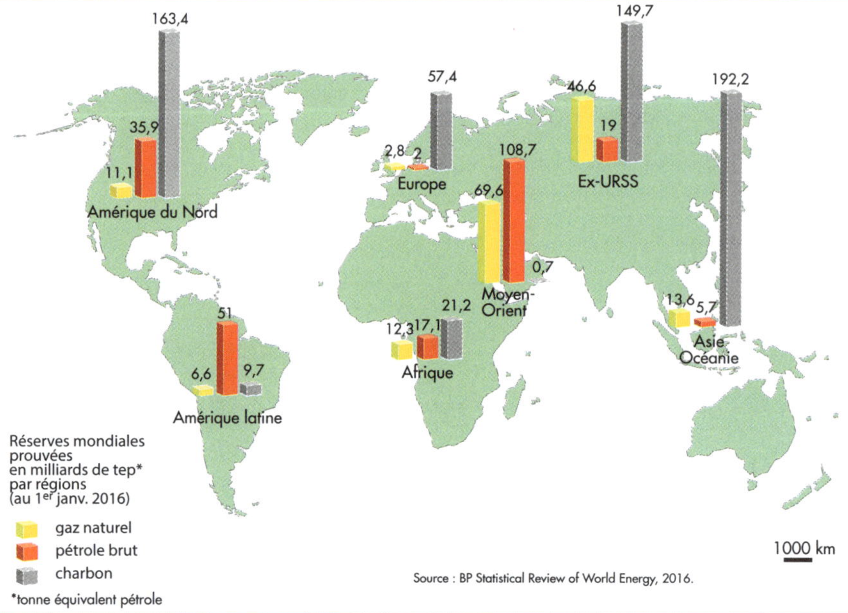


B. Barré et B. Mérenne-Schoumaker, *Atlas des énergies mondiales*, illus. Anne Bailly, © Autrement, 2017.

**1** Commenter la répartition des énergies non renouvelables.

..............................................................................................................

**2** Identifier la ressource énergétique présente en plus grande quantité dans le monde.

☐ Gaz naturel ☐ Charbon ☐ Pétrole

Lire le **DOC. D** et répondre à la question.

## DOC. D Les réserves des ressources non renouvelables

Estimation de la durée des réserves par type de ressource au rythme de la consommation énergétique actuelle :

**Pétrole**

Environ 53 ans

**Charbon**

Environ 113 ans

**Gaz naturel**

Environ 55 ans

**Uranium**

Environ 100 ans

**3** Expliquer pourquoi il est nécessaire de réduire la consommation des ressources non renouvelables.

..............................................................................................................

..............................................................................................................

..............................................................................................................

# Activité 3 La consommation énergétique des ménages

**OBJECTIF : Repérer les différents postes de consommation énergétique d'un ménage.**

Lire le DOC.E et répondre aux questions.

## DOC.E Répartition des postes de consommation énergétique du logement

Les deux postes de consommation énergétique d'un ménage sont le logement (qui représente 52 % du budget « énergie » d'un ménage français) et le transport (48 % du budget « énergie » sont dépensés en carburant).
Voici la répartition des postes de consommation de l'énergie dans le logement :

**1** Indiquer le premier poste de consommation énergétique dans un logement.

..........

**2** Préciser l'autre grand poste de consommation énergétique pour lequel les ménages français dépensent.

..........

..........

**3** Identifier, dans le dessin suivant, les appareils nécessitant une consommation d'énergie en citant le poste énergétique du logement associé.

..........

..........

..........

..........

Activité 4

# Les impacts sur l'environnement et la santé

**OBJECTIF :** Identifier les impacts de la consommation d'énergie sur l'environnement et sur la santé de l'individu.

Lire le **DOC.F** et répondre aux questions.

Vidéo : « Comprendre le réchauffement climatique en 4 minutes »
liennathan.fr/727wut

## DOC.F L'effet de serre

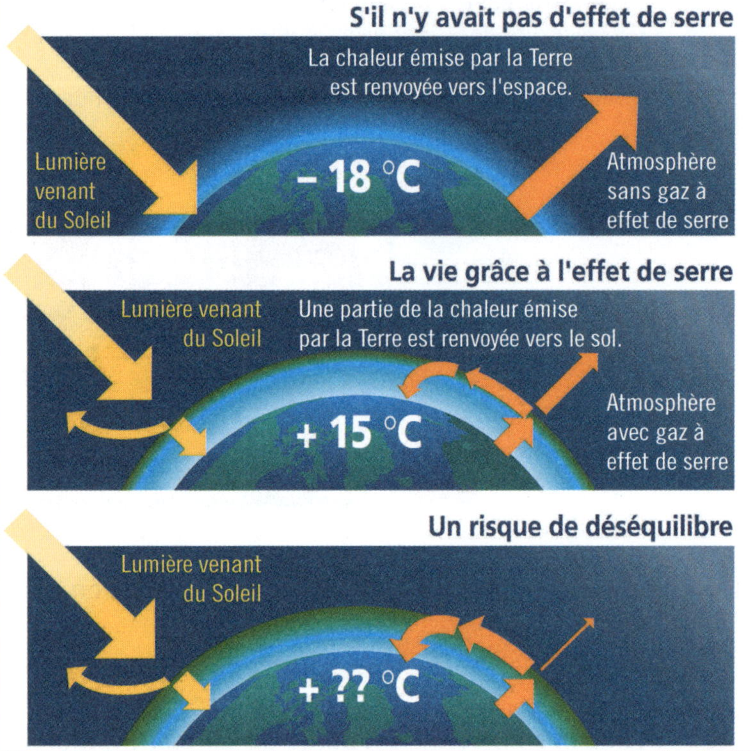


L'effet de serre est un phénomène naturel qui permet d'avoir une température moyenne de 15 °C sur notre planète. L'énergie du soleil est absorbée en partie par la Terre et l'atmosphère ; le reste, lui, est renvoyé vers l'espace.
Sans cet effet de serre naturel, la température de la planète serait de –18 °C et le développement de la vie ne serait pas possible.
Malheureusement, cet équilibre naturel est en train de changer du fait des activités humaines. La consommation énergétique, toujours plus importante (notamment dans l'industrie et les transports), libère de nombreux gaz à effet de serre dans l'atmosphère (notamment le $CO_2$), ce qui renforce l'effet de serre naturel. En 150 ans, la concentration en $CO_2$ dans l'atmosphère a augmenté de 40 %.
On observe alors un réchauffement climatique de notre planète, avec une température moyenne à sa surface en constante augmentation. Au rythme des émissions de $CO_2$ actuelles, la communauté scientifique s'attend à une augmentation entre 1,5 ° et 5,3 °C de la température moyenne d'ici 2100 si aucune mesure n'est prise, ce qui aurait des conséquences néfastes sur l'ensemble de la population et de l'environnement.

**1** Préciser les conséquences de la consommation énergétique pour le climat en justifiant.

..........

..........

..........

**2** Expliquer s'il est possible de se passer complètement de l'effet de serre.

..........

..........

**3** Proposer un moyen qui pourrait limiter le renforcement de l'effet de serre.

..........

..........

Lire le DOC. G et répondre aux questions.

## DOC. G L'empreinte carbone

L'empreinte carbone est la quantité globale de gaz à effet de serre (notamment de $CO_2$) émise par notre activité, soit de manière directe (émissions produites par notre voiture, par exemple), soit de manière indirecte (émissions dont nous sommes indirectement responsables par notre consommation). Par exemple, une tablette tactile produite en Chine, c'est l'ensemble des émissions de gaz à effet de serre liées à la production de la tablette (y compris celles réalisées en Chine pour la fabrication) qui sont prises en compte.

Voici les trois principaux postes d'émissions de $CO_2$ d'un Français :

**Transport**
La voiture est la principale source d'émissions de $CO_2$.

**Logement**
C'est l'énergie utilisée dans le logement, mais ce poste prend aussi en compte l'énergie utilisée pour le traitement des déchets, par exemple.

**Alimentation**
Les aliments d'origine animale ont souvent une empreinte carbone élevée (notamment le bœuf et l'agneau) de par leur mode de production. En effet, l'élevage est très gourmand en ressources.

**4** Expliquer l'intérêt de l'empreinte carbone.

**5** À partir des 3 principaux postes d'émissions de $CO_2$ d'un Français, proposer des solutions pour limiter l'impact négatif de notre activité sur l'environnement.

**ACTIVITÉ NUMÉRIQUE**

**Regarder la vidéo « Moyens de transport : quel est le plus polluant ? » sur le site : liennathan.fr/89xyOu et répondre aux questions.**

**1.** Préciser les conséquences des moyens de transport sur l'environnement.

**2.** Identifier la raison pour laquelle chaque mode de transport n'émet pas la même quantité de $CO_2$.

**3.** Classer les transports du plus polluant au moins polluant.

Lire le **DOC. H** et répondre aux questions.

## DOC. H L'impact environnemental de la consommation énergétique

Notre consommation énergétique massive a un impact direct sur notre environnement. Elle engendre :
- la pollution de l'air : c'est la pollution principalement engendrée. De très nombreux polluants (en plus des gaz à effet de serre) sont émis dans l'atmosphère, notamment par la combustion industrielle et les transports ;
- la pollution des sols : de fortes concentrations de certains polluants atmosphériques peuvent conduire aux phénomènes de pluies acides qui entraînent le dépérissement des forêts et la dégradation des sols ;
- la disparition d'espèces animales et végétales : le réchauffement climatique et la présence de nombreux polluants atmosphériques sont responsables de la disparition de nombreuses espèces.

**6** Donner le principal impact environnemental de la consommation énergétique.

..........

**7** Énumérer les autres types d'impacts environnementaux de la consommation énergétique en identifiant la cause commune.

..........

..........

Lire le **DOC. I** et répondre aux questions.

## DOC. I L'impact de la consommation énergétique sur la santé

La pollution atmosphérique, qui résulte de la consommation énergétique actuelle, a des effets immédiats sur la santé (irritations des voies respiratoires, crise d'asthme, troubles cardiovasculaires…) et à long terme (maladies chroniques respiratoires, maladies cardiovasculaires, cancers). Les caractéristiques telles que l'âge, le sexe ou l'état de santé influencent la sensibilité à la pollution atmosphérique. Ainsi, certains groupes de population, tels que les enfants, les personnes âgées et les individus souffrant de troubles chroniques, ont été identifiés comme plus concernés par les effets de la pollution atmosphérique.

**Les polluants atmosphériques peuvent nous affecter :**

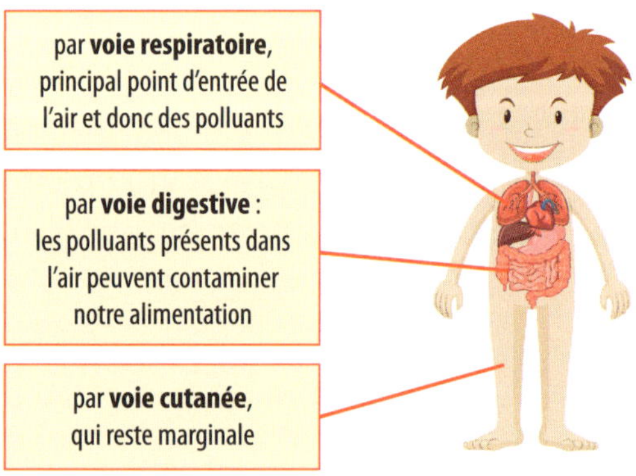


**8** Préciser les 2 appareils ou systèmes principalement touchés par la pollution atmosphérique.

..........

..........

**9** Indiquer les types de population les plus vulnérables à la pollution atmosphérique.

..........

..........

# Activité 5

## Les mesures collectives et individuelles pour maîtriser la consommation d'énergie

**OBJECTIFS :** Repérer des mesures mises en place au niveau collectif et des mesures individuelles pour maîtriser la consommation d'énergie et réduire l'émission de gaz à effet de serre.

Lire le **DOC.J** et répondre aux questions.

### DOC.J Loi du 8 novembre 2019 relative à l'énergie et au climat

Face à l'urgence écologique et climatique, la loi énergie et climat du 8 novembre 2019 fixe des objectifs :

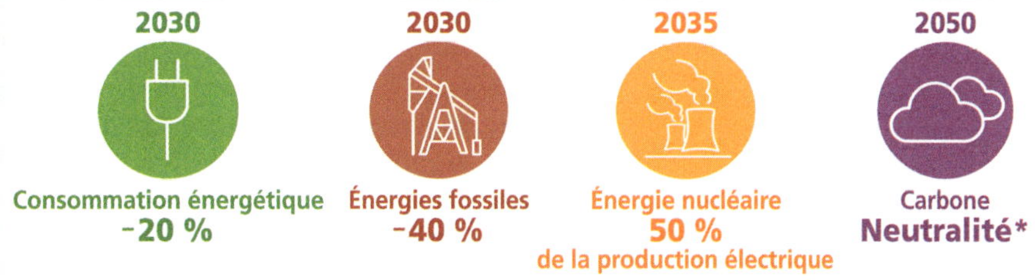


* Ce principe suppose de ne pas émettre plus de gaz à effet de serre que le pays ne peut en absorber.

Afin de répondre à ces objectifs, la loi met en place des mesures. En voici quelques-unes :
- développement des énergies renouvelables avec l'obligation d'installations de panneaux solaires sur les nouveaux entrepôts et bâtiments commerciaux ;
- lutte contre les « passoires thermiques » (= logements mal isolés) avec l'obligation de réaliser des travaux de rénovation énergétique d'ici 2028 sous peine de sanctions ;
- arrêt de la production d'électricité à partir du charbon d'ici 2022 ;
- mise en place d'aides financières (pour la rénovation thermique des bâtiments ou le changement de véhicule, par exemple).

**1** Expliquer en quoi la réglementation est une mesure collective.

..................................................................................................................

**2** Identifier à quel objectif de la loi énergie et climat répond chacune des mesures suivantes.

- Fermeture des centrales à charbon : ..................................................
- Réalisation de travaux de rénovation énergétique : ..................................................

**3** Lire le **DOC.K** et donner, pour chacun des cas suivants, un geste éco-citoyen permettant de maîtriser la consommation énergétique ou de réduire l'émission des gaz à effet de serre.

**Cas 1 :** Samir et Lucie sont voisins et travaillent dans la même entreprise. Ils prennent chacun leur voiture pour se rendre sur leur lieu travail.

..................................................................................................................

..................................................................................................................

**Cas 2 :** Noé aime quand sa maison est bien éclairée. Il allume toutes les lumières dans chaque pièce, y compris dans celles où il n'est pas.

..................................................................................................................

..................................................................................................................

### DOC.K Mesure individuelle

# Aide-mémoire

## Les ressources en énergie et le développement durable

**Les sources d'énergies**
Il y a 2 types d'énergies : les énergies non renouvelables (épuisables), qui utilisent des éléments présents sur Terre (pétrole, gaz, charbon, uranium), et les énergies renouvelables (inépuisables), provenant de 2 grandes sources naturelles (le Soleil et la Terre).

**Les ressources énergétiques au niveau mondial**
Les ressources en énergies non renouvelables sont inégalement réparties dans le monde. Leurs réserves seront épuisées d'ici une cinquantaine d'années pour le pétrole et le gaz naturel, et une centaine d'années pour le charbon et l'uranium.

**La consommation énergétique des ménages**
Les deux postes de consommation énergétique d'un ménage français sont le logement (chauffage, eau chaude sanitaire, électricité, cuisson) et le transport (notamment pour le carburant).

**Les impacts sur l'environnement et la santé**
La consommation d'énergie a des impacts sur l'environnement (augmentation de l'effet de serre, pollutions...), ce qui entraîne le réchauffement climatique.
Mais elle a aussi des effets sur la santé des individus, notamment au niveau du système respiratoire et de l'appareil cardiovasculaire (les enfants, les personnes âgées, les individus souffrant de troubles chroniques étant les plus exposés).
L'empreinte carbone permet de mesurer la quantité globale de gaz à effet de serre (notamment de $CO_2$) émise par l'activité humaine.

**Les mesures collectives et individuelles pour maîtriser la consommation d'énergie**
Il existe des mesures collectives (par l'intermédiaire de la réglementation) et des mesures individuelles (gestes éco-citoyens) pour maîtriser la consommation énergétique et réduire les émissions de gaz à effet de serre.

# Schéma-bilan

**Énergies non renouvelables**

- Epuisables
- Inégalement réparties sur la planète
- Bon rendement énergétique
- Polluantes

**Énergies renouvelables**

- Inépuisables
- Écologiques
- Rendement énergétique faible (dépendant de la météo)
- Impacts sur la biodiversité possibles

**Impact environnemental**
- ▶ Dérèglement climatique
- ▶ Effet de serre augmenté
- ▶ Épuisement des réserves
- ▶ Pollutions (de l'air, des océans, des sols...)

**Impact sanitaire**
- ▶ Maladies respiratoires
- ▶ Troubles cardiovasculaires
- ▶ ...

▶ **Maîtriser sa consommation d'énergie et réduire l'émission de gaz à effet de serre**
→ Mesures individuelles (gestes éco-citoyens)
→ Mesures collectives (réglementation)

Testez vos connaissances en réalisant un quiz interactif sur l'i-Manuel 2.0

# Évaluation

Nom : ..........

Prénom : ..........

Classe : ..........

## SITUATION

Giovanni suit une formation pour être technicien en énergies renouvelables. Il apprend qu'avec les différentes avancées technologiques et l'augmentation de la population, la consommation énergétique mondiale ne cesse de croître. Giovanni s'inquiète de plus en plus pour le futur car les pollutions engendrées ont d'importants impacts sur l'environnement et la santé.

**1** Compléter le tableau suivant afin d'identifier les différents éléments de la situation.

| | |
|---|---|
| **QUOI ?** Quel est le problème dans cette situation ? | .......... |
| **QUI ?** Qui s'inquiète de ce problème ? | .......... |
| **COMMENT ?** Comment ce problème se manifeste-t-il ? | .......... |
| **POURQUOI ?** Pourquoi ce problème survient-il ? | .......... |

Giovanni se renseigne sur sa propre consommation et sur la consommation électrique des ménages.

À partir du **DOC. A**, répondre aux questions.

**2** Donner l'usage qui consomme le plus d'électricité.

..........

**3** Proposer 2 mesures individuelles qui permettraient de limiter la consommation d'électricité pour l'usage cité dans la question précédente.

**DOC. A** Consommation électrique par usages

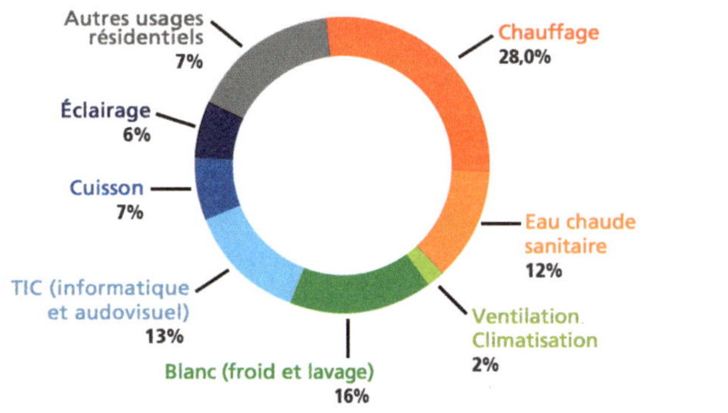


La consommation d'électricité résidentielle par usages en France en 2017

*Source RTE - bilan électrique 2017* © EDF

..........

..........

Giovanni s'intéresse aux différents types d'énergies utilisés.

**4** Donner les 2 grands types d'énergies existants et indiquer celui qu'il est préférable d'utiliser en justifiant.

..........

..........

# Évaluation

**5** Proposer un exemple de source pour chacun des types d'énergies cités précédemment.

..........

Giovanni poursuit ses recherches et découvre les conséquences de l'accumulation des gaz à effet de serre émis, notamment le réchauffement climatique dans la région où il habite.

Lire le DOC.B et répondre aux questions.

**6** Donner les 3 types d'impacts de l'augmentation de l'effet de serre dans la région de Giovanni.

..........

..........

..........

**7** Déduire les risques possibles pour la santé par rapport à l'augmentation des gaz à effet de serre.

..........

..........

..........

..........

..........

**DOC.B** Effets des gaz à effet de serre et dérèglement climatique

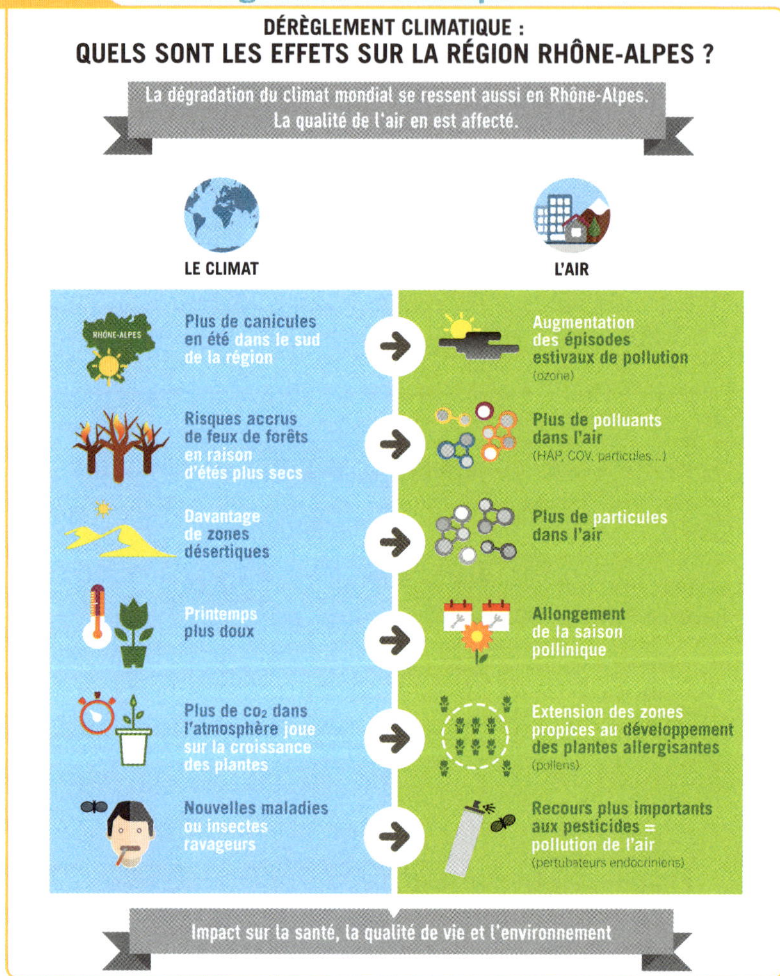


© Comadequat / Atmo Auvergne-Rhône-Alpes

**8** Donner la mesure qui permet de déterminer la quantité de gaz à effet de serre émise dans la région de Giovanni.

..........

Giovanni apprend, en regardant la télévision, qu'une loi a fixé des objectifs pour lutter contre la consommation énergétique massive.

**9** Indiquer 2 mesures collectives qui permettent de maîtriser la consommation énergétique.

..........

..........

# 12 Le suivi de la santé au travail

## SITUATION Histoire de Julia

Julia vient d'être engagée dans la structure Tiers-temps en tant qu'aide-soignante. Son employeur lui indique qu'elle doit passer la visite d'information et de prévention (VIP) peu de temps après son embauche. En rentrant chez elle, Julia prépare son carnet de santé et se rend compte qu'elle n'est pas à jour de ses vaccinations pour un vaccin, le DTP.

Plus tard, lors de sa visite, on lui précise de refaire rapidement ce vaccin car il est obligatoire dans le métier qu'elle exerce. En effet, le suivi de la santé au travail permet d'assurer la protection de la santé des salariés et, dans le cas de Julia, le fait de ne pas être vaccinée pourrait entraîner, lors de son activité professionnelle, une contamination par un micro-organisme.

## Analyse de la situation

**1** Identifier les différents éléments de la situation en complétant le tableau.

| | |
|---|---|
| **QUOI ?** Quel est le problème dans cette situation ? | ..................... |
| **QUI ?** Quelle est la personne concernée ? | ..................... |
| **OÙ ?** Où ce problème a-t-il lieu ? | ..................... |
| **QUAND ?** Quand ce problème a-t-il lieu ? | ..................... |
| **COMMENT ?** Comment la personne concernée s'est-elle rendu compte de ce problème ? | ..................... |
| **POURQUOI ?** Pourquoi existe-t-il un suivi de la santé au travail ? | ..................... |

**2** Formuler la problématique de la situation à partir de votre analyse précédente.

.....................

# Activité 1 Le suivi individuel médical

OBJECTIF : Identifier les modalités de suivi individuel médical des salariés.

Lire le DOC. A et répondre aux questions.

## DOC. A Les examens médicaux du travail

Le salarié a un suivi médical individuel tout au long de sa carrière professionnelle. Dans l'objectif de la protection de la santé des salariés, trois modalités de suivi médical existent.

**La visite d'information et de prévention**
Il s'agit d'un entretien sur la santé du salarié et les risques liés à son activité professionnelle (à faire dans les 3 mois qui suivent le début de la prise de fonction effective). À l'issue de la visite, une attestation est délivrée et le dossier médical du salarié est établi.
Dans certains cas, cette visite doit être réalisée préalablement à l'affectation sur le poste (ex. : jeunes âgés de moins de 18 ans, travailleurs de nuit , travailleurs handicapés...).
Cette visite est à renouveler avec une périodicité maximum de 5 ans.

**Le suivi individuel renforcé**
Il concerne les salariés travaillant sur des postes à risques et doit se faire avant l'embauche. Ce suivi correspond à un examen médical réalisé par le médecin du travail, qui donne un avis d'aptitude pour le salarié à un poste de travail.
Exemples de postes à risques : salariés exposés à l'amiante, aux agents cancérogènes, mutagènes...
Ce suivi est à renouveler avec une périodicité minimale de 4 ans et une visite intermédiaire au plus tard 2 ans après l'examen médical d'embauche.

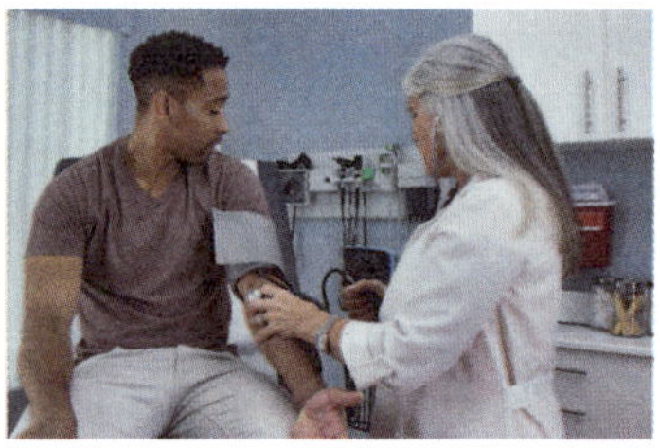

**La visite médicale de reprise**
Il s'agit d'un examen médical après le 1er jour de reprise du travail (au plus tard le 8e jour) suite à :
– un congé maternité ;
– une absence d'au moins 30 jours (accident du travail, maladie professionnelle, accident ou maladie non professionnels).
Cette visite permet de vérifier l'aptitude des salariés à reprendre leur activité professionnelle.
Cas particuliers : après un arrêt supérieur à 3 mois, une visite de préreprise est mise en place pour mieux préparer le retour au travail. Des visites à la demande peuvent aussi être effectuées à l'initiative de l'employeur ou du salarié.

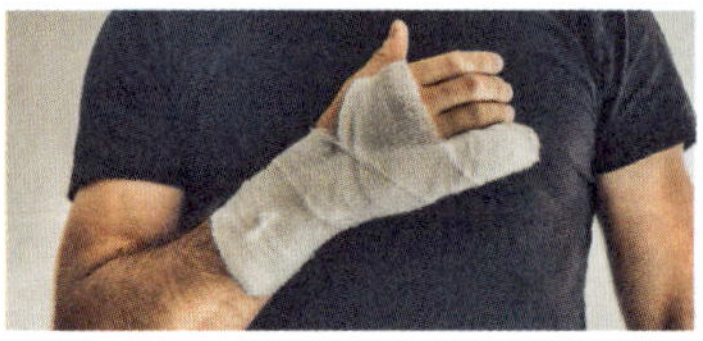

**1** Indiquer le type de visite que doivent obligatoirement passer tous les salariés.

.................................................................

**2** Justifier l'intérêt commun de ces 3 modalités de suivi médical.

.................................................................

**3** Indiquer, pour chacun des cas suivants, le type de visite médicale obligatoire auquel va se présenter le/la salarié(e).

**Cas 1 :** Jane vient de signer son contrat de travail.

- Type de visite : .................................................

**Cas 2 :** Mélanie revient au travail après 2 mois d'arrêt, suite à une maladie professionnelle.

- Type de visite : .................................................

**Cas 3 :** Farid vient d'être embauché dans une entreprise de désamiantage.

- Type de visite : .................................................

## 4 Compléter la frise chronologique suivante à partir du cas proposé.

| Arrivée d'un salarié dans une entreprise sur un poste à risques | Dans les 2 ans | Dans les 4 ans au minimum | Si accident du travail avec arrêt ou absence de plus de 30 jours |
|---|---|---|---|
| Avant l'embauche : ........................ | ........................ | ........................ | ........................ |

## 5 Faire correspondre les différents examens médicaux obligatoires à leur objectif.

- Visite d'information et de prévention •
- Suivi individuel renforcé •
- Visite médicale de reprise •

- • Vérifier l'aptitude du salarié à son poste de travail.
- • Informer le salarié sur les risques liés à son poste et lui donner des moyens de prévention pour éviter tout risque pour sa santé et sa sécurité.

### ACTIVITÉ NUMÉRIQUE

**Regarder la vidéo « Le suivi individuel renforcé (SIR) » sur le site : liennathan.fr/3wzv07 et répondre aux questions.**

**1.** Indiquer le point commun entre tous les métiers concernés par le suivi individuel renforcé (donner un ou plusieurs exemples concrets).

........................................................................................................................

**2.** Indiquer le document qui sera mis en place lors de votre première visite pour l'examen d'aptitude.

........................................................................................................................

**3.** Préciser le document qui est remis au salarié suite à l'examen médical d'aptitude.

........................................................................................................................

# Activité 2 Les vaccinations dans le secteur professionnel

**OBJECTIF :** Justifier les vaccinations obligatoires et les vaccinations préconisées dans le secteur professionnel concerné.

Lire le **DOC. B** et répondre aux questions.

## DOC. B Les vaccins obligatoires en milieu professionnel

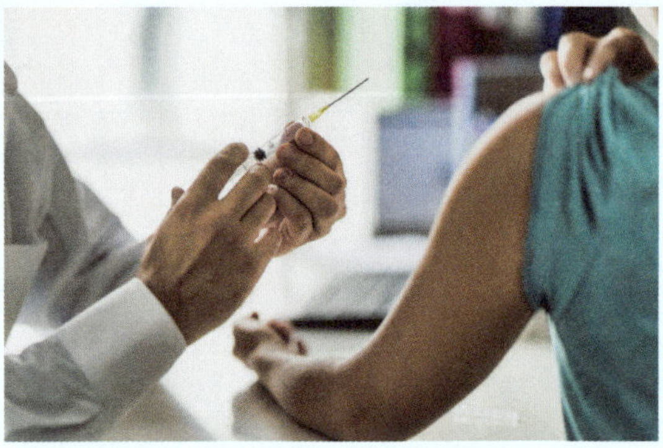

La vaccination en milieu professionnel protège les personnes exposées à un risque microbiologique causé par l'exposition à des agents qui peuvent provoquer des maladies (soit 10 % des salariés environ). Mais elle a aussi un intérêt collectif car elle contribue à la diminution de la propagation des micro-organismes (notamment les virus). En milieu professionnel, des vaccins sont obligatoires selon le secteur et le métier concernés, et d'autres ne sont que recommandés.

Les vaccins qui peuvent être obligatoires sont ceux contre :
- la diphtérie, le tétanos et la poliomyélite (DTP) ;
- l'hépatite B ;
- la typhoïde.

Sont surtout concernés les professionnels de santé (ex. : les personnels de laboratoire), ceux du secteur médico-social (ex. : les personnels des établissements d'hébergement pour personnes âgées), des services funéraires (ex. : les personnels des entreprises de pompes funèbres) et des services de secours (ex. : les pompiers). En effet, ces professionnels sont davantage exposés au risque microbiologique dans l'exercice de leurs fonctions.

**1** Indiquer, pour chacun des cas suivants, si des vaccins peuvent être obligatoires.

- Un aide-soignant dans une maison de retraite — Vaccins obligatoires ? ☐ OUI ☐ NON
- Un maçon — Vaccins obligatoires ? ☐ OUI ☐ NON
- Un pompier — Vaccins obligatoires ? ☐ OUI ☐ NON

**2** Expliquer pourquoi la vaccination est une mesure de :

- protection individuelle : ........................................
- protection collective : ........................................

Lire le **DOC. C** et répondre à la question.

**3** Expliquer le fait qu'un vaccin puisse être recommandé.

........................................

........................................

........................................

........................................

........................................

........................................

## DOC. C Les vaccins recommandés

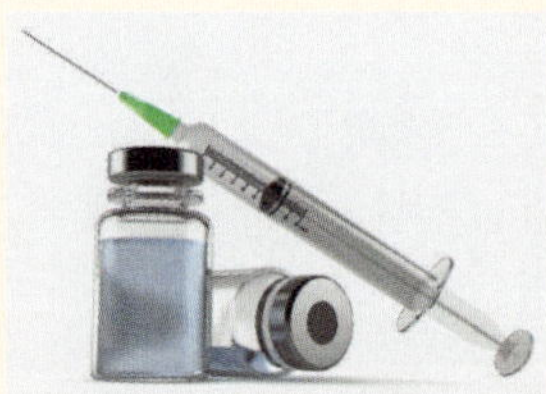

Certains vaccins ne sont que préconisés en fonction de l'exposition des travailleurs au risque biologique, comme les vaccins contre la grippe (notamment dans le milieu de soins), la varicelle (qui peut être dangereuse pour la femme enceinte), la coqueluche (notamment dans les filières médicales), la rage (pour les personnes en contact avec des animaux infectés), l'hépatite A (notamment en restauration collective), etc.

# Activité 3 Les moyens de défense de l'organisme

**OBJECTIF :** Expliquer les moyens de défense de l'organisme face à l'infection microbienne.

Lire le DOC. D et répondre aux questions.

## DOC. D La première ligne de défense de l'organisme : la barrière cutanéo-muqueuse

L'organisme empêche les micro-organismes de pénétrer dans notre corps grâce à des barrières naturelles :

– la **peau** représente la première barrière physique, très efficace grâce à son épaisseur, son imperméabilité, du fait qu'elle se renouvelle constamment. En cas de lésion (plaie, brûlure) au niveau de la peau, les micro-organismes peuvent pénétrer dans l'organisme, mais la présence de bactéries « amies » (non pathogènes) à sa surface empêche l'installation de bactéries pathogènes (= qui provoquent des maladies) ;

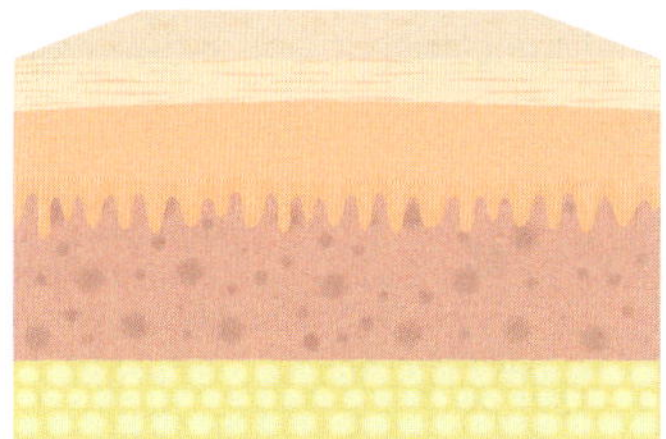


– les **muqueuses** (aux niveaux bronchopulmonaire, vaginal, gastrique et dans la bouche) libèrent des sécrétions appelées « mucus ». Ce mucus forme une substance visqueuse qui emprisonne les éléments étrangers qui seront par la suite éliminés. Le mucus contient aussi, tout comme la peau, des substances antimicrobiennes qui empêchent l'installation de micro-organismes pathogènes.

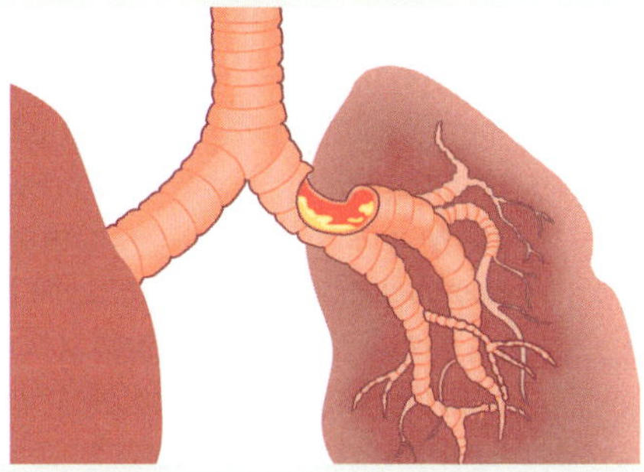

Cependant, lors d'une maladie, la sécrétion du mucus augmente, à tel point qu'il empêche le bon fonctionnement des organes.

Dans le cas des poumons, l'excès de mucus encombre les bronches, gêne la respiration et empêche l'élimination efficace des micro-organismes pathogènes. Ainsi, le réflexe de l'organisme pour éliminer cet excédent est la toux, qui va permettre l'expulsion.

**1** Expliquer pourquoi on dit que la barrière cutanée est une barrière physique.

..............................................................................................................

..............................................................................................................

**2** D'après vos connaissances, indiquer par où les micro-organismes peuvent pénétrer dans l'organisme sans avoir à franchir la barrière de la peau.

..............................................................................................................

**3** Préciser le mode d'action des muqueuses de l'organisme afin de se défendre contre les micro-organismes.

..............................................................................................................

..............................................................................................................

**4** Justifier pourquoi la barrière cutanéo-muqueuse est la première ligne de défense de l'organisme.

..............................................................................................................

..............................................................................................................

Lire le DOC. E et répondre aux questions.

## DOC. E L'immunité non spécifique et l'immunité spécifique

Si des micro-organismes arrivent à passer la barrière cutanéo-muqueuse, le système immunitaire qui défend notre organisme déclenche la réponse immunitaire. Les éléments étrangers présents dans notre corps (ex. : virus, bactéries, produits toxiques, allergènes) sont appelés « les antigènes ».

Lorsqu'un antigène est détecté dans notre organisme, c'est, dans un premier temps, l'**immunité non spécifique** (appelée aussi « immunité innée ») qui va agir. Certains globules blancs (les phagocytes) vont réaliser la phagocytose, c'est-à-dire l'élimination du micro-organisme étranger.

**Phagocytose (réalisée notamment lors de la réaction inflammatoire) :**

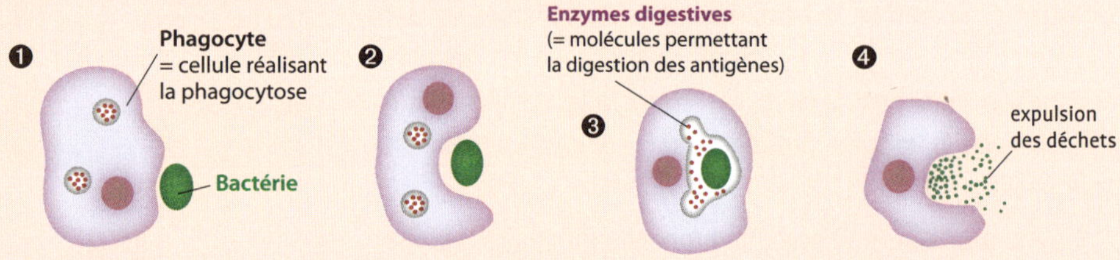


Si la phagocytose est un échec, le système immunitaire enclenche l'**immunité spécifique** (appelée aussi « immunité adaptative »), c'est-à-dire que d'autres types de globules blancs (les lymphocytes) vont intervenir pour éliminer l'antigène toujours présent.

Les lymphocytes B vont produire des anticorps spécifiques de l'antigène reconnu afin de le neutraliser (voir schéma). D'autres types de lymphocytes peuvent agir, notamment les lymphocytes T qui peuvent détruire des cellules infectées par contact direct.

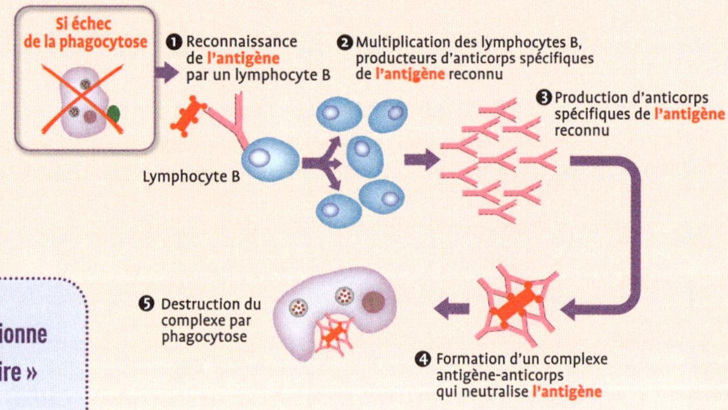


**Vidéo : « Comment fonctionne notre système immunitaire »**
**liennathan.fr/j982oq**

**5** Identifier les 2 types de réponses possibles du système immunitaire une fois que la barrière cutanéo-muqueuse a été franchie, en précisant les cellules qui sont impliquées.

..........

..........

**6** Compléter les éléments suivants.

- Nom du phénomène qui permet la destruction d'un antigène lors de l'immunité non spécifique :

  ..........

- Nom des molécules qui servent à neutraliser l'antigène lors de l'immunité spécifique :

  ..........

- Nom des cellules qui peuvent détruire des cellules infectées par un antigène lors de l'immunité spécifique : ..........

- Nom du système qui permet à notre organisme de se défendre contre les éléments étrangers :

  ..........

# Activité 4 La vaccination

**OBJECTIF :** Expliquer le principe de la vaccination.

Lire le **DOC. F** et répondre aux questions.

## DOC. F Le principe de la vaccination

Le principe de la vaccination est d'introduire dans le corps un antigène (ici, c'est un micro-organisme dont la virulence a été atténuée) afin que le corps fabrique des anticorps pour le tuer. Lorsqu'un micro-organisme (= microbe) actif arrive, les anticorps sont ainsi déjà présents pour le détruire ou l'inactiver.

⚠ ***Un vaccin est spécifique d'une maladie (ou de quelques maladies), mais il ne peut en aucun cas être spécifique de toutes les maladies.***

**Étape 1**

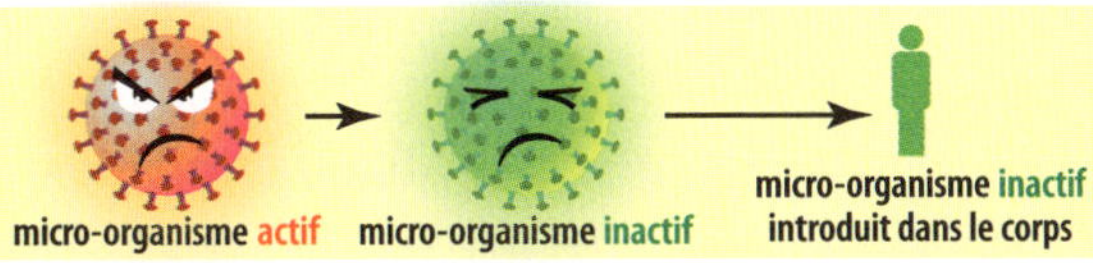


Le vaccin introduit dans le corps une forme inactive du micro-organisme.

**Étape 2**

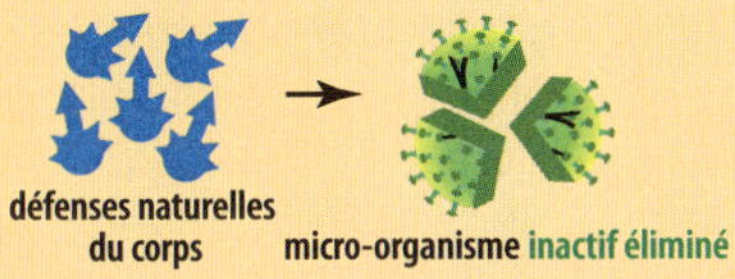


Le corps produit *via* l'immunité spécifique des anticorps spécifiques de l'antigène. Ces anticorps vont neutraliser l'antigène concerné et le garder en mémoire : c'est la mémoire immunitaire. Avec le temps, les anticorps diminuent progressivement dans un délai plus ou moins long, fixant ainsi la durée d'efficacité du vaccin (d'où la nécessité des rappels). En cas d'oubli de rappel, il faut reprendre le programme là où il a été interrompu.

**Étape 3**

Lorsque le vrai micro-organisme rentre dans le corps, il est reconnu par les défenses (anticorps déjà présents grâce au vaccin) qui vont l'éliminer. La maladie ne se développera pas.

1. Indiquer le type d'antigène concerné dans l'injection d'un vaccin.

...................................................................................................

2. Donner la réponse spécifique immédiate de l'organisme suite à l'injection du vaccin.

...................................................................................................

3. Définir le terme « mémoire immunitaire ».

...................................................................................................

...................................................................................................

4. Expliquer pourquoi il est nécessaire de faire des rappels de vaccins à intervalles réguliers.

...................................................................................................

...................................................................................................

...................................................................................................

5. Préciser si les vaccins peuvent être efficaces pour toutes les maladies en justifiant.

...................................................................................................

...................................................................................................

# Aide-mémoire

## Le suivi de la santé au travail

### Le suivi individuel médical

Il est assuré tout au long de la carrière professionnelle du salarié afin de protéger sa santé et celle de ses collègues.

Il existe 3 modalités principales de suivi : la visite d'information et de prévention, le suivi individuel renforcé (avec un examen médical d'aptitude pour les salariés travaillant sur des postes à risques) et la visite médicale de reprise.

### Les vaccinations dans le secteur professionnel

Selon le métier et le secteur professionnel concernés, il y a des vaccins obligatoires et des vaccins recommandés, toujours dans le but de protéger le salarié et ceux qui l'entourent.

### Les moyens de défense de l'organisme

La première ligne de défense de l'organisme est la barrière cutanéo-muqueuse. Composée de la peau et des muqueuses, cette barrière empêche la pénétration et l'installation de micro-organismes dans l'organisme. En cas de pénétration de micro-organismes pathogènes dans l'organisme, l'immunité non spécifique est mise en place notamment par l'intermédiaire des globules blancs, qui réalisent la phagocytose. En cas d'échec de la phagocytose, l'immunité spécifique prend le relais et des lymphocytes vont agir soit par l'intermédiaire d'anticorps (les lymphocytes B), soit par contact direct avec les cellules infectées, ce qui entraîne leur destruction (les lymphocytes T).

### La vaccination

La vaccination consiste à introduire dans le corps une forme atténuée d'un micro-organisme afin d'induire la fabrication d'anticorps spécifiques par le système immunitaire. L'organisme garde en mémoire ces anticorps spécifiques ; ainsi, lorsque le « vrai » micro-organisme sera en contact avec l'organisme, celui-ci aura déjà la réponse pour l'éliminer. Avec le temps, des rappels de vaccins sont nécessaires pour réactiver la réponse immunitaire.

# Schéma-bilan

**SUIVI MÉDICAL DES SALARIÉS**

→ Protection de leur santé

→ Modalités principales de suivi

- Visite d'information et de prévention (dans les 3 mois après l'embauche)
  → Pour informer sur les risques professionnels et donner des moyens de prévention pour lutter face à ces risques.
- Suivi individuel renforcé (pour les salariés travaillant sur des postes à risques)
  → Pour s'assurer que le salarié est médicalement apte au poste de travail.
- Visite médicale de reprise (en cas d'accident du travail, de maladie professionnelle, d'absences répétées ou de longue durée)
  → Pour vérifier l'aptitude du salarié à son poste de travail.

**Exemple de suivi médical : LA VACCINATION**

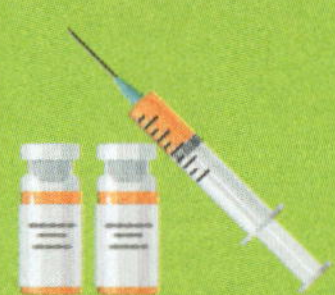

→ Certains vaccins sont recommandés et d'autres sont obligatoires.

→ **SYSTÈME IMMUNITAIRE**
**Stimulation de la réponse spécifique : fabrication d'anticorps**

Autres moyens de défense de ce système :
→ la barrière cutanéo-muqueuse
→ la réponse non spécifique (phagocytose)

Testez vos connaissances en réalisant un quiz interactif sur l'i-MANUEL 2.0

# Évaluation

Nom : ……………………………………

Prénom : ……………………………………

Classe : ……………………………………

## SITUATION

Pour sa nouvelle formation professionnelle en lycée, Paul doit être à jour dans ses vaccins. Ayant oublié de faire le rappel de son vaccin DTP, il décide de prendre rendez-vous avec son médecin traitant.

**1** Compléter le tableau suivant afin d'identifier les différents éléments de la situation.

| | |
|---|---|
| **QUOI ?** Quel est le problème dans cette situation ? | …………………… |
| **QUI ?** Quelle est la personne concernée ? | …………………… |
| **OÙ ?** Où a lieu cette situation ? | …………………… |
| **COMMENT ?** Comment la personne concernée réagit-elle face à cette situation ? | …………………… …………………… |

Le médecin dit à Paul qu'il sera soumis, dans le monde professionnel, à un suivi médical. Il lui explique le premier suivi auquel il va être confronté dans la vie active.

À partir du **DOC. A**, répondre aux questions.

**2** Indiquer l'organisme, ou la structure, qui réalise la visite d'information et de prévention.

……………………………………

……………………………………

……………………………………

**3** Donner l'objectif de cette visite.

……………………………………

……………………………………

……………………………………

**4** Nommer 2 autres types de visite médicale dans le monde professionnel.

……………………………………

……………………………………

**DOC. A** La visite d'information et prévention

# Évaluation

Le médecin réalise le rappel de l'injection du vaccin DTP.

**5** Donner l'intérêt de faire le vaccin DTP.

..............................................................................................................................

**6** Rappeler le principe de la vaccination.

..............................................................................................................................

..............................................................................................................................

**7** Expliquer pourquoi il est nécessaire de faire des rappels à intervalles réguliers.

..............................................................................................................................

**8** Compléter le DOC. B avec les termes suivants :

*Immunité spécifique – Barrière physique – Immunité non spécifique*

À partir du DOC. B, répondre aux questions.

**9** Indiquer dans quel cas il peut y avoir infection.

..............................................................

..............................................................

..............................................................

**10** Expliquer en quoi la barrière cutanéo-muqueuse empêche la pénétration des micro-organismes pathogènes.

..............................................................

..............................................................

..............................................................

..............................................................

**DOC. B** Les 3 lignes de défense du système immunitaire

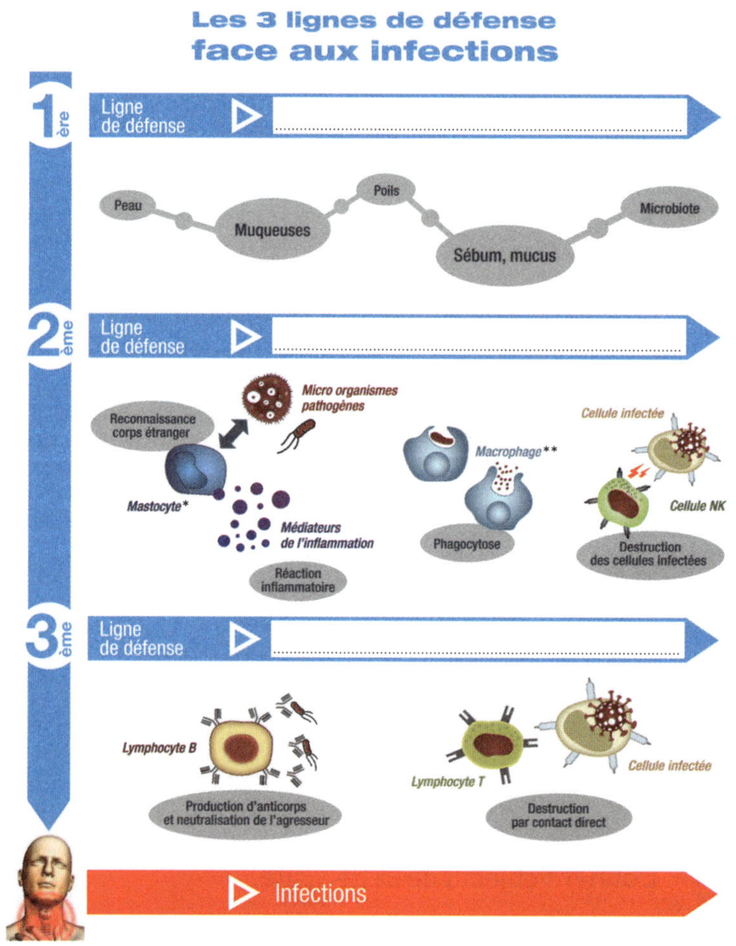


* Globule blanc
** Phagocyte

© NUTERGIA 2017

**11** Nommer les différentes cellules impliquées dans l'immunité.

..............................................................................................................................

**12** Rappeler le principe du système immunitaire.

..............................................................................................................................

# 13 Déclaration et réparation des accidents du travail et des maladies professionnelles

## SITUATION Histoire de Nabil

Nabil, 19 ans, travaille dans la construction. Depuis 3 mois, la mise en place d'échafaudages sur les chantiers prend plus de temps aux ouvriers car leur employeur refuse de changer le matériel à leur disposition, qui commence pourtant à devenir vétuste. Un après-midi, alors qu'il est en train de monter un échafaudage, Nabil chute et se fracture le tibia et le péroné. Son médecin lui prescrit alors un arrêt de travail de 75 jours et lui conseille de bien suivre la procédure de déclaration. Nabil se demande comment il va faire durant cette période pour pouvoir vivre correctement puisqu'il ne pourra pas travailler. De plus, il se demande qui va prendre en charge les différentes dépenses de santé.

## Analyse de la situation

**1** Identifier les différents éléments de la situation en complétant le tableau.

| | |
|---|---|
| **QUOI ?** Quel est le problème dans la situation ? | ............ |
| **QUI ?** Quelle est la personne concernée ? | ............ |
| **QUAND ?** Quand ce problème a-t-il eu lieu ? | ............ |
| **COMMENT ?** Comment le problème est-il arrivé ? | ............ |
| **POURQUOI ?** Pourquoi la personne concernée est-elle inquiète ? | ............ |

**2** Formuler la problématique de la situation à partir de votre analyse précédente.

............

# Activité 1 La déclaration des accidents du travail et des maladies professionnelles

**OBJECTIF :** Identifier les différents acteurs impliqués, les étapes, les délais et les documents nécessaires dans une procédure de déclaration.

Lire le DOC.A et répondre aux questions.

## DOC.A La procédure pour la déclaration d'un accident du travail

Lors d'un accident de travail, il est nécessaire de respecter la procédure afin d'avoir une prise en charge.

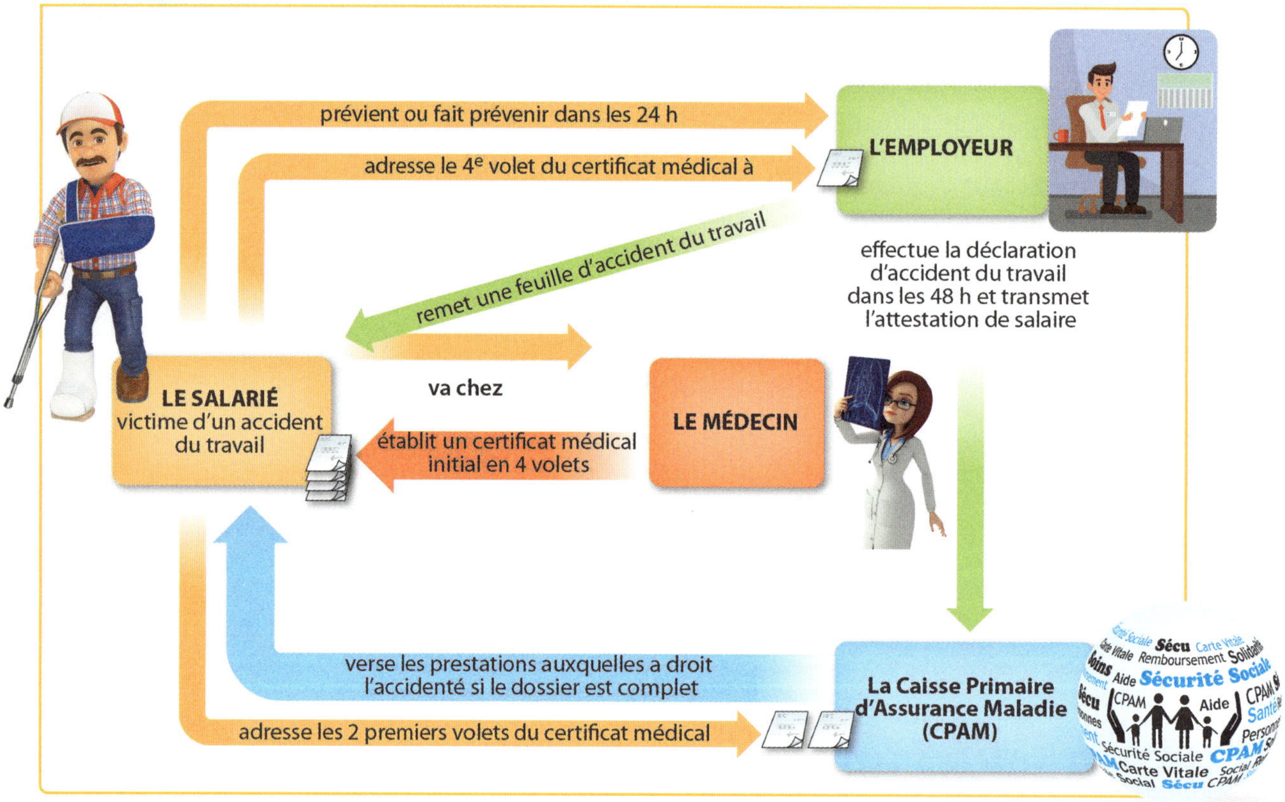


**1** **Indiquer les différents intervenants dans la déclaration d'un accident du travail.**

- Personne à consulter par l'accidenté : ........................................
- Personne qui fait la déclaration : ........................................
- Organisme qui traite le dossier : ........................................

**2** **Compléter les phrases suivantes sur la procédure à respecter.**

- L'employé doit prévenir l'employeur dans un délai de ........................................ .
- L'employeur doit effectuer la ........................................ d'accident du travail et transmettre l' ........................................ à la CPAM dans un délai de ........................................ .

**3** **Expliquer la conséquence possible si les différentes procédures de déclaration d'accident du travail ne sont pas respectées.**

........................................

Lire le **DOC.B** et répondre aux questions.

**4** Citer les différents intervenants possibles dans la procédure de reconnaissance d'une maladie professionnelle.

**5** Préciser le délai maximum possible pour traiter la procédure d'une maladie professionnelle.

**6** Expliquer dans quel cas une pathologie qui n'est pas inscrite dans un tableau de maladie professionnelle peut quand même être reconnue comme telle.

**DOC.B La reconnaissance de la maladie professionnelle**

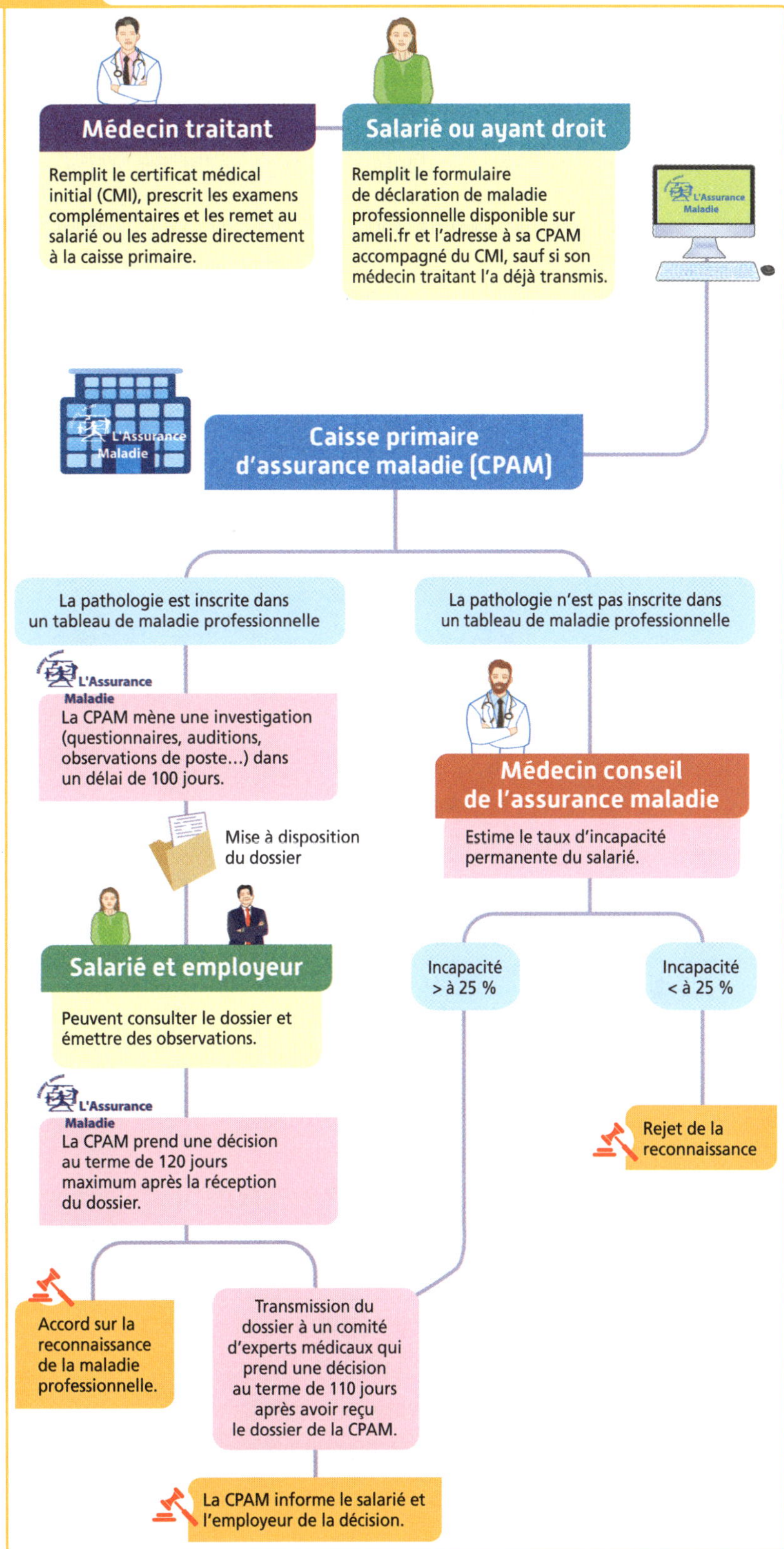


**7** Indiquer qui est le décisionnaire principal dans la reconnaissance d'une maladie professionnelle.

# Activité 2 La responsabilité de l'employeur

**OBJECTIF : Différencier responsabilité civile et responsabilité pénale de l'employeur.**

Lire le **DOC.C** et répondre aux questions.

## DOC.C Les responsabilités de l'employeur en matière de santé et sécurité au travail

En matière de santé et sécurité au travail, c'est l'employeur qui engage sa responsabilité (Code du travail). Les accidents du travail et les maladies professionnelles peuvent donc avoir des conséquences juridiques pour l'employeur. Deux types de responsabilité peuvent être mis en jeu : la responsabilité civile et la responsabilité pénale.

| Responsabilité civile | Responsabilité pénale |
|---|---|
| **Objectif**<br>Réparer le préjudice subi par la victime (indemnisation du dommage) | **Objectif**<br>Sanctionner et punir l'auteur de l'infraction |
| S'appuie sur le **Code civil** | S'appuie sur le **Code du travail** et sur le **Code pénal** |
| **Issue possible**<br>Paiement de dommages et intérêts à la victime | **Issue possible**<br>Condamnation (amendes, peines d'emprisonnement) |

La reconnaissance d'une **faute inexcusable de l'employeur** (= situation selon laquelle, sans avoir intentionnellement causé l'événement dommageable, l'employeur a placé son employé dans des situations dangereuses, alors qu'il aurait dû en avoir conscience et n'a pas pris les mesures nécessaires pour l'en préserver) ouvre droit à une réparation complémentaire (majoration des prestations, par exemple).

**1** Compléter le tableau suivant en cochant les bonnes réponses.

| | Responsabilité civile | Responsabilité pénale |
|---|---|---|
| Est un mécanisme de répression | ☐ | ☐ |
| Est un mécanisme de réparation | ☐ | ☐ |
| Vise à indemniser la victime | ☐ | ☐ |
| Vise à punir l'auteur d'une infraction | ☐ | ☐ |
| Est définie par le Code du travail et par le Code pénal | ☐ | ☐ |
| Est définie par le Code civil | ☐ | ☐ |

**2** Expliquer les conséquences de la reconnaissance d'une faute inexcusable de l'employeur.

..........................................................................................

# Activité 3 L'indemnisation

**OBJECTIF : Repérer les modalités d'indemnisation des victimes.**

Lire le **DOC. D** et répondre aux questions.

## DOC. D L'indemnisation suite à un accident du travail ou une maladie professionnelle

Après un accident du travail ou une maladie professionnelle, la victime a droit à 2 types de prestations :

**LES PRESTATIONS EN NATURE**

→ Prise en charge à 100 % des soins (médecin, hôpitaux, médicaments, examens…)
→ Par la CPAM
→ Sans avance de frais à faire : elles sont versées directement aux professionnels de santé.

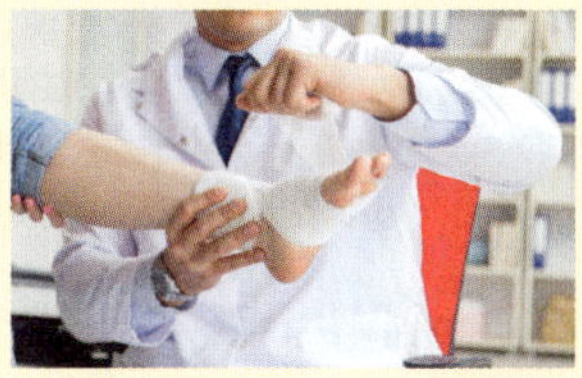

**LES PRESTATIONS EN ESPÈCES**

→ Indemnités journalières : argent versé pour compenser la perte de salaire. Elles sont versées par la CPAM et correspondent à :
- 60 % du salaire les 28 premiers jours ;
- 80 % du salaire à partir du 29e jour.

→ Rente d'incapacité en cas de séquelle qui empêche la victime de reprendre son activité professionnelle.

**1** Identifier les 2 types de prestations auxquelles on peut avoir droit en cas d'accident du travail ou de maladie professionnelle.

.................................................................................................

**2** Indiquer l'intérêt, selon vous, d'avoir des indemnités journalières suite à un accident du travail.

.................................................................................................

**3** Donner, pour chacun des cas suivants, les types de prestations auxquels a droit la victime, en les détaillant.

**Cas 1 :** Dans sa chute, Nabil s'est fracturé le tibia et le péroné. Il a passé des radios avant de se faire opérer puis plâtrer. Le médecin lui a prescrit un arrêt de travail de 75 jours.

- Prestations : .................................................................................................

.................................................................................................

**Cas 2 :** Mylaine est victime d'une maladie professionnelle. D'importants problèmes de dos l'empêchent d'exercer désormais toute activité professionnelle. Elle doit se rendre régulièrement chez le kinésithérapeute.

- Prestations : .................................................................................................

.................................................................................................

**4** Reprendre le cas de Nabil et expliquer si le montant des indemnités qu'il va toucher chaque mois sera le même durant la totalité de son arrêt de travail.

.................................................................................................

.................................................................................................

# Aide-mémoire

## Déclaration et réparation des accidents du travail et des maladies professionnelles

**La déclaration des accidents du travail et des maladies professionnelles**

La déclaration d'un accident du travail doit respecter différentes procédures. Le salarié doit informer son employeur dans les 24 h ; ce dernier doit déclarer l'accident dans les 48 h à la CPAM. La CPAM gère le dossier et verse les prestations le cas échéant.

La déclaration de maladie professionnelle obéit aussi à une procédure spécifique : le salarié doit, à l'aide du médecin traitant, constituer un dossier qui sera étudié par la CPAM pour reconnaître le caractère professionnel de la maladie. Si besoin, un comité d'experts médicaux l'aidera à statuer.

Dans le cas de la reconnaissance de la maladie professionnelle, le délai maximum de la décision est de 4 mois.

**La responsabilité de l'employeur**

L'employeur est responsable de la santé et de la sécurité des salariés. En cas d'accident du travail ou de maladie professionnelle, il engage sa responsabilité civile et pénale.

La responsabilité civile a pour objectif de réparer le préjudice subi par la victime (par des dommages et intérêts) et s'appuie sur le Code civil.

La responsabilité pénale a pour objectif de sanctionner et punir l'auteur du délit (amende et peine de prison) et s'appuie sur le Code pénal et le Code du travail.

**L'indemnisation**

Les victimes d'accidents du travail et de maladies professionnelles ont droit à des prestations en nature (gratuité des soins) et en espèces (indemnités journalières et rente d'incapacité).

# Schéma-bilan

- Accidents du travail
- Maladies professionnelles

→ **EMPLOYEUR**

**Responsabilités en cas d'accident du travail ou de maladie professionnelle :**

- responsabilité civile (Code civil),
- responsabilité pénale (Code du travail et Code pénal).

↓

**Déclaration**

⇒ Procédures qui impliquent 4 principaux intervenants :

- le salarié ;
- le médecin ;
- l'employeur ;
- la CPAM.

↓

**Prestations possibles :**

- prestations en nature (gratuité des soins) ;
- prestations en espèces (indemnités journalières).

Testez vos connaissances en réalisant un quiz interactif sur l'i-Manuel 2.0

# Évaluation

Nom : ..............................
Prénom : ..............................
Classe : ..............................

## SITUATION

Martin travaille dans le secteur de la logistique et doit parfois utiliser un cutter pour l'ouverture de cartons. N'ayant plus de gants à sa disposition, Martin a été victime d'un accident du travail : il s'est coupé profondément au niveau du pouce.

**1** Compléter le tableau suivant afin d'identifier les différents éléments de la situation.

| | |
|---|---|
| **QUOI ?** Quel est le problème dans cette situation ? | .............................. |
| **QUI ?** Quelle est la personne concernée ? | .............................. |
| **QUAND ?** Quand a eu lieu cette situation ? | .............................. |
| **COMMENT ?** Comment le problème est-il arrivé ? | .............................. <br> .............................. |

**Martin doit respecter la procédure de déclaration d'accident du travail. Dans un premier temps, il se rend chez son médecin pour soigner sa coupure et avoir un arrêt de travail.**

**À partir du DOC., répondre aux questions.**

### DOC. La déclaration d'accident du travail

Le **salarié** ou le **médecin** envoie à la CPAM le certificat médical initial (CMI) rempli.

L'**employeur** fait la déclaration d'accident de travail (DAT) dans les .................. et transmet l'attestation de salaire.

La **CPAM** (C.................. P.................. d'A.................. M..................) traite le dossier à partir de la réception du CMI et de la DAT.

**2** Compléter le DOC. .

**3** Préciser les 2 documents nécessaires pour traiter un accident du travail.

..............................

**4** À l'aide de vos connaissances, indiquer le délai dont dispose Martin pour prévenir son employeur de l'accident.

..............................

**5** Expliquer ce que va faire la CPAM en ce qui concerne la victime.

..............................

# Évaluation

Martin reçoit ses indemnités journalières.

**6** Indiquer à quel type de prestations correspondent les indemnités journalières.

..........................................................................................................

**7** Rappeler l'autre type de prestations auquel Martin a droit en donnant un exemple concret.

..........................................................................................................

..........................................................................................................

**8** Donner le montant des indemnités journalières de Martin à l'aide des données suivantes :

*Martin a un arrêt de travail de 10 jours. Son salaire journalier est de 66 €.*

..........................................................................................................

..........................................................................................................

..........................................................................................................

Suite à l'accident de Martin, son employeur a été reconnu coupable de négligence en ne mettant pas de gants à disposition de ses salariés.

**9** Compléter le schéma suivant sur les 2 types de responsabilité de l'employeur dans un accident du travail à l'aide des termes suivants :

*pénale – dommages – réparation – intérêts – civile –*
*répression – civil – pénal – travail – condamnation*

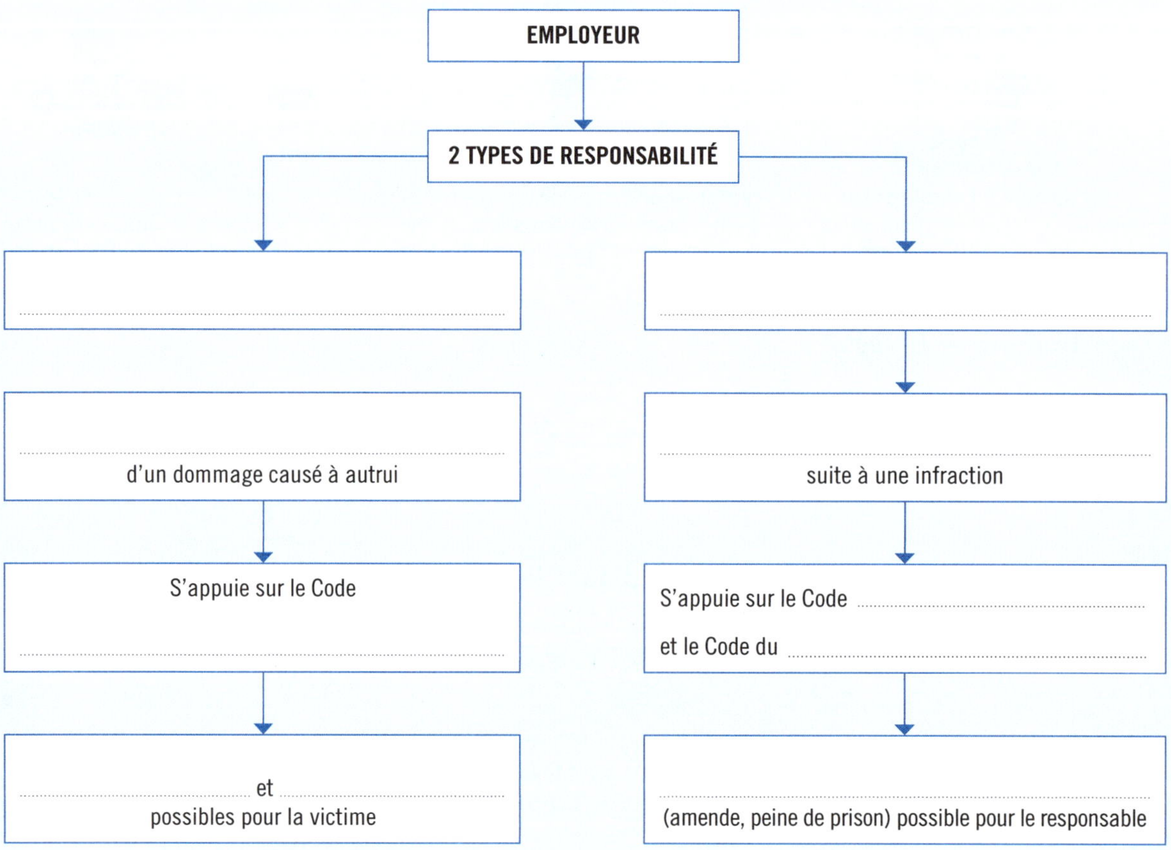

# 14 Les risques psychosociaux

## SITUATION Sondage

### *Le travail, source de stress*

Enquête Dares : « Conditions de travail Risques psychosociaux », 2016.
Données collectées auprès de 27 000 individus âgés de 15 ans ou plus.

**Les salariés déclarent ou signalent :**

| | |
|---|---|
| Être soumis à un **contrôle des horaires** | 46,2 % |
| Devoir toujours ou souvent **se dépêcher** | 45 % |
| Travailler sous **pression** | 31, 2 % |
| Avoir subi au moins **un comportement hostile** dans le cadre de leur travail* | 30 % |
| Craindre de **perdre leur emploi** | 25 % |
| Devoir cacher leurs émotions, **faire semblant** d'être de bonne humeur | 25 % |

* au cours des 12 derniers mois

Revue de l'Industrie Agroalimentaire, www.ria.fr

## Analyse de la situation

**1** Identifier les éléments de la situation en complétant le diagramme de causes à effets.

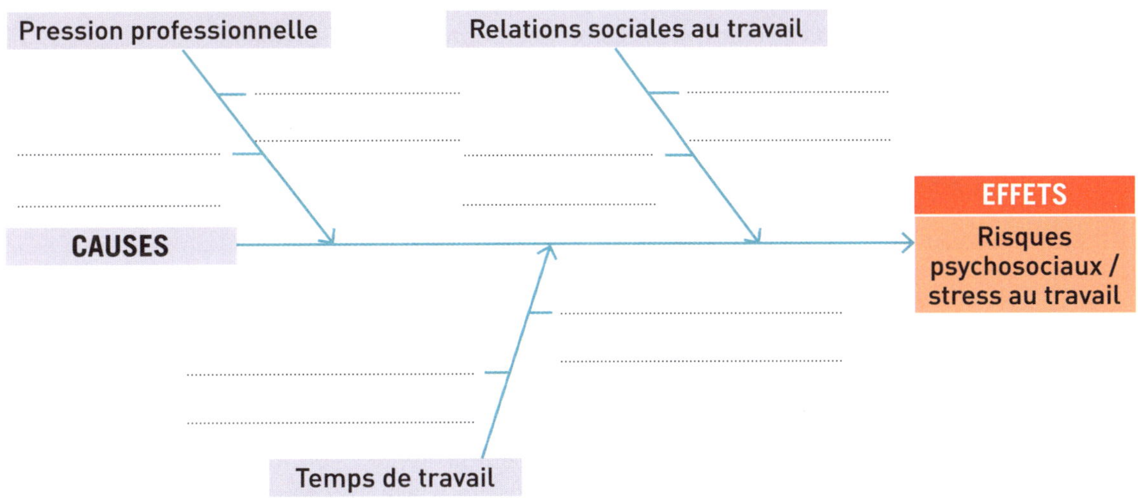


**2** Formuler la problématique de la situation à partir de votre analyse précédente.

..........................................................................................................................................

Activité 1

# Les conséquences des risques psychosociaux pour la santé

OBJECTIF : Identifier les principales conséquences des risques psychosociaux sur la santé.

Lire le DOC.A et répondre aux questions.

## DOC.A Les risques psychosociaux et les dommages associés

Les risques psychosociaux (RPS) sont les risques d'atteinte à l'intégrité physique et à l'intégrité mentale des travailleurs au sein de leur environnement professionnel, liés principalement au stress et aux violences au travail. Les RPS peuvent entraîner de très nombreux dommages sur la santé physique ou mentale.

| Dommages sur la santé mentale | Dommages sur la santé physique |
|---|---|
| – Troubles de l'humeur, nervosité, irritabilité<br>– Angoisse<br>– Épisodes dépressifs<br>– Tendances suicidaires<br>– Etc. | – Maladies cardio-vasculaires<br>– Troubles musculo-squelettiques<br>– Troubles digestifs et de l'appétit<br>– Etc. |

Ces dommages sur la santé peuvent avoir des conséquences sur la vie sociale des travailleurs (difficultés dans les relations sociales) et sur leur vie professionnelle (mauvaise qualité du travail).

**1** Préciser dans quel environnement sont présents les risques psychosociaux.

..........

**2** Identifier, à partir des cas suivants, les conséquences des RPS sur la santé.

**Cas 1 :** Ambre a commencé à se sentir mal au travail quelque temps après l'arrivée de son nouveau chef, il y a 6 mois. Celui-ci ne l'apprécie guère et lui fait souvent des remarques désobligeantes sur son travail, mais aussi sur son physique. Après avoir consulté son médecin traitant, Ambre a été arrêtée pour dépression. Elle a appris qu'elle souffrait aussi de problèmes cardio-vasculaires.

Conséquences pour la santé

..........

..........

..........

..........

**Cas 2 :** Loïc a été récemment promu mais il n'atteint pas les exigences demandées par son employeur, malgré ses nombreuses heures supplémentaires. Le soir, il n'arrive plus à s'endormir et il saute certains repas. Constamment irritable, Loïc a également moins de patience avec les autres. Depuis quelques semaines, il souffre de crises d'angoisse le matin avant de commencer sa journée de travail.

Conséquences pour la santé

..........

..........

..........

..........

**Cas 3 :** Laurent a subi une mutation non désirée il y a plusieurs mois. Il a changé de fonction dans l'entreprise et trouve son nouveau travail peu valorisant. Il n'est plus convié aux réunions importantes et n'a plus de pouvoir de décision. Se sentant dévalorisé, non reconnu, il a perdu toute confiance en lui et a commencé à s'isoler et à ne plus vouloir voir personne. Il a fait une tentative de suicide sur son lieu de travail.

Conséquences pour la santé

..........

..........

..........

..........

## Activité 2

# Les facteurs de risques psychosociaux

**OBJECTIF : Repérer les principaux facteurs de risques psychosociaux.**

Lire le DOC. B et répondre à la question.

### DOC. B Les différents types de RPS

→ le **stress chronique**, provoqué par l'activité professionnelle, provenant du sentiment de ne pas atteindre les exigences ou les objectifs demandés ;

→ les **violences internes**, commises par des travailleurs :
- conflits exacerbés entre collègues ou entre équipes de travail,
- harcèlement moral (humiliations, insultes, moqueries, menaces…),
- harcèlement sexuel ;

→ les **violences externes**, exercées par des personnes extérieures à l'entreprise à l'encontre des salariés. Il peut s'agir d'agressions physiques ou verbales commises par des clients, des usagers, des patients…

Vidéo : « Comment repérer le burn-out et y faire face »
liennathan.fr/4ag5t9

L'exposition à ces différentes situations peut mener au **syndrome d'épuisement professionnel**, appelé aussi « burn-out », état d'épuisement physique, émotionnel et mental.
Ces différents risques psychosociaux peuvent être combinés et interagir les uns avec les autres. Par exemple, une situation de violence interne et du stress chez un salarié peuvent engendrer d'autres tensions avec le reste de l'équipe, provoquant un stress généralisé dans l'entreprise.

**1** **Relier chaque cas au RPS auquel il se rapporte.**

| | |
|---|---|
| Samira travaille en tant que téléconseillère au sein du service clientèle d'un opérateur téléphonique. Elle subit régulièrement les insultes des clients mécontents. • | • Violences externes |
| Loïc ne parvient pas à répondre aux exigences de son employeur. • | • Violences internes |
| Ambre subit constamment les remarques désobligeantes de son manager sur son travail et sur son physique. • | • Stress chronique |

Lire le **DOC. C** et répondre à la question.

## DOC. C Les 6 grands facteurs de risques

Les facteurs à l'origine des risques psychosociaux sont nombreux, divers et évolutifs. Toutefois, un collège d'experts internationaux a proposé une classification en 6 catégories :

**▶ Les exigences émotionnelles**
Conflits avec différents interlocuteurs, nécessité de masquer ses émotions au travail (exigence de sourire), contact avec la souffrance ou la détresse humaine…

**▶ Le manque d'autonomie et de marge de manœuvre**
Faible marge de manœuvre pour réaliser les tâches, contraintes de rythme de travail, sous-utilisation des compétences du travailleur, impossibilité de participer aux décisions concernant son activité…

**Risques psychosociaux**

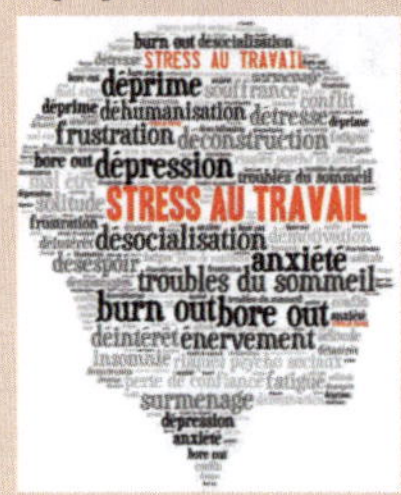


**▶ Les mauvais rapports sociaux et relations de travail**
Peu de reconnaissance, manque de solidarité, de communication, tensions…

**▶ Les conflits de valeur et la qualité empêchée**
Perte ou absence du sens du travail pour un employé, impression de faire un travail inutile, impossibilité de faire un travail de qualité…

**▶ L'insécurité de la situation de travail**
Emploi précaire, versement des salaires tardifs, changement de qualification ou de métier sans y être préparé, risque de changement de l'environnement de travail (restructurations, réorganisations).

**▶ L'intensité et le temps de travail**
Contraintes de rythme, existence d'objectifs irréalistes ou flous, exigence de polyvalence non maîtrisée, instructions contradictoires, longues journées de travail, travail en horaires atypiques, imprévisibilité des horaires de travail…

**2** **Indiquer, pour les cas suivants, les facteurs de risques psychosociaux.**

**Cas 1 :** Manon subit de manière répétée des propos à connotation sexuelle dégradants ou humiliants.

- Facteurs : ……………………………………………………………

**Cas 2 :** Julien n'est plus invité aux réunions importantes et n'a plus de pouvoir décisionnaire.

- Facteurs : ……………………………………………………………

**Cas 3 :** Mehdi, à qui on ne donne plus de responsabilité, n'a pas assez de temps pour faire le travail demandé.

- Facteurs : ……………………………………………………………

**ACTIVITÉ NUMÉRIQUE**

**Regarder la vidéo « Témoignages de l'hyper-stress » sur le site : liennathan.fr/8uwr03 et répondre à la question.**

Classer les différents facteurs de stress évoqués dans la vidéo selon les catégories du **DOC. C**.

- Valentin : ……………………………………………………………
- Chloé : ……………………………………………………………
- Jean-Pierre : ……………………………………………………………
- Marie : ……………………………………………………………

# Activité 3 Les conséquences des risques psychosociaux pour l'entreprise

**OBJECTIF :** Identifier les conséquences des risques psychosociaux sur l'entreprise.

Lire le DOC. D et répondre aux questions.

## DOC. D Les conséquences des RPS pour l'entreprise

Les risques psychosociaux ont également des répercussions organisationnelles et économiques pour les entreprises (ainsi qu'un coût pour la société dans son ensemble). Voici les exemples les plus caractéristiques :

**CONSÉQUENCES DES RPS POUR L'ENTREPRISE**

En raison de ces dysfonctionnements, les risques psychosociaux et leur impact sur le climat social présentent un coût économique pour l'entreprise. Celle-ci doit faire face aux coûts liés à la gestion de l'absentéisme et à la rotation du personnel, comme les coûts de recrutement. Par ailleurs, les absences, la mauvaise qualité du travail et la baisse de la productivité peuvent entraîner une réduction de la production et, ainsi, une baisse du chiffre d'affaires.

**1** Expliquer pourquoi les risques psychosociaux ont un coût pour l'entreprise.

........................................

........................................

**2** Identifier, dans chaque cas suivant, les conséquences pour l'entreprise.

**Cas 1 :** Rachel est victime de harcèlement moral dans une entreprise. Elle décide de demander une mutation.

- Conséquences possibles : ........................................

**Cas 2 :** Ian est victime du syndrome d'épuisement professionnel. Il ne vient plus au travail depuis 1 mois.

- Conséquences possibles : ........................................

**Cas 3 :** Lucas est victime de stress. Il a toujours peur de mal faire et de perdre son travail. De ce fait, il commet de nombreuses erreurs à son poste.

- Conséquences possibles : ........................................

Activité 4

# Les mesures de prévention possibles face aux risques psychosociaux

**OBJECTIF : Proposer des mesures de prévention limitant les risques psychosociaux.**

Lire le DOC.E et répondre aux questions.

## DOC.E La réglementation sur les risques psychosociaux

D'après le Code du travail, il incombe à l'employeur d'évaluer les risques et de mettre en place des mesures afin de protéger la santé physique et mentale des salariés. Ce principe s'applique tout naturellement aussi aux risques psychosociaux. Comme pour les autres risques, leur prévention s'appuie sur le principe de combattre le risque à la source et d'adapter le travail à l'homme.

La prévention des RPS s'appuie sur certaines dispositions réglementaires du Code du travail régissant, par exemple, l'organisation du travail (travail de nuit, travail posté...) ou les relations au travail (principe de non-discrimination, interdiction du harcèlement moral et du harcèlement sexuel, obligation de les prévenir)...
À ces dispositions s'ajoutent trois accords nationaux interprofessionnels obligatoires pour tous les employeurs et tous les salariés concernés par ces accords.
– l'**accord du 2 juillet 2008 sur le stress au travail** propose des indicateurs pour dépister le stress au travail et un cadre pour le prévenir. Il précise les facteurs de stress à prendre en compte, comme l'organisation et les processus de travail, les conditions et l'environnement du travail, la communication... Il rappelle que, dès qu'un problème de stress a été identifié, une action doit être entreprise pour le prévenir, l'éliminer ou, à défaut, le réduire ;
– l'**accord du 26 mars 2010 sur le harcèlement et la violence au travail** invite les entreprises à déclarer clairement que le harcèlement et la violence sur le lieu de travail ne sont pas tolérés mais aussi à prévoir des mesures appropriées de gestion et de prévention ;

ANI Accord National Interprofessionnel

– l'**accord du 19 juin 2013 sur la qualité de vie au travail** vise à favoriser l'égalité d'accès à la qualité de vie au travail et à l'égalité professionnelle pour tous les salariés. Pour cela, il propose des recommandations afin que les partenaires sociaux puissent négocier, notamment, sur l'amélioration de la qualité de l'emploi et le bien-être au travail.

**1** Rappeler qui doit mettre en place des mesures pour protéger les salariés des risques psychosociaux.

..........

**2** Nommer les textes qui proposent des mesures de prévention des risques psychosociaux.

..........

..........

**3** Préciser l'intérêt des accords nationaux interprofessionnels.

..........

..........

..........

Lire le DOC.F et répondre aux questions.

**4** Préciser à quels types de mesures de prévention appartiennent les propositions de l'affiche.

- ☐ Mesures de suppression du risque
- ☐ Mesures de réduction du risque
- ☐ Mesures de protection collective
- ☐ Mesures de protection individuelle
- ☐ Mesures d'information / de formation

**5** Justifier pourquoi il n'est pas possible de supprimer totalement les RPS.

..........

..........

## DOC.F Les conseils à suivre pour limiter les RPS

Pour prévenir les risques psychosociaux, une démarche de prévention collective, centrée sur le travail et son organisation, est à privilégier.

Source : INRS

..........

..........

**6** Proposer des mesures de prévention pour chacun des cas suivants.

**Cas 1 :** Romane termine son travail après plusieurs heures supplémentaires afin de pouvoir finir toutes ses tâches. Généralement, quand elle rentre, elle n'a pas le temps de s'occuper de ses enfants. De plus, elle effectue souvent des remplacements pour dépanner son employeur. Parfois, elle se demande à quoi sert son travail si elle ne peut pas profiter de sa vie familiale.

- Conseils possibles : ..........

..........

**Cas 2 :** Un employeur se rend compte que, dans son usine, une femme se fait harceler par 2 hommes.

- Conseils possibles : ..........

..........

**Cas 3 :** Un salarié a fait une tentative de suicide sur son lieu de travail. Il trouvait que son travail était inutile et irréalisable.

- Conseils possibles : ..........

..........

# Aide-mémoire

## Les risques psychosociaux

### Les conséquences des risques psychosociaux pour la santé

Les risques psychosociaux (RPS) sont les éléments qui portent atteinte à l'intégrité physique et mentale des salariés au sein de leur environnement professionnel.

### Les facteurs de risques psychosociaux

On distingue, parmi les RPS : le stress (provenant du sentiment de ne pas atteindre les exigences ou les objectifs demandés), les violences internes (harcèlement moral ou sexuel), les violences externes (exercées par des personnes extérieures à l'entreprise) et le syndrome d'épuisement professionnel (appelé aussi « burn-out »).

On reconnaît 6 grands facteurs de risques : les mauvais rapports sociaux et relations au travail, l'insécurité au travail, les exigences émotionnelles, le manque d'autonomie et de marge de manœuvre, les conflits de valeur et la qualité empêchée, les exigences de travail (intensité et temps de travail).

### Les conséquences des risques psychosociaux pour l'entreprise

Les risques psychosociaux ont des répercussions sur les entreprises, aussi bien au niveau organisationnel qu'au niveau économique. Ils pèsent sur le climat social.

### Les mesures de prévention possibles face aux risques psychosociaux

Pour lutter contre les RPS, le Code du travail et des accords nationaux interprofessionnels permettent de mettre en place des mesures de protection collective et des mesures d'information et de formation.

# Schéma-bilan

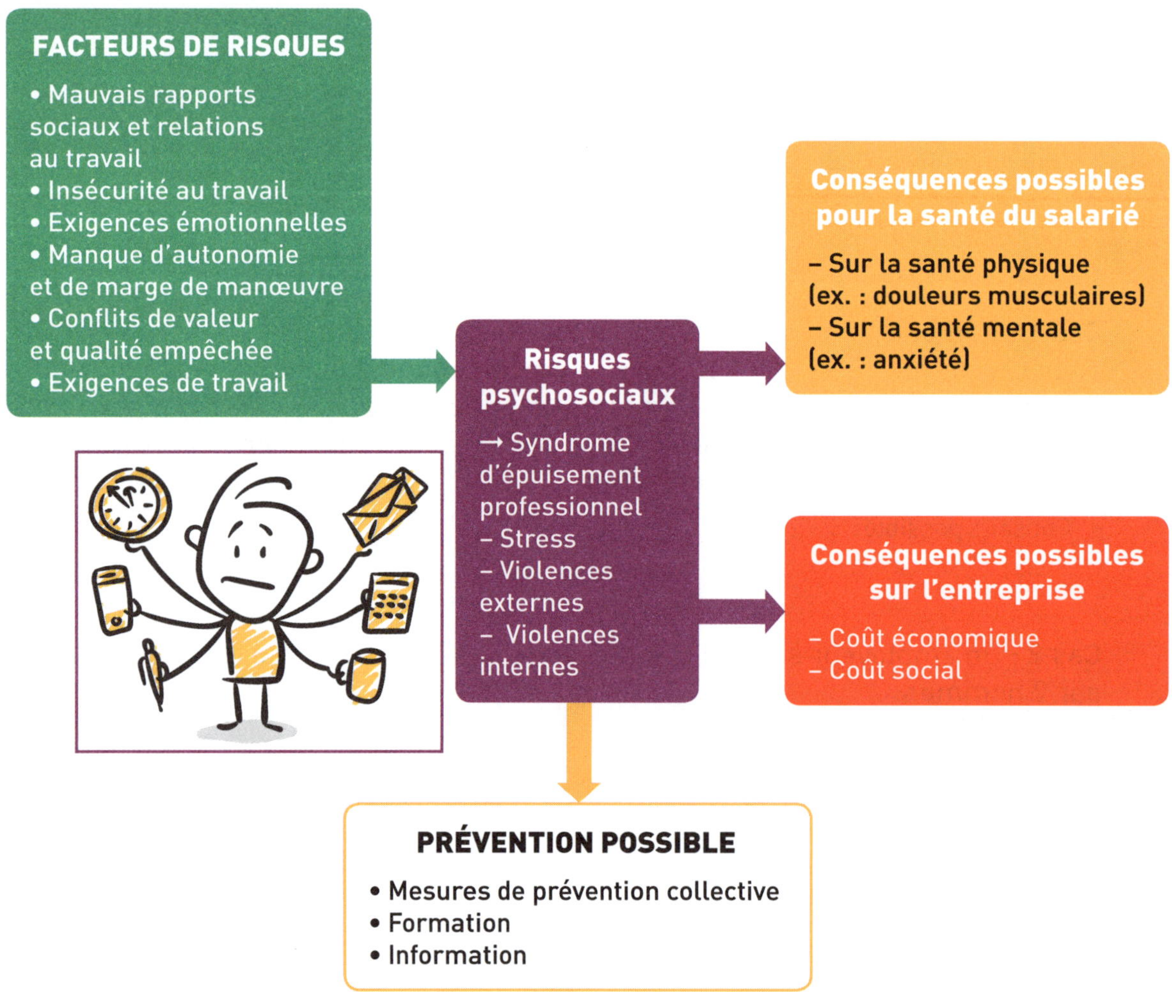


Testez vos connaissances en réalisant un quiz interactif sur l'i-MANUEL 2.0

# Évaluation

Nom : ..................................................
Prénom : ..................................................
Classe : ..................................................

## SITUATION

Samuel vient de prendre la direction de l'entreprise Vuidel. En rencontrant les salariés, ce nouvel employeur apprend qu'il existe un cas de harcèlement moral dans l'entreprise.
Il fait son enquête et constate qu'il s'agit d'un responsable d'une unité de travail qui hurle et rabaisse constamment un salarié avec qui il a eu un différend auparavant.
L'employeur, soucieux du bien-être de ses salariés et du bon fonctionnement de son entreprise, décide de prendre des mesures. De plus, il souhaite rester en conformité avec le Code du travail afin d'éviter tout problème judiciaire.

**1** Compléter le tableau suivant afin d'identifier les différents éléments de la situation.

| | |
|---|---|
| **QUOI ?** Quel est le problème dans cette situation ? | .................................................. |
| **QUI ?** Quelle est la personne responsable ? | .................................................. |
| **OÙ ?** Où a lieu ce problème ? | .................................................. |
| **COMMENT ?** Comment ce problème se manifeste-t-il ? | .................................................. |
| **POURQUOI ?** Pourquoi la personne concernée va-t-elle réagir ? | .................................................. |

Samuel se renseigne auprès de l'inspecteur du travail sur les risques psychosociaux (RPS).

**2** Indiquer, en cochant, à quel type de RPS correspond le cas de la situation.
☐ Stress ☐ Violences externes ☐ Violences internes

Lire le **DOC. A** et répondre aux questions.

**3** Identifier le type de tensions de la situation.

..................................................

..................................................

..................................................

**4** Indiquer les types de conséquences possibles de ce RPS.

..................................................

..................................................

**DOC. A** Les RPS au sein des entreprises

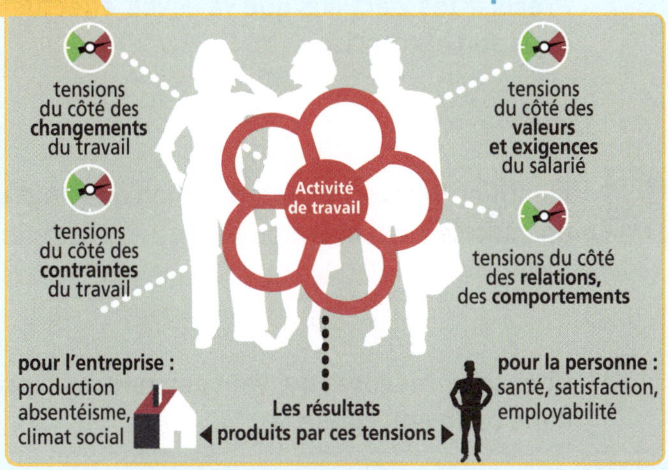


Schéma « Les quatre familles de tensions » extrait du magazine *Travail & Changement* n° 318, Mars/Avril 2008, p. 4, Les Éditions de l'Anact.

# Évaluation

**5** Donner 4 conséquences possibles sur la santé du salarié victime de harcèlement.

**6** Indiquer les conséquences sur l'entreprise si le cas de harcèlement n'est pas traité.

Samuel décide de mettre en place des mesures pour lutter contre le harcèlement dans son entreprise.

Lire le **DOC. B** et répondre aux questions.

## DOC. B Mesures pour lutter contre le harcèlement

| Prévenir le harcèlement | Identifier le harcèlement | Mettre un terme au harcèlement |
| --- | --- | --- |
| Mettre en place les affichages obligatoires et le règlement intérieur | Regarder si les faits sont réels et répétés | Recourir au service de santé au travail, à l'inspecteur du travail, au CSE ou faire appel à un médiateur |
| Recenser les RPS dans le document unique d'évaluation des risques professionnels | Agir rapidement | Sanctionner le harceleur, si besoin le licencier ou agir en justice |
| Maintenir un bon climat social | | |

**7** Préciser les 2 actions que va devoir effectuer Samuel pour vérifier s'il y a du harcèlement dans son entreprise.

**8** Identifier la mesure de répression que peut utiliser l'employeur pour faire cesser un harcèlement avéré.

**9** Citer les 2 mesures qui vont permettre de prévenir de nouveaux cas de harcèlement dans cette entreprise.

# 15 Les risques liés à l'activité physique

## SITUATION Histoire de l'entreprise Zuliani

Une réunion a lieu au sein du service de santé au travail de l'entreprise Zuliani, spécialisée dans la fabrication de pièces automobiles. Cette usine connaît un nombre important de victimes d'accidents de travail et de maladies professionnelles. Après une étude poussée, le service de santé au travail se rend compte que la majeure partie des accidents de travail et des maladies professionnelles sont dus aux risques liés à l'activité physique.
En effet, dans cette usine, de nombreux postes nécessitent un effort physique important ou des gestes répétitifs. Le service de santé au travail réfléchit donc à une stratégie à mettre en place afin de préserver la santé des salariés de cette entreprise.

## Analyse de la situation

1 Identifier les différents éléments de la situation en complétant le tableau.

| | |
|---|---|
| **QUOI ?** Quel est le problème de cette situation ? | ........................ |
| **QUI ?** Qui est concerné par le problème ? | ........................ |
| **QUAND ?** Quand ce problème est-il soulevé ? | ........................ |
| **COMMENT ?** Comment ce problème survient-il ? | ........................ |
| **POURQUOI ?** Pourquoi l'entreprise décide-t-elle de réagir rapidement face à ce problème ? | ........................ ........................ |

2 Formuler la problématique de la situation à partir de votre analyse précédente.

........................

# Activité 1 Les facteurs de risques

**OBJECTIF :** Identifier les facteurs de risques liés à l'activité physique dans une situation de travail.

Lire le DOC. A et répondre aux questions.

## DOC. A L'activité physique au travail

Le travail induit forcément une activité physique, c'est-à-dire des gestes (= mouvements du corps) et des postures (= positions particulières du corps).

On distingue 2 types d'activité physique :

**▶ L'activité physique statique**
Travail qui s'effectue dans la même position. Le corps doit donc maintenir une posture précise au poste de travail. Pour cela, les muscles sont contractés en permanence.

**▶ L'activité physique dynamique**
Travail qui se caractérise par des mouvements et/ou des déplacements. Il y a alors une succession de contractions et de relâchements des muscles.

**1** Indiquer, pour chacune des photos suivantes, le type d'activité physique.

- Type d'activité physique :

☐ statique
☐ dynamique

- Type d'activité physique :

☐ statique
☐ dynamique

**2** Donner le type d'activité physique que l'on retrouve le plus souvent dans votre secteur professionnel.

..........

..........

Lire le DOC.B et répondre aux questions.

## DOC. B Les facteurs de risques liés à l'activité physique au travail

L'activité physique, qu'elle soit statique ou dynamique, peut entraîner des dommages plus ou moins importants pour l'organisme. En effet, plus de la moitié des accidents de travail et les trois quarts des maladies professionnelles sont liés à des activités physiques au travail. Les principaux facteurs de risques qui en sont à l'origine sont biomécaniques (= ensemble des réactions du corps mises en jeu pour réaliser une action) :

- postures contraignantes (position accroupie, bras en l'air...) ;
- manutentions manuelles (activités impliquant un effort musculaire, comme le port ou le soutien de charges...) ;
- gestes répétés (à une cadence importante, généralement) ;
- vibrations (outils électriques...) ;
- efforts intenses (charges lourdes) ;
- durée de la posture (position assise ou debout prolongée...).

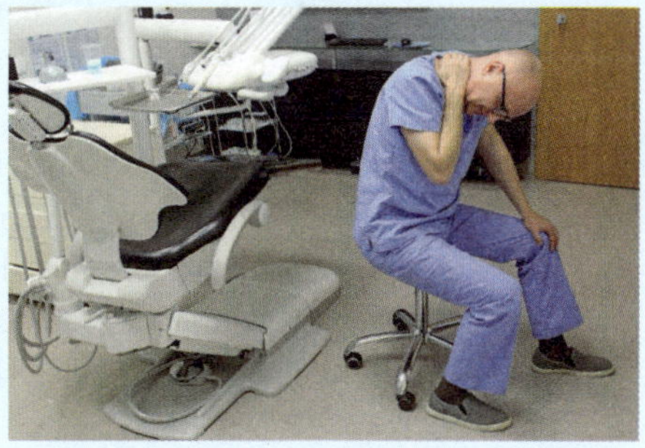

**3** **Identifier le ou les facteurs de risques liés aux activités physiques suivantes.**

**Cas 1 :** Liam est peintre en bâtiment. Pour peindre les murs et les plafonds, il est debout et est obligé de garder la tête et les bras en l'air. De plus, il fait de nombreux mouvements avec le rouleau.

- Facteur(s) de risques lié(s) à l'activité physique : ..................

..................

**Cas 2 :** Mélissa est aide-soignante dans une maison de retraite. Tous les matins, elle passe d'une chambre à une autre pour aider les résidents, qui ne sont plus autonomes et pèsent parfois lourds, à se lever de leur lit.

- Facteur(s) de risques lié(s) à l'activité physique : ..................

..................

**4** **Préciser le ou les facteurs de risques liés au type d'activité physique que vous avez donné précédemment (question 2).**

..................

..................

**ACTIVITÉ NUMÉRIQUE**

**Regarder la vidéo « Santé et travail : bouger plus pour se sentir mieux » sur le site : liennathan.fr/jd917x et répondre aux questions.**

1. Indiquer le conseil donné avant de commencer une activité physique au travail.

..................

2. Préciser le conseil à appliquer pour limiter les tensions musculaires (notamment lors du travail statique).

..................

3. Rappeler l'intérêt des différents exercices présentés dans la vidéo.

..................

# Activité 2 Les atteintes à la santé causées par l'activité physique

**OBJECTIFS :** Identifier la nature de l'atteinte à la santé causée par une activité physique au travail et caractériser les atteintes à la santé liées à l'activité physique.

Lire le DOC.C et répondre aux questions.

## DOC.C Les différents types d'atteintes à la santé

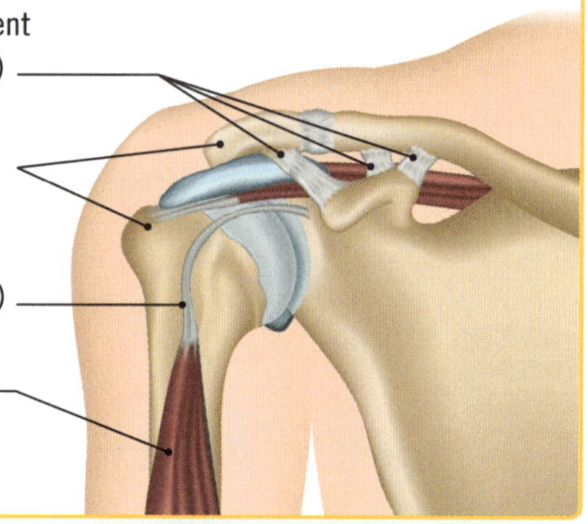


Il existe différents types d'atteintes à la santé possibles causée par l'activité physique au travail.

Les traumatismes physiques, tels que les fractures, contusions, plaies, coupures, entorses, déchirures musculaires, luxations (= les os formant l'articulation se séparent totalement), sont les atteintes à la santé les plus fréquentes lors d'accidents de travail.

L'activité physique statique (= position assise ou debout prolongée) implique une immobilité des membres inférieurs, favorisant ainsi des troubles circulatoires (= mauvaise circulation du sang) tels que des chevilles gonflées, une sensation d'engourdissement ou de picotements, de « jambes lourdes », etc.

Toute position du corps maintenue pendant une période prolongée peut causer également une fatigue musculaire (= réduction de la force quel que soit l'effort fourni), qui se manifeste par des courbatures ou une sensation d'épuisement lorsqu'un muscle est utilisé. En général, elle disparaît avec le repos.

Les troubles circulatoires et la fatigue musculaire sont souvent des symptômes annonciateurs de troubles musculo-squelettiques (TMS), qui sont des affections touchant principalement les muscles, les tendons, les ligaments et les nerfs.

L'ensemble de ces atteintes à la santé peuvent être soit aiguës, soit chroniques. Alors que les affections aiguës ont, en général, un début brutal et une durée brève, les affections chroniques ont, quant à elles, un début progressif (elles évoluent dans le temps) mais une durée longue (plus de 3 mois), voire permanente.

**1** Indiquer les différents types d'atteintes à la santé causés par l'activité physique au travail.

..........

..........

**2** Préciser ce qui distingue une affection chronique d'une affection aiguë.

..........

..........

**3** Identifier le type d'atteinte dans chacun des cas suivants, en la caractérisant (aiguë ou chronique).

**Cas 1 :** Jeanne est vendeuse dans un magasin de chaussures et passe toutes ses journées debout. Il arrive qu'elle ait les chevilles gonflées en rentrant chez elle le soir.

- Type d'atteinte : ..........
- Caractérisation de l'atteinte : ☐ aiguë ☐ chronique

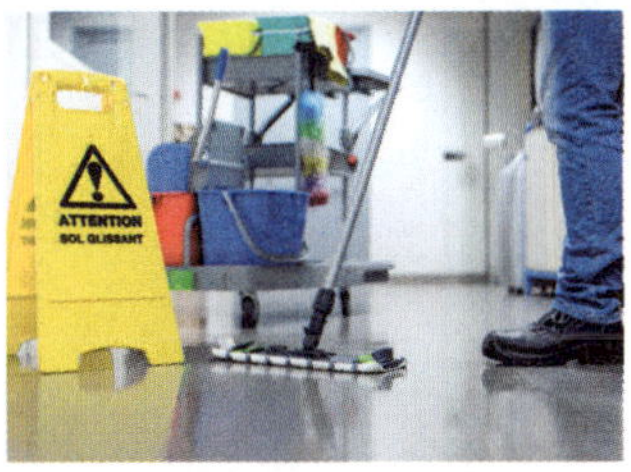

**Cas 2 :** Malo est agent d'entretien. Après avoir passé la serpillière, il glisse sur le sol encore humide et se fait une entorse de la cheville. 4 mois après son accident, il ressent encore une douleur vive. Le médecin lui prescrit alors des séances de rééducation pendant un mois.

- Type d'atteinte : ........................................
- Caractérisation de l'atteinte : ☐ aiguë ☐ chronique

Lire le DOC.D et répondre aux questions.

## DOC.D Les troubles musculo-squelettiques (TMS)

L'activité physique au travail joue fréquemment un rôle dans l'apparition des troubles musculo-squelettiques, leur durée ou leur aggravation. En effet, 87 % des maladies professionnelles reconnues sont des TMS et 20 % des accidents de travail sont liés au mal de dos.
Les TMS, dont 45 % entraînent des incapacités permanentes de travail, résultent d'un déséquilibre entre les capacités physiques du corps et les sollicitations ou contraintes auxquelles il est exposé. Par exemple, lors de l'utilisation d'outils électriques, le travailleur peut devoir appliquer plus de force et prendre une posture contraignante pour le corps parce que les vibrations produites par ces outils les rendent plus difficiles à contrôler. Une exposition à trop de vibrations peut entraîner un engourdissement des doigts ou une perte de sensation au niveau des mains et des bras.

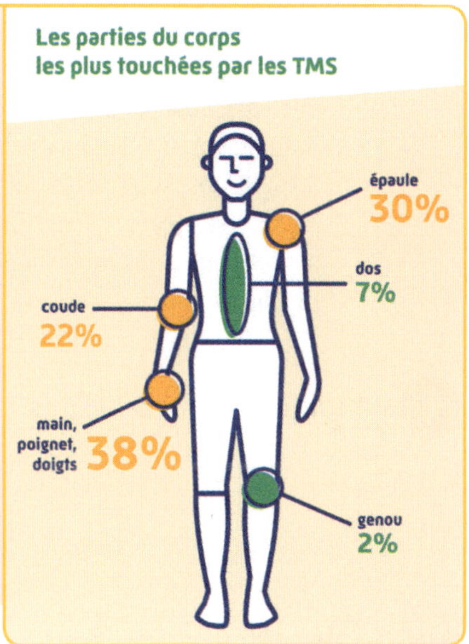


Parties Prenantes pour l'Assurance Maladie – Risques professionnels

**4** Indiquer la partie du corps la plus touchée par les TMS.

........................................

**5** Identifier, sur les photos suivantes, le ou les facteurs de risques liés à l'activité physique et la ou les parties du corps susceptibles d'être touchées par les TMS.

- Facteur(s) de risques : ........................................
........................................
- Partie(s) du corps touchée(s) : ........................................
........................................

- Facteur(s) de risques : ........................................
........................................
- Partie(s) du corps touchée(s) : ........................................
........................................

# Activité 3 Les atteintes de la colonne vertébrale

**OBJECTIF : Décrire les atteintes de la colonne vertébrale à l'aide de supports.**

Lire le **DOC.E** et répondre aux questions.

## DOC.E La constitution de la colonne vertébrale

La colonne vertébrale permet le soutien de la tête, de protéger la moelle épinière qu'elle contient, de préserver la posture du tronc lors de nombreux mouvements et aussi de maintenir la position debout. Elle présente une courbure naturelle et est constituée de 33 à 35 os superposés, appelés « vertèbres » (dont 24 sont mobiles), et de disques intervertébraux.

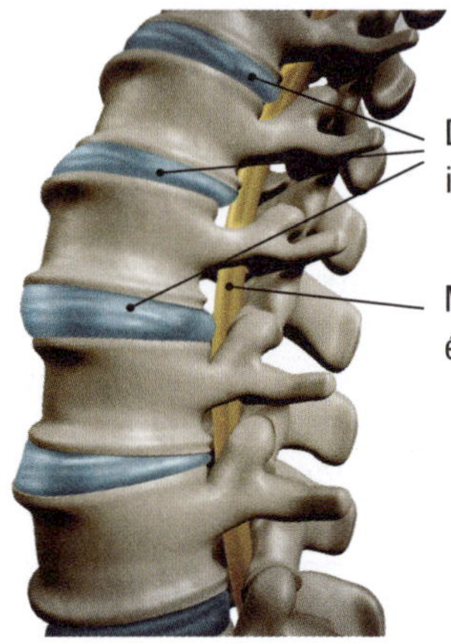


**1** Indiquer le ou les rôles de la colonne vertébrale.

........................................................................................................

........................................................................................................

**2** Citer les différents éléments qui composent la colonne vertébrale.

........................................................................................................

**3** Nommer les différents types de vertèbres.

........................................................................................................

**4** Lire le **DOC.F** et compléter le schéma à l'aide des termes suivants :

*Anneau fibreux – Vertèbre – Noyau gélatineux*

## DOC.F Les rôles des disques intervertébraux

Les disques intervertébraux se situent entre les vertèbres. Ils donnent une souplesse à la colonne et servent d'amortisseurs en cas de chocs en répartissant les pressions sur les vertèbres. Chaque disque intervertébral est composé d'un noyau gélatineux central (à partir duquel partent les nerfs sensitifs qui vont servir de détecteurs en cas de dysfonctionnement du disque) et d'un anneau fibreux (qui permet de solidariser les vertèbres entre elles).

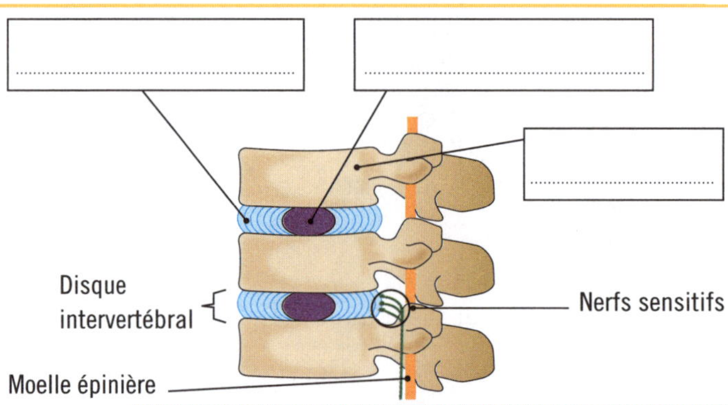


**Vidéo : « Le rôle du noyau et de l'anneau dans les mouvements de la colonne vertébrale »**
liennathan.fr/7nb921

Lire le **DOC. G** et répondre aux questions.

## DOC. G Les TMS du dos

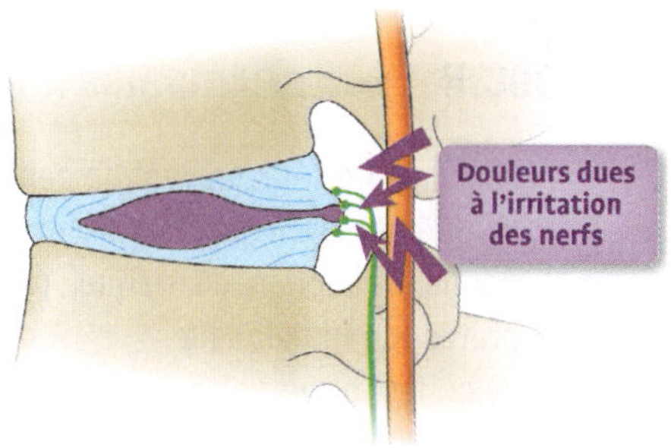


En vieillissant (pour le dos, c'est dès 20/25 ans) et/ou dans le cas d'activités physiques au travail importantes (efforts intenses, gestes répétés...) ou réalisées dans de mauvaises conditions (manutentions manuelles, postures contraignantes...), les disques intervertébraux se détériorent, ce qui peut provoquer des douleurs dorsales ou des complications. Les TMS du dos les plus fréquents se situent au niveau des disques des vertèbres lombaires.

• Le **tassement discal** est une lésion au niveau du disque intervertébral, aboutissant à sa déformation, voire à sa détérioration. Le disque perd alors de sa hauteur, ce qui provoque un rapprochement des vertèbres avec un risque de frottement.

• Le **lumbago**, qui est une lombalgie (= douleur dans le bas du dos) aiguë (passagère), est provoqué le plus souvent par une atteinte des disques intervertébraux qui entraîne une irritation d'un nerf, déclenchant alors par réflexe une forte contraction musculaire (douleur brutale) qui bloque la région lombaire.

• La **sciatique** est due à la compression du nerf sciatique. Elle est caractérisée par une douleur vive (le plus souvent d'un seul côté du corps) partant du bas du dos et se prolongeant dans la jambe.

• La **hernie discale** correspond à l'expulsion du noyau à l'extérieur du disque, suite à la fissure de l'anneau fibreux. Le noyau peut alors toucher le nerf sciatique et parfois même la moelle épinière (dans ce cas, la douleur est très violente).

**5** Indiquer ce qui peut provoquer la détérioration d'un disque intervertébral.

..........

..........

**6** Identifier le type d'atteinte de la colonne vertébrale sur chacune des images suivantes.

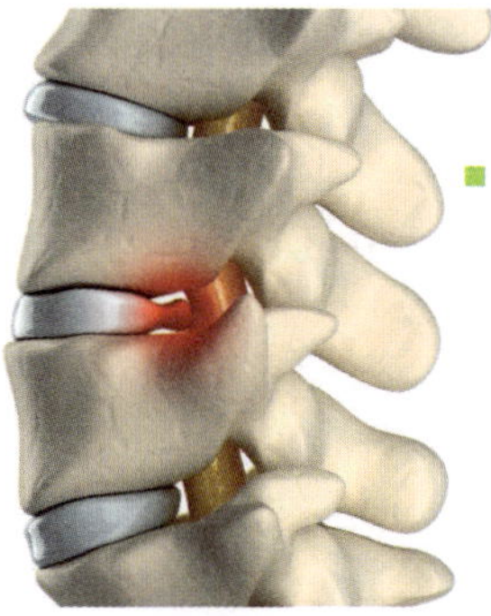

- Type d'atteinte : ..........

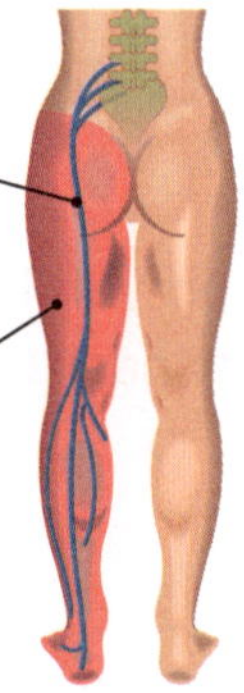


- Type d'atteinte : ..........

- Type d'atteinte : ..........

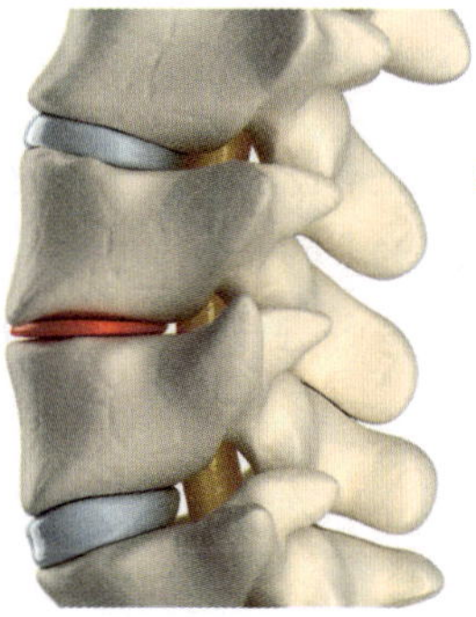

- Type d'atteinte : ..........

# Activité 4 Les mesures de prévention des risques liés à l'activité physique

**OBJECTIF : Proposer des mesures de prévention hiérarchisées.**

Lire le DOC. H et répondre aux questions.

## DOC. H Les principales mesures de prévention des risques liés à l'activité physique

Les mesures de prévention reposent toujours sur les mêmes principes hiérarchisés : suppression du risque, réduction du risque, protection collective, protection individuelle.

Voici les principales mesures de prévention des risques liés à l'activité physique :

– suppression des manutentions inutiles ;

– mise à disposition de moyens (mécaniques, voire automatisés) permettant de limiter l'effort physique (transpalette, chariot élévateur...) ;

– réduction du poids des charges en deçà des valeurs seuils préconisées par la réglementation :

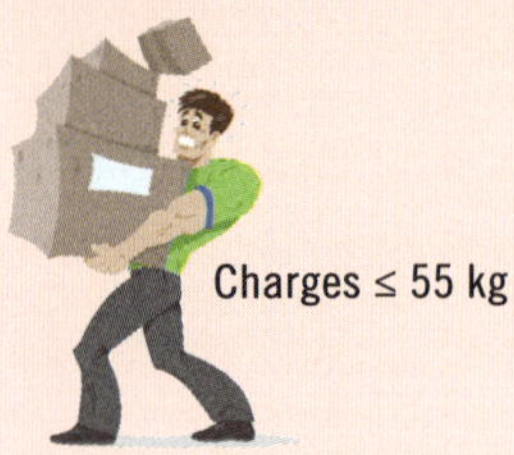

– aménagement du poste de travail afin de limiter les TMS, de réduire la fatigue musculaire et/ou les troubles circulatoires (ex. : plan de travail à hauteur réglable) ;

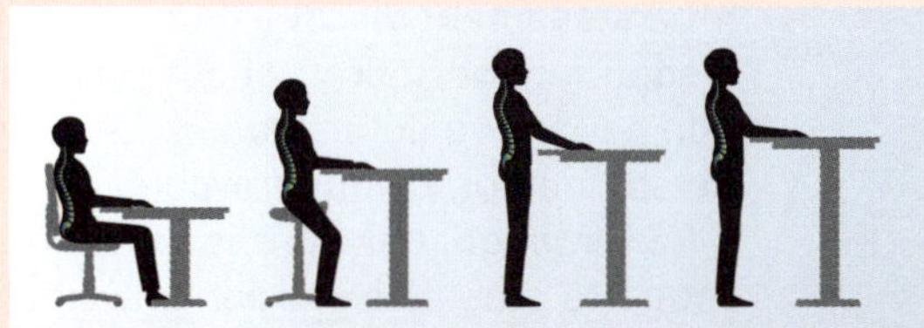

– organisation du travail pour permettre des pauses de récupération suffisantes (alterner les activités physiques avec des activités qui le sont moins) ;

– utilisation d'équipements de protection individuelle (EPI) limitant les TMS (ex. : genouillères pour un carreleur).

**1** Expliquer pourquoi la suppression des manutentions manuelles est la mesure la plus efficace.

..........

..........

..........

**2** Indiquer ce que prévoit la réglementation pour limiter les risques liés au port manuel de charges en donnant un exemple.

..........

..........

**ACTIVITÉ NUMÉRIQUE**

**Regarder la vidéo « Les adaptations de poste de travail au Conseil départemental de la Côte-d'Or » sur le site : liennathan.fr/m5i4r1 et répondre à la question.**

Énumérer l'ensemble des aménagements de poste qui ont été effectués dans les différents services.

..........

..........

..........

**3** **Proposer une mesure de prévention, pour chacun des cas suivants, afin de réduire les risques liés à l'activité physique.**

Gestes répétés lors d'un travail « à la chaîne »

- Mesure de prévention : ..................................................

..................................................................................

Travail en position debout prolongée

- Mesure de prévention : ..................................................

..................................................................................

**Lire le DOC.1 et répondre aux questions.**

## DOC.1 Information et formation des salariés

L'employeur peut informer les salariés sur les risques liés à leur(s) activité(s) physique(s) en affichant les consignes dans l'entreprise (sur les gestes à adopter, le port de protections…).

La formation à la prévention des risques liés à l'activité physique (PRAP) permet aux salariés d'être acteurs de leur propre prévention en participant à l'amélioration de leurs conditions de travail.

Les salariés apprennent notamment comment limiter les risques liés à la manutention manuelle de charges, en appliquant les principes de base de sécurité physique et d'économie d'effort dont voici quelques exemples :

| Postures à adopter | Principes de sécurité physique et d'économie d'efforts | Justification du geste à adopter |
|---|---|---|
| NON / OUI 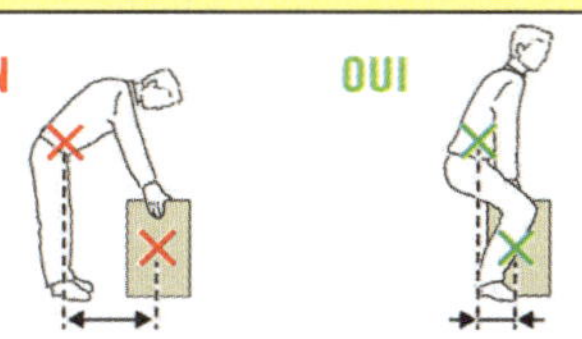 | Rapprocher les centres de gravité.<br>Pour cela :<br>..................................................<br>de la charge. | Pour réduire les efforts au niveau de la colonne vertébrale. |
| NON / OUI 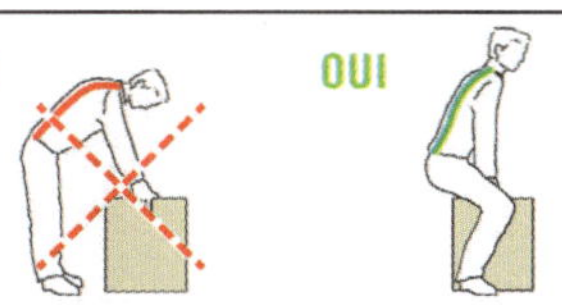 | Fixer la ..........................................<br>.................................................. | Pour respecter la courbure naturelle de la colonne vertébrale. |
| NON / OUI 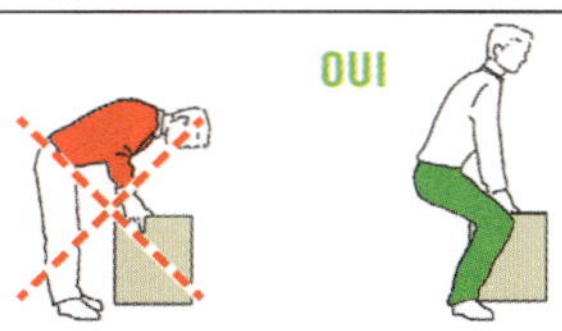 | Soulever avec la force ...................<br>.................................................. | Pour faire travailler les muscles des cuisses, qui sont les plus puissants. |

À la suite de cette formation, les salariés sont capables d'identifier les risques liés à leur(s) activité(s) physique(s) et donc de proposer à leur employeur des améliorations d'aménagement de leur poste de travail.

**4** **Compléter le DOC.1 en vous aidant des dessins et des justifications.**

**5** **Expliquer l'importance de l'information et de la formation des salariés pour lutter contre les risques liés à l'activité physique.**

..................................................................................

..................................................................................

# Aide-mémoire

## Les risques liés à l'activité physique

### Les facteurs de risques

L'activité physique au travail (statique ou dynamique) entraîne de nombreux accidents de travail et maladies professionnelles. Les principaux facteurs de risques sont biomécaniques : postures contraignantes, manutentions manuelles, gestes répétés, vibrations, efforts intenses, durée de la posture.

### Les atteintes à la santé causées par l'activité physique

Les atteintes possibles sont les traumatismes physiques (fractures, plaies…), les troubles circulatoires (jambes lourdes…), la fatigue musculaire (courbatures), les troubles musculo-squelettiques (TMS) étant les plus fréquents.
L'affection est soit aiguë (douleur brutale, durée brève), soit chronique (progressive, durée supérieure à 3 mois ou permanente).

### Les atteintes de la colonne vertébrale

La colonne vertébrale est constituée de 33 à 35 vertèbres séparées entre elles par des disques intervertébraux qui permettent d'amortir les chocs et de répartir les pressions exercées sur la colonne vertébrale lors de l'activité physique.
Chaque disque est composé d'un anneau fibreux et d'un noyau gélatineux central à partir duquel partent les nerfs sensitifs.
Suite à une détérioration de ces disques, on retrouve 4 types d'atteinte au niveau de la colonne vertébrale : le lumbago, la sciatique, la hernie discale et le tassement discal.

### Les mesures de prévention des risques liés à l'activité physique

Par ordre d'efficacité, les mesures sont : la suppression ou la réduction du risque (ex. : limitation du poids des charges à porter), les mesures de protection collective (ex. : utilisation d'un chariot élévateur), les mesures de protection individuelle (ex. : EPI), l'information (ex. : affichage) et la formation (ex. : formation sur les gestes et postures à adopter).

# Schéma-bilan

**FACTEURS DE RISQUES**

- Postures contraignantes
- Gestes répétés
- Manutentions manuelles
- Vibrations
- Efforts intenses
- Durée de la posture

**MESURES DE PRÉVENTION**

- Suppression du risque
- Réduction du risque
- Protections collective et individuelle
- Information, formation

**ACTIVITÉ PHYSIQUE**

- Statique
- Dynamique

**ATTEINTES POSSIBLES**

- Traumatismes physiques
- Troubles circulatoires
- Fatigue musculaire
- Troubles musculo-squelettiques (TMS)

**ATTEINTES DE LA COLONNE VERTÉBRALE**

- Lumbago
- Sciatique
- Hernie discale
- Tassement discal

**Testez vos connaissances en réalisant un quiz interactif sur l'i-MANUEL 2.0**

# Évaluation

Nom : ..........

Prénom : ..........

Classe : ..........

## SITUATION

Dominique travaille en tant qu'usineur chez Vautier Industries. Trois fois par semaine, il doit changer une pièce de la machine sur laquelle il travaille, qui pèse environ 45 kg. Pour ce faire, il utilise uniquement des gants. Lors du changement de cette pièce, qui se fait dans le local A, il doit ranger l'ancienne pièce dans le local B et aller chercher la nouvelle pièce dans le local C, situé à 10 m. Un jour, alors qu'il effectue cette manutention, Dominique ressent une douleur vive dans le bas du dos et doit arrêter son activité.

**1** Compléter le tableau suivant afin d'identifier les différents éléments de la situation.

| | |
|---|---|
| **QUOI ?** Quel est le problème dans cette situation ? | .......... |
| **QUI ?** Quelle est la personne concernée ? | .......... |
| **OÙ ?** Où a lieu cette situation ? | .......... |
| **COMMENT ?** Comment ce problème est-il arrivé ? | .......... <br> .......... |

**Dominique consulte un médecin, qui diagnostique un lumbago. Le médecin lui explique alors le fonctionnement de la colonne vertébrale.**

**Lire le DOC. et répondre aux questions.**

**2** Identifier la région du dos dont souffre Dominique.

..........

**3** Compléter le schéma suivant.

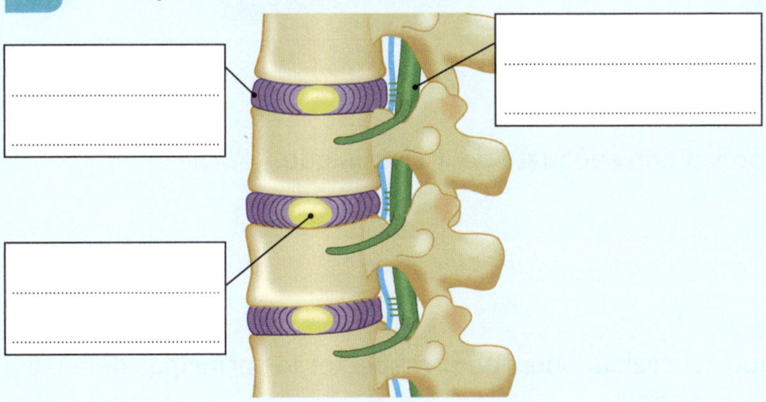

**4** Préciser le rôle des disques intervertébraux.

..........

..........

**DOC.** Les régions de la colonne vertébrale

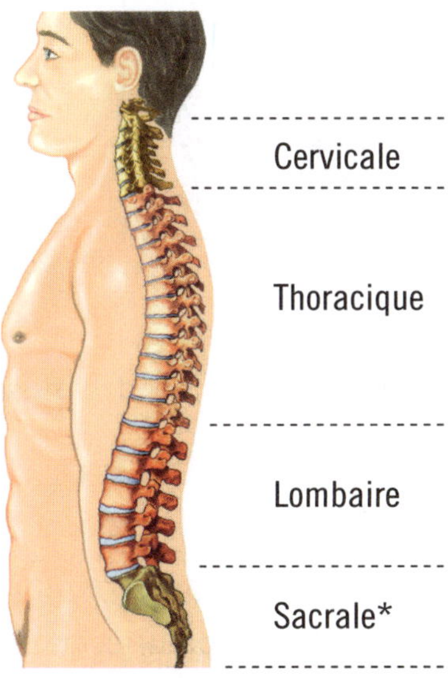


* Vertèbres sacrées et coccygiennes

Dominique apprend que son atteinte fait partie des TMS.

**5** Expliquer ce qu'est un TMS.

..........................................................................................

..........................................................................................

Le médecin essaye de comprendre ce qui a pu occasionner cette atteinte.

**6** Indiquer le facteur de risques lié à l'activité physique de Dominique qui a pu engendrer le TMS, en justifiant.

..........................................................................................

..........................................................................................

Suite à cet accident, le médecin prescrit un arrêt de travail à Dominique. Le CHSCT de l'entreprise se réunit alors pour envisager des mesures de prévention qui éviteraient ou limiteraient ce type de risque.

**7** Cocher les mesures de prévention qui pourraient s'appliquer dans la situation de Dominique pour éviter ou limiter ce type de risque.

☐

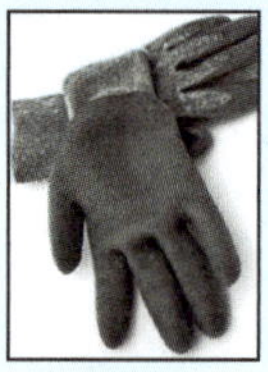
☐

prap
☐

☐

☐

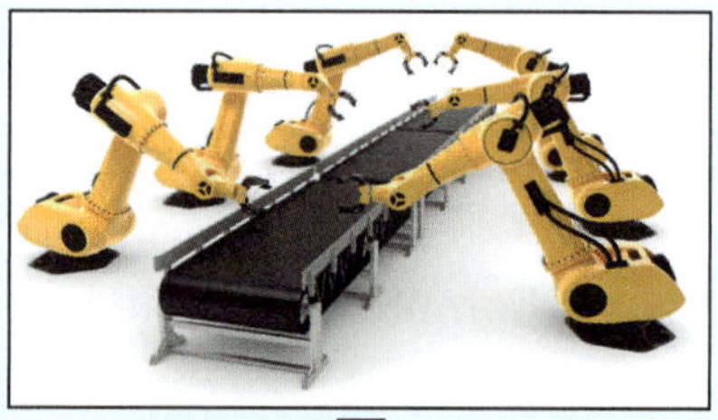
☐

**8** Proposer une autre mesure de prévention adéquate pour Dominique.

..........................................................................................

..........................................................................................

**9** Donner 3 postures que Dominique pourrait adopter pour respecter les principes de base de sécurité physique et d'économie d'effort.

- ..........................................................................................
- ..........................................................................................
- ..........................................................................................

# 16 L'analyse d'une situation de travail

## SITUATION Réunion du CSE

L'entreprise Bardineau est spécialisée dans l'impression de beaux livres (livres grands formats, avec de nombreuses illustrations). En fin d'année, le CSE décide de se réunir pour étudier les risques liés à l'activité physique afin de les limiter. Les membres du CSE décident de faire appel à un ergonome pour analyser la situation de travail des différents postes de l'entreprise.

## Analyse de la situation

**1** Identifier les différents éléments de la situation en complétant le tableau.

| | |
|---|---|
| **QUOI ?** Quel est le problème de cette situation ? | ..................... |
| **QUI ?** Qui est concerné par le problème ? | ..................... |
| **QUAND ?** Quand ce problème est-il abordé ? | ..................... |
| **COMMENT ?** Comment l'entreprise réagit-elle face au problème ? | ..................... ..................... |
| **POURQUOI ?** Pourquoi est-il important de réagir face à ce problème ? | ..................... ..................... |

**2** Formuler la problématique de la situation à partir de votre analyse précédente.

.....................

.....................

# Activité 1 Les composantes d'une situation de travail

**OBJECTIF : Répertorier de manière exhaustive les composantes d'une situation de travail présentant une problématique liée à l'activité physique.**

Lire le **DOC. A** et répondre aux questions.

## DOC. A L'ergonomie au travail

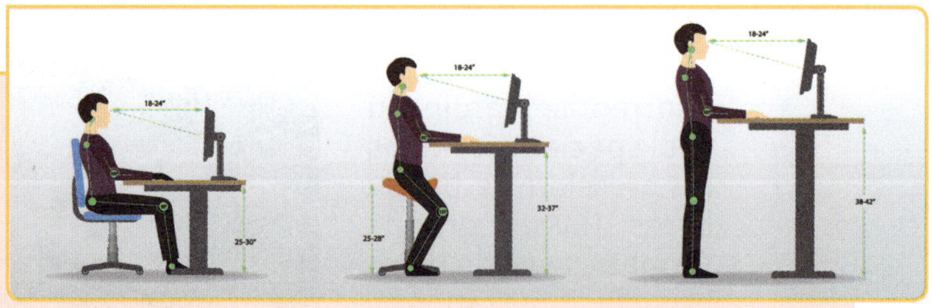

L'ergonomie consiste à adapter le travail, les outils et l'environnement à l'homme. Ce qui est ergonomique est donc ce qui est adapté. L'étude réalisée par l'ergonome doit être globale, c'est-à-dire qu'elle doit s'attacher à observer et comprendre une situation de travail dans son intégralité, dans le but d'améliorer les conditions de travail, de maîtriser et de réduire les risques professionnels en tenant compte des critères de santé des salariés et des critères d'efficacité de l'entreprise.

La démarche ergonomique permet de rendre le travail physique et mental visible afin de trouver des moyens de prévention efficaces. Et c'est en étudiant toutes les composantes de la situation de travail qu'il sera alors possible de savoir sur lesquelles il est nécessaire ou préférable d'agir, et lesquelles sont déjà adaptées.

**1** Expliquer l'intérêt pour une entreprise de faire intervenir un ergonome.

..........................................................................................

..........................................................................................

**2** Indiquer les critères pris en compte par la démarche ergonomique.

..........................................................................................

..........................................................................................

Lire le **DOC. B** et répondre aux questions.

## DOC. B Les différentes composantes d'une situation de travail

Afin d'étudier les composantes de la situation de travail, l'ergonome va d'abord les répertorier :

- les **déterminants opérateur** → ce qui caractérise l'opérateur (âge, sexe, taille, formation, état de santé, ancienneté…) ;
- les **déterminants entreprise** → ce qui caractérise l'entreprise et ce que celle-ci met à disposition de l'opérateur (équipement, outillage, organisation, ambiance…) ;
- le **travail prescrit** → ce qui est demandé à l'opérateur par l'entreprise (travail défini à l'avance, consignes…) ;
- le **travail réel** → ce que réalise vraiment l'opérateur. Le travail réel est décomposé en :
  - **tâches :** ensemble d'étapes effectuées par l'opérateur (= ce qu'il fait) pour la réalisation du travail prescrit (ex. : mettre en place un spot au plafond),
  - **activités :** actions physiques et mentales de l'opérateur pour effectuer les tâches (= comment il le fait) (ex. : l'opérateur monte sur un escabeau) ;
- les **effets sur l'opérateur** (TMS, difficultés rencontrées, compétences développées…) et **sur l'entreprise** (qualité de production, satisfaction des clients, absentéisme…), qui peuvent être positifs ou négatifs. C'est d'ailleurs suite aux effets négatifs qu'une analyse est demandée.

**3** Indiquer ce qui peut amener une entreprise à demander une analyse par un ergonome.

............................................................................................................

............................................................................................................

**4** Compléter les déterminants opérateur et entreprise dans la situation de travail suivante.

Titulaire d'un BP de préparateur en pharmacie, Dany, 58 ans, travaille dans une pharmacie depuis 25 ans. Il doit servir les clients et réaliser des préparations dans un laboratoire équipé annexé à la pharmacie. Pour le service des clients, il utilise un ordinateur, un scanner, un lecteur de carte bancaire et un lecteur de carte vitale, ainsi que la caisse de la pharmacie. Au travail, Dany porte toujours une blouse et met un masque lors des préparations.

| DÉTERMINANTS OPÉRATEUR | DÉTERMINANTS ENTREPRISE |
|---|---|
| • ...................... | • ...................... |
| • ...................... | • ...................... |
| • ...................... | • ...................... |
| • ...................... | • ...................... |

**5** Différencier le travail réel et le travail prescrit dans la situation suivante.

Max réalise les soins d'hygiène et de confort aux personnes âgées dans un centre spécialisé. Il doit s'occuper de la toilette quotidienne, mais il peut aussi avoir à coiffer et maquiller les pensionnaires. Il assure également la réfection des lits, participe à la confection et à la distribution des repas.

- Travail prescrit : ............................................................
- Travail réel correspondant : ............................................................

............................................................................................................

**6** Préciser, pour chacune des situations suivantes, s'il s'agit d'une tâche ou d'une activité réelle.

- Ahmed se penche pour mettre des cartons en bas d'un rayonnage : ☐ Tâche réelle ☐ Activité réelle
- Il vérifie visuellement les commandes avant leur rangement : ☐ Tâche réelle ☐ Activité réelle
- Il réalise la mise en rayon des cartons : ☐ Tâche réelle ☐ Activité réelle
- Il saisit chaque carton à une main : ☐ Tâche réelle ☐ Activité réelle

**7** Indiquer, dans la situation suivante, les effets sur l'opérateur et sur l'entreprise.

Alya est vendeuse dans un magasin de vêtements. Malgré une très bonne entente avec ses collègues, elle n'apprécie guère son travail. Le samedi est la plus grosse journée de la semaine : il y a beaucoup de clients ; elle doit pouvoir les accueillir, les conseiller, les surveiller pour éviter les vols, replier les vêtements essayés, etc. Elle n'a pas une minute pour s'asseoir ou se reposer quelques instants. En fin de journée, elle a une sensation de jambes lourdes et de fatigue extrême, ce qui la rend désagréable avec les clients. Le responsable du magasin n'est pas satisfait d'Alya car de nombreux clients s'en sont plaints auprès de lui.

- Effet(s) sur l'opérateur : ............................................................
- Effet(s) sur l'entreprise : ............................................................

# Activité 2 Les relations entre causes et effets

**OBJECTIF :** Mettre en évidence la relation entre un effet constaté et les facteurs de causes dans la situation de travail.

Lire le DOC.C et répondre aux questions.

## DOC.C La mise en relation des composantes d'une situation de travail étudiée

Pour analyser la situation de travail et mettre en évidence les éléments inadaptés dans le travail effectué par l'opérateur, l'ergonome peut utiliser un schéma de compréhension qui comporte les composantes identifiées. Il part de l'effet choisi (opérateur ou entreprise) et établit les liens de causalité entre cet effet et le travail réel, puis entre le travail réel et un ou plusieurs déterminants (opérateur ou entreprise). Les causes pouvant être multifactorielles, une fois celles-ci identifiées, il sera plus facile de mettre en place des mesures de prévention.

**EXTRAIT D'UN SCHÉMA DE COMPRÉHENSION D'UNE SITUATION DE TRAVAIL D'UN BOUCHER**

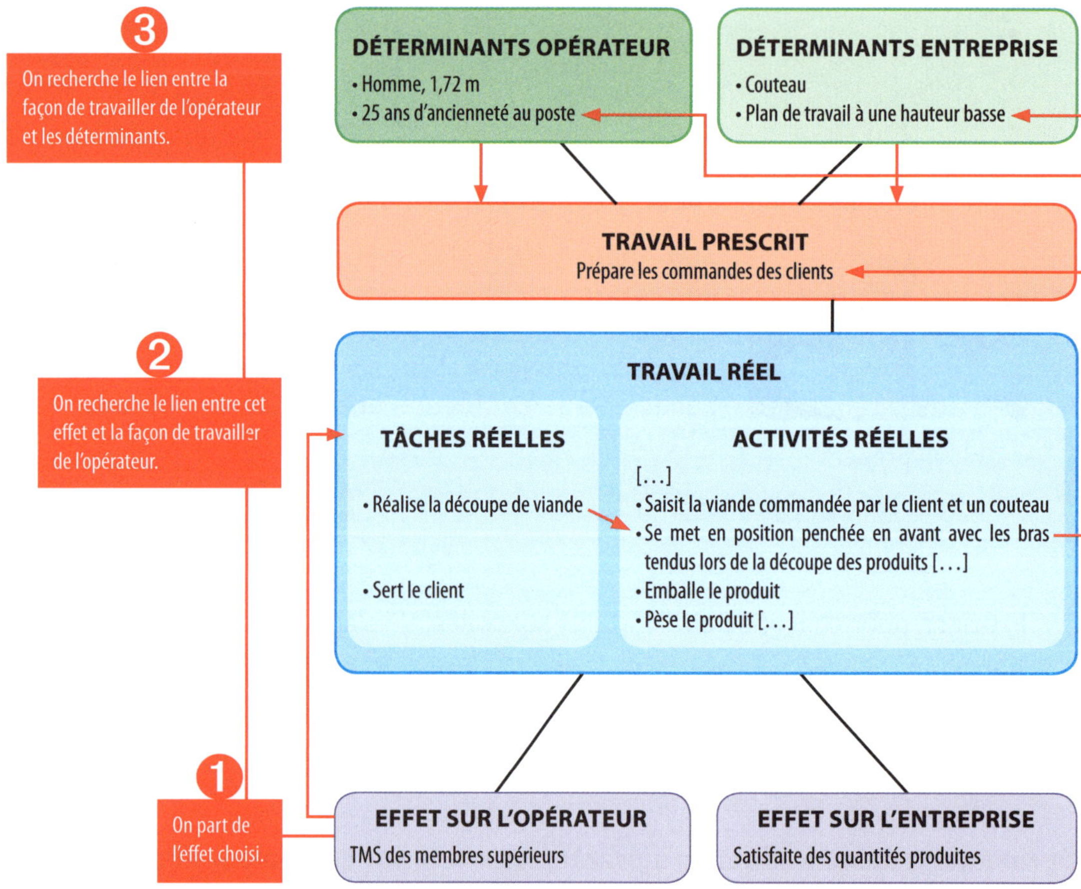


1 Indiquer ce que l'ergonome va observer en premier.

..........

2 Identifier, dans l'exemple, l'activité réelle en lien avec l'effet choisi, puis le déterminant entreprise en lien avec cette activité réelle.

..........

..........

..........

**3** Tracer sur le schéma suivant les relations de causalité entre la douleur au niveau des épaules et les composantes de la situation de travail.

### Schéma de compréhension d'une situation de travail d'un électricien

#### DÉTERMINANTS OPÉRATEUR

- Homme, 29 ans
- Petite taille
- Moins de 2 ans d'ancienneté au poste
- Diplôme : Bac Pro MELEC
- CDI

#### DÉTERMINANTS ENTREPRISE

- Machine/Matériel : plateforme individuelle à 3 marches, tournevis, perceuse, crayon à papier, tube pour tirer les fils
- Horaires : 8 h-17 h
- Environnement de travail : généralement froid

#### TRAVAIL PRESCRIT

Pose de spots lumineux au plafond

#### TRAVAIL RÉEL

| TÂCHES RÉELLES | ACTIVITÉS RÉELLES |
| --- | --- |
| • Préparation de l'emplacement des spots | • Monter sur une plateforme 3 marches<br>• Prendre les côtes<br>• Tracer au plafond l'emplacement du premier spot<br>• Mesurer la distance nécessaire entre les spots<br>• Tracer au plafond l'emplacement des autres spots<br>• Faire les trous des spots<br>• Répéter ces opérations pour chaque trou<br>• Descendre de la plateforme 3 marches |
| • Tirage de câbles | • Monter sur une plateforme à 3 marches<br>• Introduire un tube dans le trou d'un spot avec le câble électrique pour le tirer<br>• Faire glisser dans le plafond, bras en l'air et tendus, le tube pour tirer le câble en même temps<br>• Tirer le câble bras en l'air et tendus sans abîmer le plafond<br>• Rattraper le tube et le câble dans l'autre trou à l'aide des bras<br>• Répéter ces opérations pour chaque trou<br>• Descendre de la plateforme à 3 marches |
| • Mise en place des spots | • Monter sur une plateforme à 3 marches<br>• Installer l'armature du spot<br>• Brancher l'ampoule au spot<br>• Fixer l'ensemble<br>• Descendre de la plateforme à 3 marches |

#### EFFETS SUR L'OPÉRATEUR

- Fatigue musculaire importante en fin de journée
- Douleurs au niveau des épaules
- Satisfait de ses horaires
- Trouve son travail redondant parfois, aimerait avoir des tâches plus variées

#### EFFETS SUR L'ENTREPRISE

- Satisfaite du travail de l'électricien
- Apprécie le rendement des 2 électriciens de l'entreprise qui travaillent par poste : l'un sur la fixation de spots et prises, l'autre sur la pose des tableaux et des armoires électriques

**4** **À partir de la situation de travail suivante, compléter le schéma de compréhension en identifiant les différentes composantes.**

L'entreprise Bardineau est spécialisée dans l'impression de beaux livres (livres grands formats, avec de nombreuses illustrations). Au sein de ce secteur, une majorité des salariés imprimeurs se plaignent de problèmes de dos.

**Situation de travail sur le poste d'imprimeur**

À ce poste de travail, les salariés qui se succèdent doivent imprimer des tirages.

Ils sont tous titulaires du Bac Pro Réalisation des produits imprimés et plurimédia, option Productions imprimées.

Pour cela, ils doivent, dans un premier temps, régler leur machine, une KBA (non automatique) 4 couleurs.

Ces réglages consistent à régler le format papier et le grammage du papier. L'opérateur doit aussi charger le papier manuellement (< 25 kg), puis caler les plaques et mettre de l'encre.

Parfois, la charge du papier occasionne des postures contraignantes, surtout quand le format du papier est grand. Pour le réglage de la machine, plusieurs tests sont nécessaires pour vérifier l'encrage : l'opérateur se penche en avant pour ces vérifications.

L'étape suivante consiste à lancer le tirage à imprimer, ce qui nécessite de nombreux allers-retours entre la marge et la réception. L'opérateur vérifie alors que le tirage correspond aux normes attendues. Cette étape demande un contrôle visuel permanent de la qualité de l'impression et oblige souvent l'opérateur à prendre des postures pénibles.

La dernière étape consiste à sortir le tirage. L'opérateur doit enlever le tirage en se baissant et retourner la pile produite à la main avant de la mettre sur la palette.

Ce poste de travail fonctionne en horaire par équipe : une équipe le matin, une l'après-midi et une le soir.

La machine utilisée fonctionne donc toute la journée.

L'opérateur, après avoir rempli une palette de tirage, doit l'amener au poste près du quai à l'aide d'un transpalette.

L'ambiance de ce poste de travail est bruyante et la température est importante l'été et fraîche l'hiver.

L'entreprise est satisfaite. De plus, l'entente entre les opérateurs et le personnel de direction est bonne.

Par contre, elle s'inquiète des arrêts de travail de plus en plus fréquents. En effet, de nombreux opérateurs se plaignent de douleurs au niveau du dos.

**Schéma de compréhension de la situation de travail des imprimeurs de l'entreprise Bardineau**

### DÉTERMINANTS OPÉRATEUR

- 3 conducteurs offset se succédant à ce poste
- Poste de travail : debout
- Plus de 5 ans d'ancienneté au poste
- Contrat : CDI (7 h par jour)
- Diplôme : ……………………

……………………

……………………

### DÉTERMINANTS ENTREPRISE

- Machines : ……………………
- Matériel : ……………………
- Organisation du travail : ……………………
- Ambiance de travail : ……………………

……………………

### TRAVAIL PRESCRIT

……………………

### TRAVAIL RÉEL

| TÂCHES RÉELLES | ACTIVITÉS RÉELLES |
|---|---|
| • …………………… | • Vérifier visuellement les différents éléments de la machine<br>• Régler le format papier et le grammage<br>• Charger le papier manuellement avec des postures contraignantes sur les grands formats<br>• Caler les plaques<br>• Se pencher en avant pour vérifier l'encrage |
| • …………………… | • Faire des allers-retours entre la marge et la réception pour vérification des tirages<br>• Effectuer un contrôle visuel et permanent de la qualité de l'impression qui oblige souvent à des postures pénibles |
| • …………………… | • Retirer les tirages à l'extrémité de la machine en se baissant<br>• Retourner la pile produite à la main<br>• Mettre la pile sur la palette<br>• Évacuer la palette lorsqu'elle est pleine |

### EFFETS SUR L'OPÉRATEUR

- ……………………
- ……………………

### EFFETS SUR L'ENTREPRISE

- Satisfaite
- ……………………

**5** Tracer, sur le schéma de compréhension, les liens de causalité entre l'effet négatif sur l'opérateur et les composantes de la situation de travail.

# Activité 3 Les mesures de prévention possibles

**OBJECTIF :** Proposer une mesure de prévention visant à la suppression ou à la réduction du risque.

Lire le DOC.D et répondre aux questions.

## DOC.D Les mesures de prévention lors de l'analyse d'une situation de travail

Lorsque l'analyse de la situation de travail a été réalisée en répertoriant les différentes composantes et en établissant les liens de causalité, il est alors possible de proposer des mesures de prévention adéquates. En effet, l'identification des causes permet de voir s'il est possible d'en supprimer une ou plusieurs (ex. : automatisation complète d'une chaîne de production) ou, à défaut, de les limiter (ex. : pratiquer un turnover de postes pour réduire la répétitivité des gestes).
Le choix de ces mesures s'appuie sur les 9 principes généraux de la prévention (Code du travail), à savoir, par ordre d'efficacité :

**PRÉVENIR**
**Suppression ou réduction du risque**

Le risque a été clairement identifié dans le schéma de compréhension. Il faut se demander s'il est possible de le supprimer tout en réalisant le travail prescrit ou, à défaut, s'il peut être réduit.

**PROTÉGER**
**Protection collective et individuelle**

Il faut se demander s'il existe des moyens pour protéger l'ensemble des salariés, ou si des EPI non utilisés dans la situation peuvent être efficaces.

**FORMER / INFORMER**

Il faut se demander quelles instructions, informations ou formations pourraient être données en complément aux salariés.

**1** Donner le type de mesure le plus efficace qu'il faut privilégier après une analyse de risque.

..............................................................................................................

..............................................................................................................

**2** D'après le DOC.D et vos connaissances, donner des exemples concrets de mesures de prévention dans les cas suivants.

**Cas 1 :** Annabelle exerce un travail à la chaîne et effectue toujours le même geste. Elle souffre de TMS au niveau du coude.

- Exemple de mesure de suppression du risque :

..............................................................................................................

**Cas 2 :** Clément doit porter, 20 fois par jour, une charge de 42 kg.

- Exemple de mesure de réduction du risque :

........................................

**Cas 3 :** Joshua a souvent besoin d'avoir les bras tendus en hauteur pour effectuer son travail. Il ressent une fatigue musculaire importante en fin de journée.

- Exemple de mesure de protection collective :

........................................

**Cas 4 :** Amélie est constamment à genoux à son poste de travail. Elle se plaint de TMS au niveau du genou.

- Exemple de mesure de protection individuelle :

........................................

**Cas 5 :** Laurent fait beaucoup de manutentions manuelles. Il a souvent des lumbagos.

- Exemple de mesure d'information ou de formation :

........................................

**3** **Reprendre les schémas de compréhension du poste d'électricien p. 167 et du poste d'imprimeur p. 169, et proposer des mesures de prévention pour chacun de ces 2 cas en complétant le tableau suivant.**
Toutes les cases du tableau ne doivent pas forcément être remplies. Le but est de trouver au moins 2 mesures de prévention pour chaque cas en identifiant le type de mesure auquel elles correspondent.

| Types de mesure | Poste d'imprimeur | Poste d'électricien |
|---|---|---|
| Mesure qui supprime le risque | | |
| Mesure qui réduit le risque | | |
| Protection collective | | |
| Protection individuelle | | |
| Information / Formation | | |

# Aide-mémoire

## L'analyse d'une situation de travail

### Les composantes d'une situation de travail

Il est possible d'analyser une situation de travail grâce à la démarche ergonomique. Cette méthode consiste à répertorier les différentes composantes d'une situation de travail (effets sur l'opérateur et l'entreprise, travail réel et travail prescrit, activités réelles et tâches réelles, déterminants opérateur et entreprise) dans le but d'améliorer les conditions de travail, la sécurité, la qualité et le rendement au travail.

Pour ce faire, la démarche ergonomique prend en compte les critères de santé des salariés et d'efficacité de l'entreprise.

### Les relations entre causes et effets

Pour trouver les causes responsables d'un effet, on recherche les liens entre les différentes composantes. Des liens de causalité sont alors établis sur le schéma de compréhension de la situation de travail.

### Les mesures de prévention possibles

Elles sont mises en place à partir des causes identifiées pour un même effet. Par ordre d'efficacité, ces mesures sont : la suppression ou la réduction du risque, les mesures de protection collective, les mesures de protection individuelle, l'information et la formation.

# Schéma-bilan

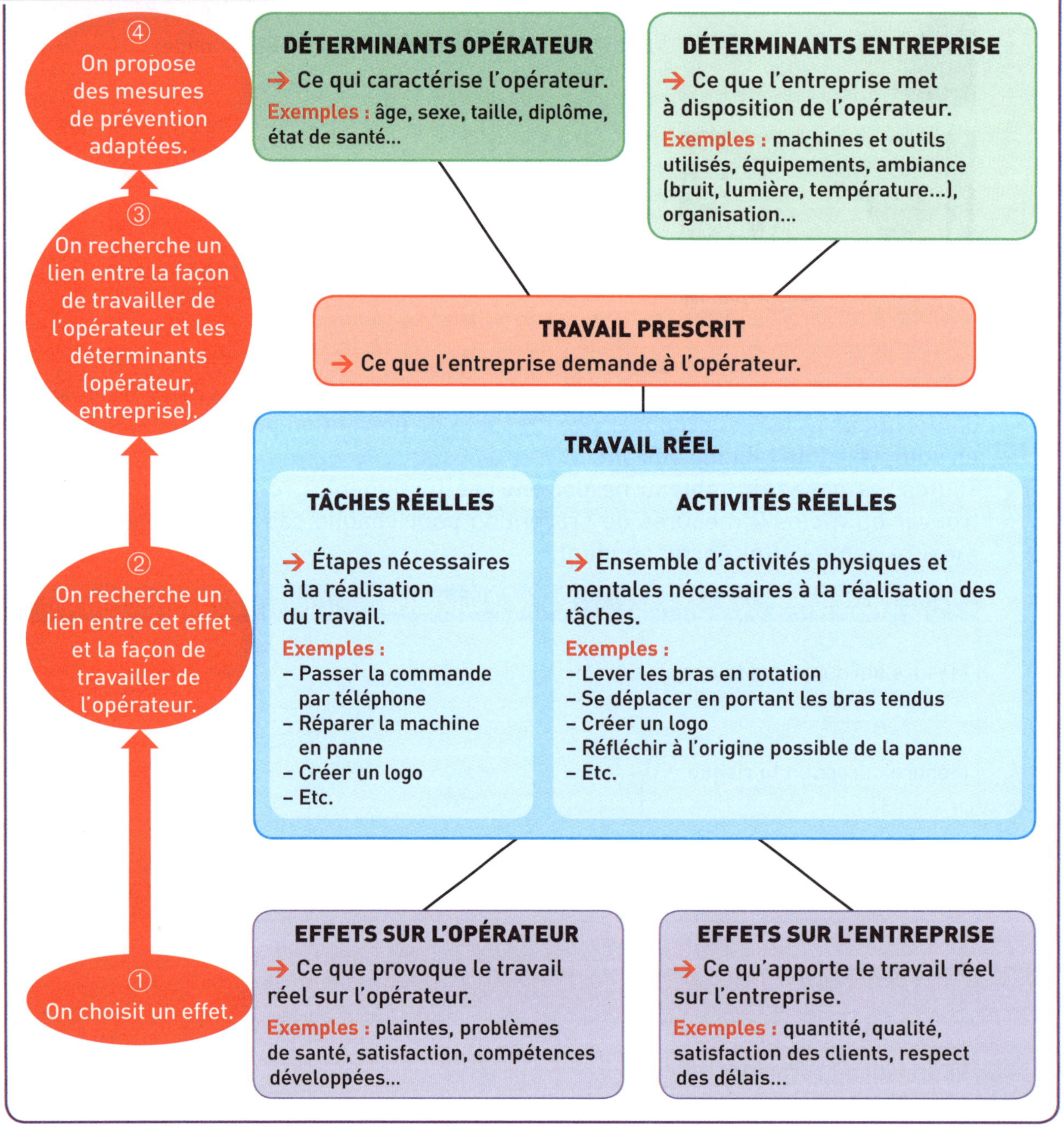


Testez vos connaissances en réalisant un quiz interactif sur l'i-MANUEL 2.0

# Évaluation

Nom : ..........................................

Prénom : ..........................................

Classe : ..........................................

## SITUATION

**Situation de travail sur un poste d'électromécanicien**

Dans une entreprise de 500 salariés qui fabrique des connecteurs électriques, des cordons et des câbles pour les secteurs aéronautique, militaire et spatial, on retrouve différents métiers, dont celui d'électromécanicien (une quinzaine de salariés). Celui-ci a pour rôle de réaliser le suivi, l'entretien et le dépannage de matériels électromécaniques.
Pour ce faire, il intervient pour remettre en fonctionnement un équipement en panne ou défaillant (dépannage). Il doit aussi réaliser une maintenance préventive des machines.

Une des premières missions de l'électromécanicien est l'installation des machines neuves de l'atelier. En s'appuyant sur les dossiers de fabrication, il assure le montage/démontage des moteurs et des pièces. Enfin, il établit les connexions électriques et procède aux différents réglages pour assurer le bon fonctionnement de l'ensemble.

Une grande partie de son travail consiste également à trouver l'origine d'une panne. L'électromécanicien effectue d'abord les contrôles destinés à repérer une anomalie, comme la surchauffe, la déformation ou l'usure. Si ce n'est pas concluant, il procède à une série de mesures pour trouver l'origine de la défaillance. Une fois la panne identifiée, il remplace les éléments défectueux ou usagés. Enfin, il effectue les derniers réglages dans des positions parfois pénibles, puis remet le matériel en service tout en testant le fonctionnement des différentes phases d'utilisation.

Pour finir, l'électromécanicien fait aussi une maintenance préventive lors de l'entretien et du dépannage des machines. Pour cela, il réalise les tâches d'entretien prévues : nettoyage, vérification de l'isolation des circuits électriques, graissage, changement de pièces mécaniques, etc.

Ce poste de travail fonctionne en horaires par équipes : une équipe le matin, une l'après-midi et une le soir. L'ambiance de ce poste de travail est bruyante et il y a peu d'espace de travail entre les postes et les machines.

L'entreprise est satisfaite mais elle s'inquiète des arrêts de travail de plus en plus fréquents. Les opérateurs de ce poste se plaignent, eux, de douleurs au niveau du bas du dos mais estiment entretenir une bonne entente avec le personnel de direction.

**1** Compléter le schéma de compréhension page suivante.

**2** Établir les liens de causalité pour un effet choisi.

**3** Proposer 2 mesures de prévention en précisant le type de mesure auquel elles correspondent.

..........................................................................................

..........................................................................................

# Évaluation

**Schéma de compréhension de la situation de travail**

### DÉTERMINANTS OPÉRATEUR

- 16 électromécaniciens
- Plus de 5 ans d'ancienneté au poste
- Contrat : CDI (7 h par jour)
- Diplôme : Bac Pro MEI (Maintenance des équipements industriels)

### DÉTERMINANTS ENTREPRISE

- Nombre de salariés : ..................................................
- Machines : différents domaines tels que la robotique, automatisme, conventionnel, etc.
- Espace de travail : ..................................................
- Organisation du travail : horaires par équipes
- Ambiance de travail : ..................................................

### TRAVAIL PRESCRIT

..................................................

..................................................

### TRAVAIL RÉEL

| TÂCHES RÉELLES | ACTIVITÉS RÉELLES |
| --- | --- |
| • ..................................................<br>.................................................. | • Assure le montage/démontage des pièces ainsi que leurs manutentions<br>• Fait les connexions électriques<br>• Réalise les réglages pour assurer le bon fonctionnement de l'ensemble |
| • Trouve les pannes sur les équipements du parc machines des ateliers | • Effectue les contrôles destinés à repérer une anomalie comme la surchauffe, la déformation ou l'usure<br>• Réalise une série de mesures pour trouver l'origine de la défaillance<br>• Change les éléments identifiés comme défectueux ou usagés<br>• Effectue les derniers réglages dans des positions parfois pénibles<br>• ..................................................<br>.................................................. |
| • ..................................................<br>..................................................<br>.................................................. | • Assure le nettoyage des machines<br>• Vérifie l'isolation des circuits électriques<br>• Graisse et change les pièces mécaniques usées |

### EFFETS SUR L'OPÉRATEUR

- ..................................................
- ..................................................

### EFFETS SUR L'ENTREPRISE

- Satisfaite
- S'inquiète des arrêts de travail fréquents

# 17 L'égalité de traitement au travail

## SITUATION Testing

En France, la discrimination au travail existe. En 2016, une campagne de testing (= processus destiné à déceler un comportement discriminatoire) menée par le ministère du Travail auprès de 40 grandes entreprises françaises a montré que, lors du recrutement, les discriminations sont très importantes. Selon les résultats d'un sondage IFOP, près de 4 Français sur 10 ont déjà été victimes d'une discrimination à l'embauche.

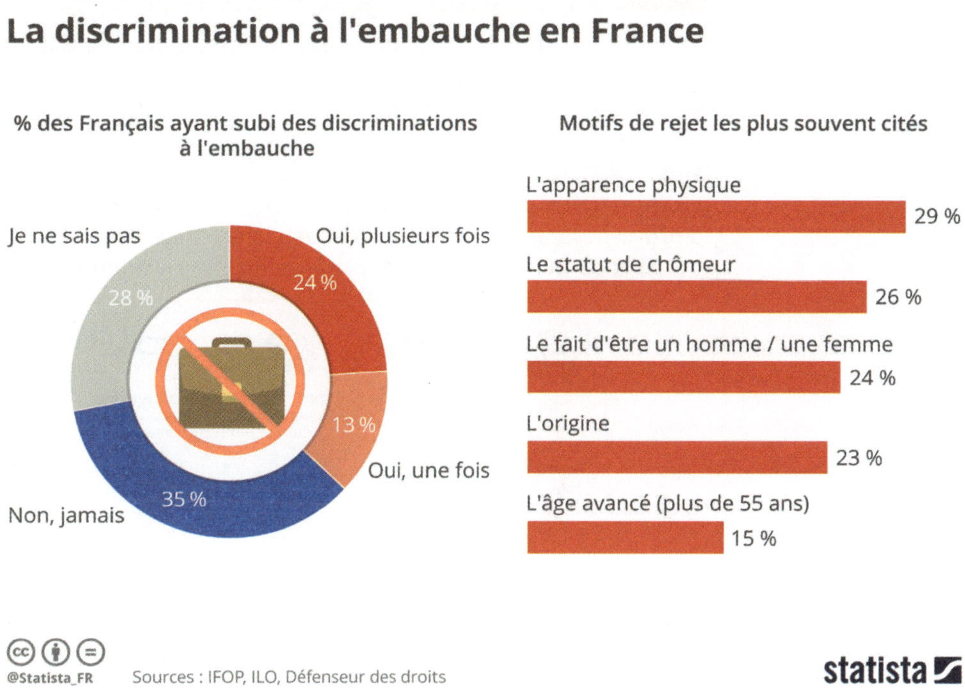


## Analyse de la situation

**1** Identifier les différents éléments de la situation en complétant le tableau.

| | |
|---|---|
| **QUOI ?** Quel est le thème abordé dans cette étude ? | ...................................... |
| **QUI ?** Quelles sont les personnes concernées dans le testing ? | ...................................... |
| **QUAND ?** Quand a eu lieu ce testing ? | ...................................... |
| **COMMENT ?** Comment la discrimination est-elle démontrée dans ce testing ? | ...................................... |
| **POURQUOI ?** Pour quel motif la discrimination à l'embauche a-t-elle été montrée ? | ...................................... |

**2** Formuler la problématique de la situation à partir de votre analyse précédente.

......................................................................................................

# Activité 1 Les catégories de discrimination au travail

**OBJECTIF : Repérer les différentes catégories de discrimination au travail en identifiant les publics considérés.**

Lire le **DOC. A** et répondre aux questions.

## DOC. A La discrimination au travail

Selon la loi, une discrimination est une distinction de traitement portée au salarié (promotion, sanction…) ou à une personne candidate à un emploi (ou un stage, une formation) sur un motif autre que les nécessités de l'emploi ou les qualités professionnelles du salarié. Le salarié est alors traité de manière moins favorable que ne l'a été ou ne l'aurait été un autre dans une situation comparable. L'article L1132-1 du Code du travail précise que toute décision de l'employeur doit être prise en fonction de critères professionnels et non sur des considérations d'ordre personnel, fondées sur des critères extérieurs au travail.
La loi reconnaît à ce jour 25 critères de discrimination, dont voici quelques exemples :

© Ministère de la Justice

Des différences de traitement peuvent être tolérées dans certains cas particuliers et lorsqu'ils sont légitimes (exemple : fixation d'un âge pour un poste afin de préserver la santé et la sécurité du travailleur).

**1** **Expliquer dans quel cas on peut dire qu'il y a discrimination.**

.......................................................................................................

.......................................................................................................

.......................................................................................................

**2** **Préciser quel document fixe la réglementation en ce qui concerne la discrimination au travail.**

.......................................................................................................

**3** **Indiquer, pour chacun des cas suivants, s'il y a discrimination en précisant le(s) critère(s) discriminatoire(s).**

**Cas 1 :** Lors d'un entretien d'embauche, une candidate se voit refuser le poste. L'employeur lui dit qu'il ne souhaite pas une femme pour ce poste de peur d'une grossesse à venir et d'un nouveau recrutement à effectuer dans ce cas.

- Discrimination : ☐ OUI ☐ NON
- Si oui, critère(s) discriminatoire(s) : .......................................................

**Cas 2 :** Un salarié n'a pas vu sa période d'essai reconduite. Son employeur trouve qu'il a un accent étranger trop fort, ce qui le dérange par rapport à l'image de son entreprise.

- Discrimination : ☐ OUI ☐ NON
- Si oui, critère(s) discriminatoire(s) : .......................................................

**Cas 3 :** Une entreprise cherche un guide qui parle plusieurs langues, dont l'anglais. Elle demande dans le profil du poste une personne originaire d'un pays anglophone (= qui parle la langue anglaise).

- Discrimination : ☐ OUI ☐ NON
- Si oui, critère(s) discriminatoire(s) : ........................................

Lire le **DOC.B** et répondre aux questions.

## DOC. B Les différentes discriminations possibles

La discrimination est interdite à tous les stades de la relation de travail, aussi bien au niveau du recrutement que de l'exécution du travail ou lors de la rupture du contrat de travail.
On peut la retrouver à un autre moment particulier : lors d'une promotion, que ce soit pour une augmentation de salaire ou pour l'accession à un nouveau poste, par exemple.
L'auteur de la discrimination peut être l'employeur mais aussi un autre salarié qui exerce une autorité sur un autre collègue (ex. : le responsable hiérarchique).
Il existe 2 types de discrimination au travail : la discrimination directe et la discrimination indirecte.

**La discrimination directe**

Traitement moins favorable d'une personne par rapport à une autre se trouvant dans une situation semblable en raison d'un motif discriminatoire (son sexe, sa religion…).

**La discrimination indirecte**

Disposition, critère ou pratique neutre en apparence mais qui peut entraîner un désavantage particulier par rapport à d'autres. Ex. : l'employeur impose un critère de taille minimum (ce qui peut entraîner l'exclusion de beaucoup de femmes) alors qu'il n'est pas en mesure de démontrer qu'une taille spécifique est indispensable pour l'exécution du travail.

**4** Donner 4 moments de la vie du salarié où la discrimination est possible.

........................................

........................................

**5** Indiquer, pour chacun des cas suivants, si la discrimination est directe ou indirecte.

**Cas 1 :** Un employeur refuse les primes aux salariés qui travaillent à temps partiel, sachant que 80 % des salariés à temps partiel sont des femmes.

- Type de discrimination : ☐ directe ☐ indirecte

**Cas 2 :** Un manager ne confie que les tâches les plus difficiles à un salarié d'origine étrangère.

- Type de discrimination : ☐ directe ☐ indirecte

**ACTIVITÉ NUMÉRIQUE**

**Regarder la vidéo « Témoignages sur les discriminations au travail » sur le site : liennathan.fr/r5vn68 et répondre aux questions.**

**1.** Donner les 2 critères discriminatoires vus dans la vidéo et préciser à quel stade de la relation de travail chaque discrimination a eu lieu.

........................................

........................................

........................................

**2.** Préciser les conséquences possibles, au niveau de la santé, d'une discrimination.

........................................

# Activité 2 L'égalité professionnelle

**OBJECTIF : Identifier les obligations en termes d'égalité professionnelle entre les femmes et les hommes.**

Lire le DOC.C et répondre aux questions.

## DOC.C La législation sur l'égalité professionnelle hommes/femmes

Toutes les entreprises doivent respecter l'égalité professionnelle, qui consiste à traiter de la même manière les hommes et les femmes (ex. : interdiction de discrimination en matière d'embauche, de différenciation au niveau du salaire). La législation fixe des obligations en ce sens *via* le Code du travail. Voici les trois principaux articles qui vont en ce sens :

**Article L1142-5**
Tous les employeurs doivent « prendre en compte les objectifs en matière d'égalité professionnelle » et « prendre les mesures permettant de les atteindre ».

**Article L1142-4**
Des mesures peuvent être prises au seul bénéfice des femmes, visant à établir l'égalité des chances entre les femmes et les hommes, en particulier en remédiant aux inégalités de fait qui affectent les chances des femmes.

**Article L4121-3**
L'évaluation des risques tient compte de l'impact différencié de l'exposition au risque en fonction du sexe et conduit l'employeur à mettre en œuvre les actions de prévention ainsi que les méthodes de travail et de production garantissant un meilleur niveau de protection de la santé et de la sécurité des travailleurs.

**1** Indiquer qui est responsable de l'inégalité hommes/femmes au travail dans une entreprise en justifiant votre réponse.

........................................

**2** Préciser à quel(s) niveau(x) l'égalité hommes/femmes doit être mise en place dans le domaine du travail.

........................................

........................................

Lire le DOC.D et répondre à la question.

## DOC.D L'accord relatif à l'égalité professionnelle hommes/femmes

Les entreprises de 50 salariés et plus ont l'obligation de conclure un accord relatif à l'égalité professionnelle entre les femmes et les hommes. Pour élaborer cet accord, les entreprises doivent mener 4 actions :

– établir un diagnostic des écarts de situation entre les femmes et les hommes dans l'entreprise ;
– élaborer une stratégie d'action pour réduire les écarts constatés ;
⇨ Le diagnostic et la stratégie d'action sont ensuite transmis au CSE (comité social et économique), au CHSCT (comité d'hygiène, de sécurité et des conditions de travail) et à l'inspecteur du travail.
– négocier un accord relatif à l'égalité professionnelle avec les délégués syndicaux dans le cadre de la négociation annuelle sur l'égalité professionnelle entre les femmes et les hommes et la qualité de vie au travail ;
– suivre et promouvoir les actions en faveur de l'égalité professionnelle.

**3** Indiquer l'obligation qui incombe aux entreprises de plus de 50 salariés sur l'égalité professionnelle hommes/femmes.

........................................

........................................

Lire le DOC.E et répondre aux questions.

## DOC.E L'égalité de rémunération hommes/femmes

L'employeur est tenu d'assurer, pour un même travail, ou un travail de valeur égale, l'égalité de rémunération entre les femmes et les hommes.

Pour aller dans ce sens, la loi impose aux entreprises de plus de 250 salariés de calculer et de publier leur index de l'égalité professionnelle (voir ci-contre). Depuis mars 2020, cet index s'applique aussi aux entreprises de plus de 50 salariés, mais les indicateurs sont ramenés à 4.

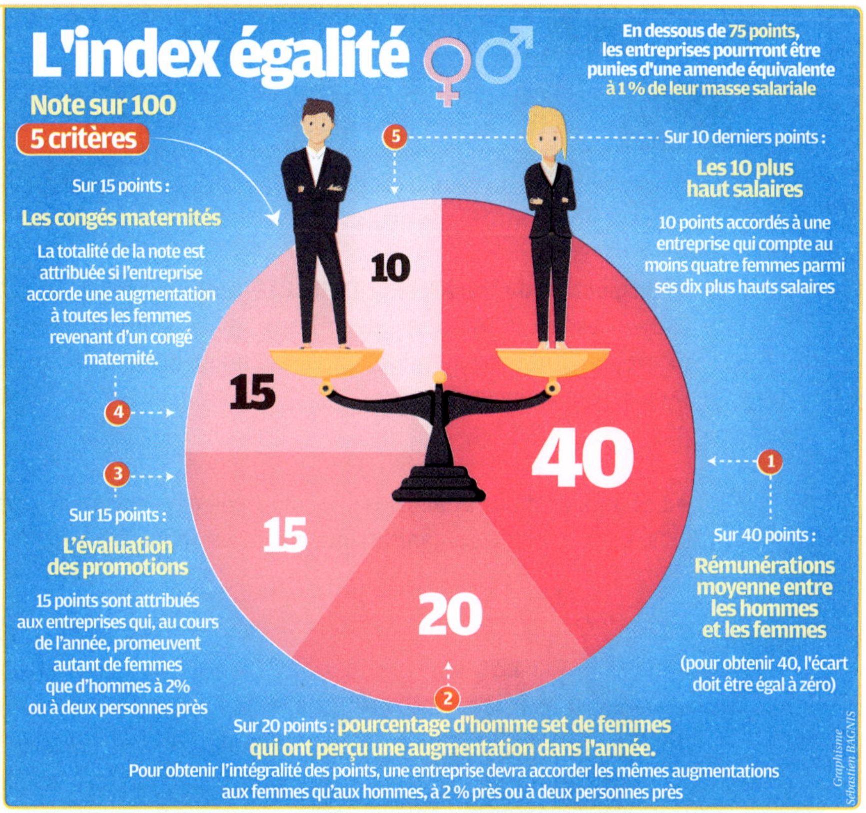


Les entreprises dont l'index est inférieur à 75 points doivent prendre des mesures correctives pour remédier, dans un délai de 3 ans, aux disparités entre les femmes et les hommes, sous peine de pénalités. Les 5 indicateurs à la base du calcul permettent d'identifier les éventuels points de progression et les leviers sur lesquels agir.

Outre leur publication sur leur site Internet, les entreprises doivent communiquer leurs notes de l'index à leur comité social et économique (CSE) ainsi qu'à l'inspection du travail. Des contrôles de l'inspection du travail sont prévus. Les entreprises qui ne publient pas leur index ou ne mettent pas en œuvre de plan de correction s'exposent à une pénalité financière, jusqu'à 1 % de la masse salariale.

**4** Indiquer l'obligation des employeurs en ce qui concerne l'égalité professionnelle au niveau du salaire.

..........

**5** Expliquer le principe de l'index d'égalité en précisant à qui il s'applique.

..........

..........

..........

**6** Donner la sanction applicable aux entreprises qui ne calculent pas leur index d'égalité, ne le publient pas ou ne mettent pas en place de mesures correctives.

..........

# Activité 3 Les interlocuteurs en cas de discrimination au travail

**OBJECTIF : Identifier les interlocuteurs à solliciter en cas de discrimination au travail.**

Lire le DOC.F et répondre aux questions.

## DOC.F Les différents interlocuteurs en cas de discrimination

En cas de discrimination, il est possible de se diriger vers différents interlocuteurs.

- L'**inspection du travail** et la **DIRECCTE** (Direction régionale des entreprises, de la concurrence, du travail et de l'emploi) peuvent recevoir tout document ou tout élément d'information relatif à des faits discriminatoires.

- Les **organisations syndicales** : s'il n'y a pas d'organisation syndicale au sein de l'entreprise, il est possible de contacter les organisations syndicales nationales.

- Le **Défenseur des droits** est consultable gratuitement et anonymement. Ce juriste peut étudier une demande notamment dans le domaine des discriminations, directes ou indirectes, au travail. On peut contacter un Défenseur des droits sur le site : https://www.defenseurdesdroits.fr ou au 09 69 39 00 00.

- Les **associations de lutte contre les discriminations** : on peut en trouver de très nombreuses sur le site : https://www.cget.gouv.fr/thematiques/lutte-contre-les-discriminations.

- Le **comité social et économique (CSE)** dispose d'un droit d'alerte en cas d'atteinte aux droits des personnes et aux libertés individuelles résultant de mesures discriminatoires. Il peut saisir l'employeur, qui doit procéder sans délai à une enquête et mettre fin à cette situation.

Ces différents interlocuteurs peuvent poursuivre en justice ou accompagner une poursuite en justice de l'auteur de la discrimination au travail.

**1** Identifier les 2 interlocuteurs internes possibles de l'entreprise que l'on peut solliciter en cas de discrimination au travail.

..........

..........

**2** Donner d'autres interlocuteurs possibles si les 2 précédents n'existent pas au sein de l'entreprise.

..........

..........

**3** Préciser les conséquences possibles pour l'employeur ou l'auteur de discrimination grâce à l'aide de ces interlocuteurs.

..........

Lire le **DOC.G** et répondre aux questions.

## DOC.G Les suites en cas de discrimination au travail avérée

Si l'auteur de la discrimination est un salarié, il s'expose à une sanction disciplinaire venant de son employeur. Cela peut aller du simple blâme jusqu'au licenciement selon la gravité de la faute et l'appréciation de l'employeur.
Ainsi, si la discrimination venant d'un salarié provoque une perte de revenus pour l'entreprise due à une perte de clients, il pourra être considéré que son maintien dans l'entreprise est impossible et le salarié sera alors licencié pour faute grave.
Si l'auteur de la discrimination est l'employeur, il s'expose à des sanctions civiles et pénales :

| Sanctions civiles | Sanctions pénales |
|---|---|
| Versement de dommages et intérêts pour réparer le préjudice subi, nullité de l'acte discriminatoire (ex. : nullité d'un licenciement).<br>Si la nullité ne peut être appliquée (ex. : impossibilité pour le salarié de réintégrer une entreprise suite aux problèmes relationnels créés), des dommages et intérêts supplémentaires peuvent être demandés. | Elles peuvent aller jusqu'à 3 ans d'emprisonnement et 45 000 € d'amende si la discrimination est liée au refus d'embauche, à la sanction ou au licenciement d'un salarié.<br>Dans le cas de l'égalité de rémunération hommes/femmes, l'employeur s'expose à une peine d'emprisonnement d'un an au plus et/ou une peine d'amende de 3 750 €. |

**4** Expliquer, pour les 2 types de sanctions suivants, les conséquences possibles pour l'employeur.

- Sanctions civiles : ..........
- Sanctions pénales : ..........

**5** Préciser les conséquences possibles qu'encourt un salarié auteur d'un acte discriminatoire au travail.

..........

..........

**ACTIVITÉ NUMÉRIQUE**

**Regarder la vidéo « 848 Chibanis obtiennent gain de cause face à la SNCF » sur le site : liennathan.fr/x6fu35 et répondre aux questions.**

**1.** Indiquer le type de discrimination traité dans la vidéo et expliquer dans quel domaine la discrimination a eu lieu.

..........

..........

**2.** Préciser les sanctions que l'entreprise a reçues dans ce cas.

..........

..........

**3.** Identifier le type de sanctions (civiles ou pénales).

..........

..........

# Aide-mémoire

## L'égalité de traitement au travail

### La discrimination au travail

Une discrimination au travail est une distinction de traitement portée au salarié ou à une personne candidate à un emploi (ou un stage, une formation) sur un motif autre que les nécessités de l'emploi ou les qualités professionnelles du salarié. Le salarié est alors traité de manière moins favorable que ne l'a été ou ne l'aurait été un autre dans une situation comparable. Le Code du travail retient de nombreux critères de discrimination tels que : l'âge, l'origine, le sexe, la situation de famille, l'appartenance ou la non-appartenance, vraie ou supposée, à une ethnie, une nation ou une prétendue race, la grossesse, l'état de santé, l'apparence physique, le patronyme, le handicap, l'orientation sexuelle, la religion…

### L'égalité professionnelle

L'égalité professionnelle hommes/femmes doit être respectée dans toutes les entreprises. L'employeur a des obligations en ce sens fixées par le Code du travail. Par exemple, pour les entreprises de plus de 50 salariés, un accord relatif à l'égalité professionnelle entre les femmes et les hommes doit être conclu et réactualisé chaque année.

Pour le salaire, l'employeur est tenu d'assurer, pour un même travail, ou un travail de valeur égale, l'égalité de rémunération entre les femmes et les hommes. Pour vérifier cette application, un index d'égalité a été fixé ; en dessous d'un certain seuil, des pénalités financières sont appliquées à l'entreprise qui ne respecte pas cette égalité salariale.

### Les interlocuteurs en cas de discrimination au travail

En cas de discrimination au travail, différents interlocuteurs peuvent accompagner les victimes :
- l'inspecteur du travail ;
- les organisations syndicales ;
- le Défenseur des droits ;
- les associations de lutte contre les discriminations ;
- le comité social et économique (CSE).

Que l'auteur des discriminations soit un employeur ou un salarié, des sanctions sont possibles (sanctions disciplinaires, amendes, peine de prison).

# Schéma-bilan

**Discrimination au travail**

Distinction de traitement portée au salarié ou à une personne candidate à un emploi (ou un stage, une formation) sur un motif autre que les nécessités de l'emploi ou les qualités professionnelles du salarié (âge, grossesse, handicap…)

**Interlocuteurs à contacter en cas de discrimination**
- L'inspecteur du travail
- Les organisations syndicales
- Le Défenseur des droits
- Les associations de lutte contre les discriminations
- Le comité social et économique (CSE)

**Conséquences possibles pour l'auteur de discrimination**

**Si l'auteur est un salarié**
→ sanctions disciplinaires

**Si l'auteur est un employeur**
→ sanctions civiles
→ sanctions pénales

**Un exemple de critère discriminatoire : le sexe**
⇨ L'égalité professionnelle hommes/femmes doit être respectée dans toutes les entreprises.

**Moyens pour lutter contre cette discrimination :**
Des lois obligent l'employeur à respecter cette égalité (ex. : l'index d'égalité qui peut, en cas de score trop faible, entraîner des pénalités financières pour l'entreprise concernée).

Testez vos connaissances en réalisant un quiz interactif sur l'i-MANUEL 2.0

# Évaluation

Nom : ..........................................
Prénom : ..........................................
Classe : ..........................................

## SITUATION

Margot voudrait obtenir une augmentation. Chaque année, son employeur accorde des augmentations aux salariés les plus méritants. Margot se rend compte qu'à chaque fois, les promotions sont attribuées à des hommes. Elle décide d'en parler directement avec son employeur. Ce dernier écoute les arguments de Margot et lui explique que les hommes sont meilleurs que les femmes, raison pour laquelle ils obtiennent régulièrement des augmentations. Margot pense qu'elle est victime d'une discrimination liée à son sexe et se demande à qui elle pourrait s'adresser sans risquer de perdre son emploi. Elle décide de faire appel au Défenseur des droits car elle se sent victime d'une injustice.

**1** Compléter le tableau suivant afin d'identifier les différents éléments de la situation.

| | |
|---|---|
| **QUOI ?** Quel est le problème dans cette situation ? | .......................................... |
| **QUI ?** Quelle est la personne concernée ? | .......................................... |
| **COMMENT ?** Comment son problème se manifeste-t-il ? | .......................................... |
| **POURQUOI ?** Pourquoi la personne concernée va-t-elle réagir ? | .......................................... |

Lire le **DOC. A** et répondre aux questions.

**DOC. A** Le Défenseur des droits

**2** Expliquer pourquoi le Défenseur des droits peut aider Margot.

..........................................

..........................................

**3** Indiquer comment Margot peut contacter le Défenseur des droits.

..........................................

..........................................

**4** Donner les rôles du juriste du Défenseur des droits que Margot va rencontrer.

..........................................

..........................................

**5** Proposer 3 autres interlocuteurs que Margot aurait pu solliciter par rapport à son problème.

..........................................

..........................................

# Évaluation

**6** Citer 4 autres types de discrimination au travail (autres que celle de la situation de Margot).

..........

..........

Le défenseur des droits étudie le dossier de Margot. Il se rend compte que l'employeur ne répond pas à ses obligations en matière d'égalité professionnelle en ce qui concerne l'index d'égalité, qu'il ne publie d'ailleurs pas.

À partir du DOC.B, répondre aux questions.

**7** Sachant que l'entreprise de Margot compte 66 salariés, indiquer les indicateurs pris en compte lors du calcul de l'index d'égalité.

..........

..........

..........

..........

..........

..........

..........

..........

**DOC.B** L'index de l'égalité hommes/femmes

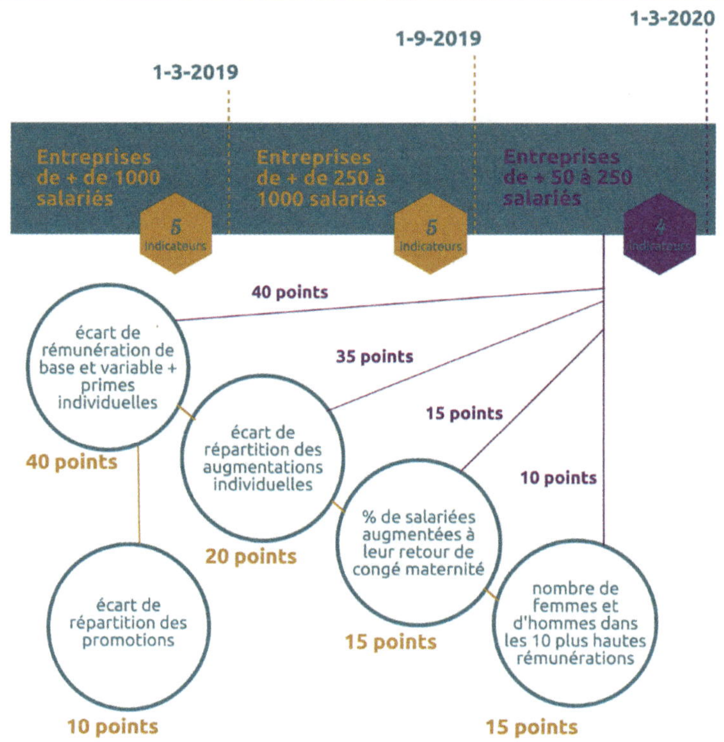


© Les Éditions Francis Lefebvre

**8** Sachant que le score de l'entreprise de Margot est de 72, indiquer les conséquences possibles pour l'employeur.

..........

**9** Préciser ce que doit faire l'entreprise suite à une recommandation du Défenseur des droits au sujet de Margot.

..........

..........

**10** Préciser les autres types de sanctions encourues par l'employeur de Margot.

..........

..........

# Se préparer à l'épreuve PSE

## 1 Présentation de l'épreuve de PSE

**L'épreuve de PSE porte sur l'intégralité des chapitres étudiés de la seconde à la terminale.**
**C'est une épreuve de 2 heures, de coefficient 1.**
**Elle est évaluée sur 20 points, 10 répartis par situation.**

2h

Le sujet aborde les trois thématiques (A, B et C) du programme, à partir de :

**Faits d'actualité**

**Ex. : articles de presse, etc.**

**Données scientifiques ou professionnelles**

**Ex. : analyses statistiques, publications scientifiques, etc.**

Le sujet se compose de deux parties :

- **Situation d'évaluation n° 1 :** elle traite les thématiques A et B du programme (enjeu sanitaire ou environnemental, au niveau individuel ou collectif).
- **Situation d'évaluation n° 2 :** elle porte sur la thématique C du programme (prévention dans le milieu professionnel).

Chacune des parties propose un document ou une présentation de la situation professionnelle, des questions, des annexes et des documents réponse (à compléter et à rendre avec votre copie). La situation n° 2 s'appuie, en plus, sur un dossier ressource.

Le **dossier ressource** présente la situation professionnelle de façon plus développée :

- un descriptif des activités de l'opérateur ;
- des documents techniques, législatifs et réglementaires nécessaires pour répondre à la problématique posée.

Il permet donc la mise en œuvre d'une démarche d'analyse, la mobilisation de connaissances scientifiques, techniques et réglementaires, l'explication de mesures de prévention. Il sera nécessaire d'argumenter vos propositions.

## 2 Conseils pour préparer l'épreuve

### Afin de bien préparer l'épreuve de PSE, voici quelques conseils à suivre.

### 1 Pendant l'année scolaire

L'épreuve porte sur les trois années de formation. Un travail régulier au long de ces trois années est donc nécessaire.

Pour cela, à la fin de chaque chapitre traité, vous pouvez réviser à l'aide des **aide-mémoire** et du **schéma-bilan**. En cas de difficulté de compréhension, il est alors nécessaire de refaire les activités concernées du chapitre. Pour réviser de façon active, vous pouvez tester vos connaissances en réalisant le quiz interactif. Vous pouvez également refaire les évaluations de fin de chapitre, qui visent les compétences attendues en PSE.

La maîtrise des outils d'analyse est indispensable pour la réussite de l'épreuve, car des démarches d'analyse seront demandées.

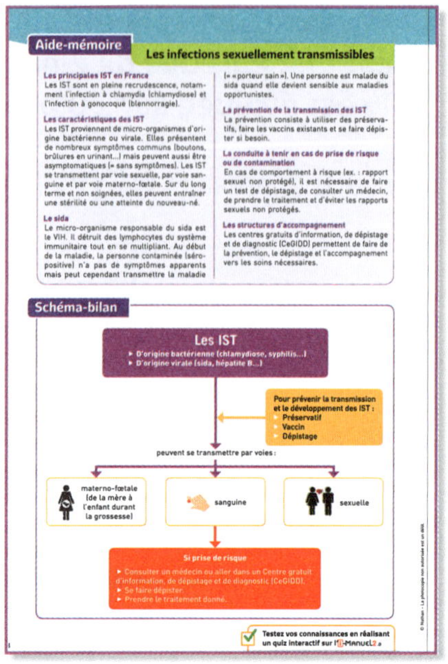


**Principalement, il faut maîtriser :**

- le QQOQCP (fiche outil 2, p. 212) ;
- le diagramme causes-effet (fiche outil 3, p. 213) ;
- l'approche par le risque (chapitres 18 et 19) ;

**Exemples**

- **Réalisation du schéma du processus d'apparition du dommage**
  Lors de l'étude d'une situation de travail, il peut vous être demandé de réaliser ce schéma pour une situation donnée.

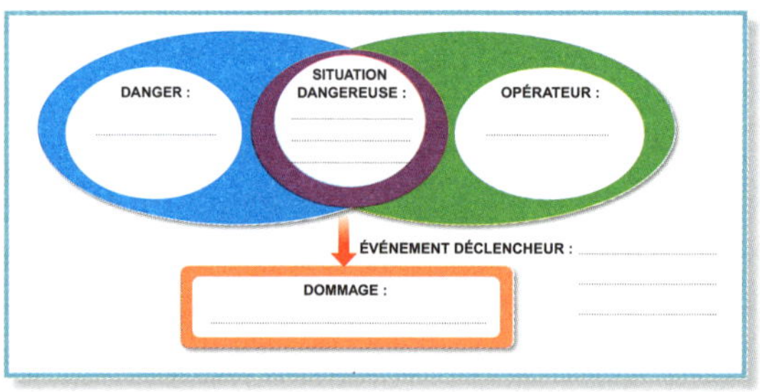


- **Utilisation des outils de caractérisation du risque**
  Ce document est généralement fourni en annexe. Il vous faut savoir l'utiliser pour répondre aux questions.

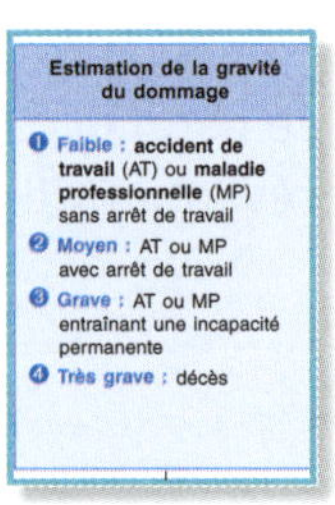


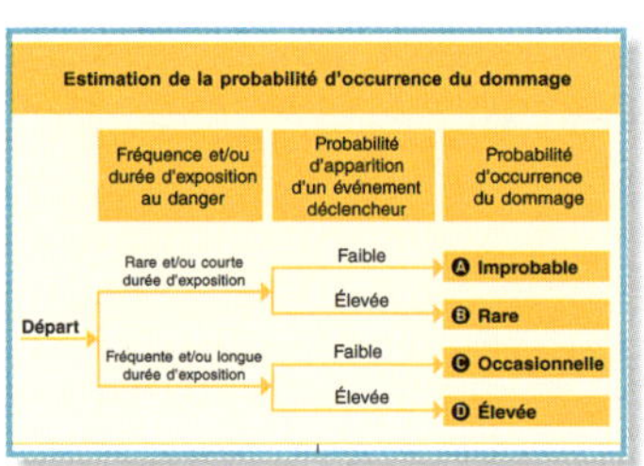


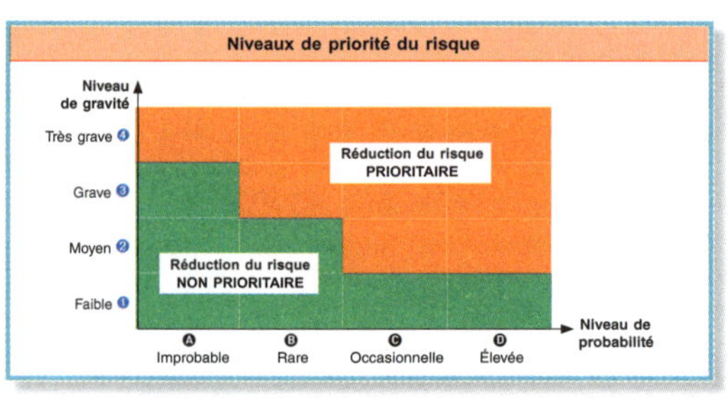

- la démarche ergonomique dans l'analyse d'une situation de travail (chapitre 16).
  Il est généralement demandé de compléter ce schéma à partir d'une situation de travail et d'établir les liens de causalité.

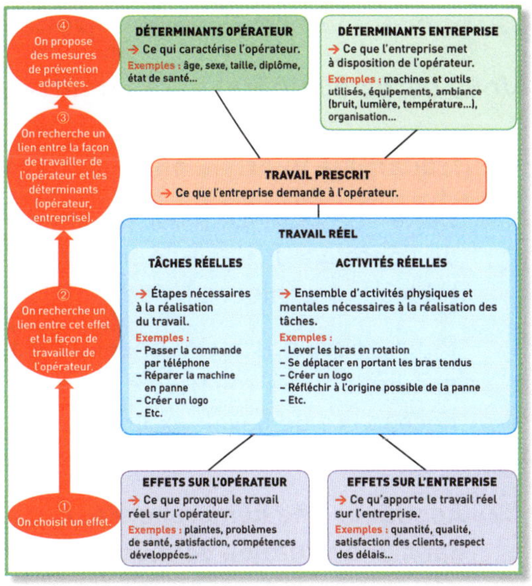


## 2 Avant l'épreuve de PSE

Assurez-vous d'avoir le matériel nécessaire pour l'épreuve : stylos de différentes couleurs, règle (pour la réalisation de schémas, notamment), montre (pour la gestion du temps).

Vous devez avoir revu l'ensemble des modules sur les trois ans de formation.

## 3 Pendant l'épreuve

▶ Commencez par lire l'ensemble du sujet, c'est-à-dire les questions, les documents (tableaux, schémas, situations, affiches…) et les annexes fournies pour chacune des parties.

En lisant l'ensemble, il est plus facile de cibler les informations utiles pour chaque question et d'éviter des hors-sujets ou des réponses inappropriées.

▶ Appuyez-vous sur les verbes d'action (ainsi que les mots-clés) des questions pour savoir ce qui vous est demandé précisément. Vous pouvez vous référer à la fiche méthode « Comprendre les consignes » (p. 214).

▶ N'hésitez pas à souligner, surligner ou annoter les documents qui vous sont donnés. Cela peut vous permettre de faire le tri, notamment par rapport aux questions posées.

▶ Regardez régulièrement l'heure afin d'avoir assez de temps pour traiter un maximum de questions. Lorsque vous ne trouvez pas la réponse à une question, passez à la suivante (vous y reviendrez plus tard s'il vous reste du temps).

▶ Vous n'aurez sûrement pas le temps de faire un brouillon. Sur votre copie, soignez l'écriture, l'orthographe, la syntaxe… Il est important de rédiger correctement vos réponses. Une compétence est évaluée dans ce domaine. 10 minutes avant la fin de l'épreuve, prenez le temps de vous relire pour corriger vos fautes et vous assurer de ne pas avoir oublié de question.

## 4 Les compétences évaluées lors de l'examen

### Vous serez évalué(e) sur la maîtrise des compétences suivantes en PSE.

**C1 : Traiter une information :**

Cette compétence n'est pas évaluée individuellement, mais est mobilisée tout au long de l'épreuve. Il s'agit de traiter des situations, des données issues de documents (texte, tableau, graphique...), des annexes...

Pour pouvoir traiter l'ensemble du sujet, il faut exploiter correctement les différents documents. La maîtrise des connaissances ne suffit pas pour réussir cet examen. Il est nécessaire de savoir exploiter puis synthétiser les informations qui vous seront données.

**C2 : Appliquer une démarche d'analyse dans une situation donnée.**

Cette compétence permet d'évaluer votre capacité à appliquer une démarche d'analyse (QQOQCP, approche par le risque...). Il est important de faire preuve de logique et d'appliquer les méthodes d'analyse travaillées lors des trois années de formation.

**C3 : Expliquer un phénomène physiologique, un enjeu environnemental, une disposition réglementaire, en lien avec une mesure de prévention.**

Cette compétence fait appel à vos connaissances pour expliquer des phénomènes amenant à des mesures de prévention. Son évaluation se fera sur un ensemble de questions et ne sera pas systématiquement liée à une étude de documents.

**C4 : Proposer une solution pour résoudre un problème.**

Cette compétence est fortement liée à la démarche d'analyse puisqu'il s'agit d'évaluer vos propositions de solution. Il s'agit principalement de mesures de prévention en lien avec les risques professionnels. Le sujet n'étant pas forcément lié à votre secteur professionnel, il est important de maîtriser les différents niveaux de mesures de prévention pour pouvoir proposer, quel que soit le secteur professionnel concerné, les mesures de prévention possibles et logiques.

**C5 : Argumenter un choix.**

Cette compétence évalue votre capacité à faire des choix en les justifiant. Il vous sera demandé de justifier plusieurs de vos réponses, il est alors important de développer et d'expliquer clairement vos choix.

**C6 : Communiquer à l'écrit avec une syntaxe claire et un vocabulaire adapté.**

Cette compétence, évaluée sur l'ensemble des questions, permet de montrer votre niveau de maîtrise de la langue française (elle est aussi évaluée lors des autres épreuves du bac). Une relecture et un soin particulier dans la rédaction sont donc nécessaires pour montrer la meilleure maîtrise possible de cette compétence.

# SUJET DE BAC N° 1

*Répondre aux questions sur une copie en reportant avec précaution le numéro des questions.*

*Seul le* ***document réponse*** *sera à compléter et à rendre avec la copie.*

## Situation d'évaluation n° 1

**Sommeil et écrans**

Le sommeil est une composante essentielle du bien-être de l'humain. Cet état de diminution d'activité sensorielle joue un rôle primordial dans le développement, dès la petite enfance. Il s'agit d'un état naturel au cours duquel nous avons une perte de conscience, un repos musculaire et une diminution de l'activité sensorielle. Le sommeil joue sur l'humeur, le bien-être, la mémoire et l'état de santé global.

Le sommeil est régulé grâce à des facteurs environnementaux, notamment la lumière et la température, et par des facteurs internes (hormones, notamment) qui fonctionnent de pair. Les facteurs externes à l'organisme sont essentiels pour réguler les facteurs internes et susciter la sensation de fatigue qui mène à l'endormissement.

Les LED (diodes électroluminescentes) présentes dans les écrans de smartphones, téléviseurs, ordinateurs, tablettes... activent les récepteurs situés dans la rétine. Ces capteurs de lumière bloquent l'envoi de mélatonine, ou hormone du sommeil, au cerveau et retardent ainsi le cycle naturel du sommeil.

Cette hormone est nécessaire pour la régulation des rythmes de veille/sommeil et est naturellement produite durant la nuit. Elle donne des repères temporels au cerveau. Un dérèglement de la production de mélatonine entraînera des troubles du sommeil et des réveils difficiles.

Les écrans sont de plus en plus présents dans nos vies, apprenons à les utiliser en adéquation avec nos besoins naturels !

D'après www.lecrips-idf.net

**Après lecture de la situation de la vie quotidienne ci-dessus, répondre aux questions suivantes, en mobilisant vos connaissances.**

### Analyse de la situation

**1.1** **Identifier** les éléments de la situation ci-dessus en répondant aux questions suivantes :
- Quoi ? (De quoi s'agit-il ?)
- Qui ? (Qui est concerné ?)
- Comment ? (Comment se manifeste le problème ?)
- Pourquoi ? (Pourquoi cette situation est-elle préoccupante ?)

**1.2 Formuler** la problématique posée par la situation à partir de votre analyse précédente.

**1.3 Rappeler** les deux principaux rôles du sommeil.

**1.4 Citer** les différents facteurs qui influencent le sommeil en proposant à chaque fois un exemple.

**1.5 Indiquer** à quel type de rythme correspond le sommeil parmi les propositions suivantes : rythme biologique circadien, rythme biologique infradien, rythme biologique ultradien. Justifier votre réponse.

**1.6 Donner** trois exemples de conséquence possible de l'insuffisance de sommeil.

**1.7 Rappeler** trois conditions favorisant un sommeil réparateur.

À partir des annexes 1, 2 et 3 :

**1.8 Relever** les données qui montrent trois types d'addictions différentes possibles chez les jeunes.

**1.9** D'après vos connaissances, **expliquer** le mécanisme de l'addiction sur le cerveau.

**1.10 Proposer** deux actions de prévention individuelle et/ou collective visant à réduire un risque d'addiction.

## Situation d'évaluation n° 2

### Situation professionnelle :

Dans un salon de coiffure, un salarié réalise des coupes de cheveux.

Régulièrement, il doit aussi effectuer des shampoings, des colorations, des décolorations et des permanentes, pour lesquels il utilise de nombreux produits chimiques considérés comme des substances irritantes et allergisantes.

La plupart du temps, il n'utilise pas les gants à sa disposition parce qu'il les trouve peu pratiques et qu'il est souvent pris par le temps.

**2.1 Identifier** le danger auquel est exposé le coiffeur dans la situation professionnelle ci-dessus.

**2.2 Analyser** le risque associé au danger précédent en réalisant et en complétant un schéma de processus d'apparition de dommage.

**2.3 Recopier et compléter** le tableau suivant à l'aide de l'annexe 4 en partant du dommage « allergie respiratoire ».

| Dommage : allergie respiratoire | Niveau |
|---|---|
| Gravité du dommage | |
| Probabilité d'occurrence du dommage | |
| Priorité du risque | |

**2.4 Proposer** une mesure de suppression ou de réduction du risque et une mesure de protection dans cette situation professionnelle.

## Situation d'entreprise :

Dans le salon de coiffure de Philippe C., le taux d'absentéisme augmente depuis 8 mois. L'organisation du travail au sein du salon devient difficile, notamment le week-end. Le gérant a observé des répercussions sur le chiffre d'affaires.

**2.5** **Identifier** le problème posé dans cette situation d'entreprise.

### Répondre aux questions suivantes en vous appuyant sur le dossier ressource.

**2.6** **Compléter** le schéma de compréhension de la situation de travail (document réponse) en replaçant six éléments tirés de l'analyse du dossier ressource.

**2.7** **Tracer**, sur ce schéma, la relation entre l'effet « allergies cutanées » et les facteurs de cause dans la situation de travail.

**2.8** **Proposer** une mesure de prévention visant à la suppression ou à la réduction du risque dans la situation de travail en justifiant votre choix.

**2.9** **Indiquer** si l'allergie cutanée est une affection aiguë ou chronique en justifiant votre réponse.

**2.10** **Expliquer** le phénomène biologique induit par le contact de l'allergène avec la peau.

Suite à ce problème d'allergies cutanées, Philippe C. fait appel à un organisme de prévention : la CARSAT.

**2.11** **Préciser** si la CARSAT est un acteur interne ou externe de prévention en justifiant votre réponse.

**2.12** **Indiquer** en quoi la CARSAT pourra aider l'employeur dans cette situation en citant deux exemples concrets.

## ANNEXE 1 Les jeunes et les écrans

**76 %**
**DES ADOLESCENTS**
consultent leur mobile toutes les 10 minutes !

Les écrans s'invitent également aux repas de famille.

**76 %**
**DES ADOLESCENTS**

**46 %**
**DES PARENTS**

**Multi-tasking**

**81 %**
d'entre eux regardent très régulièrement un film en même temps qu'ils consultent l'écran d'un mobile ou d'une tablette.

**50%**
Répondent en moins de 10 minutes !

**Le binge-watching**

**45 % DES 15-17 ANS**
Passent des heures devant un écran pour regarder des séries.

**55 %**
**DES ADOLESCENTS**
Se sentent dépendants aux écrans.

**Le smartphone, du matin au soir**

**Omniprésent dans la vie**

**DES 15-17 ANS**

Source : Étude Axa Prévention

## ANNEXE 2 La consommation d'alcool chez les jeunes

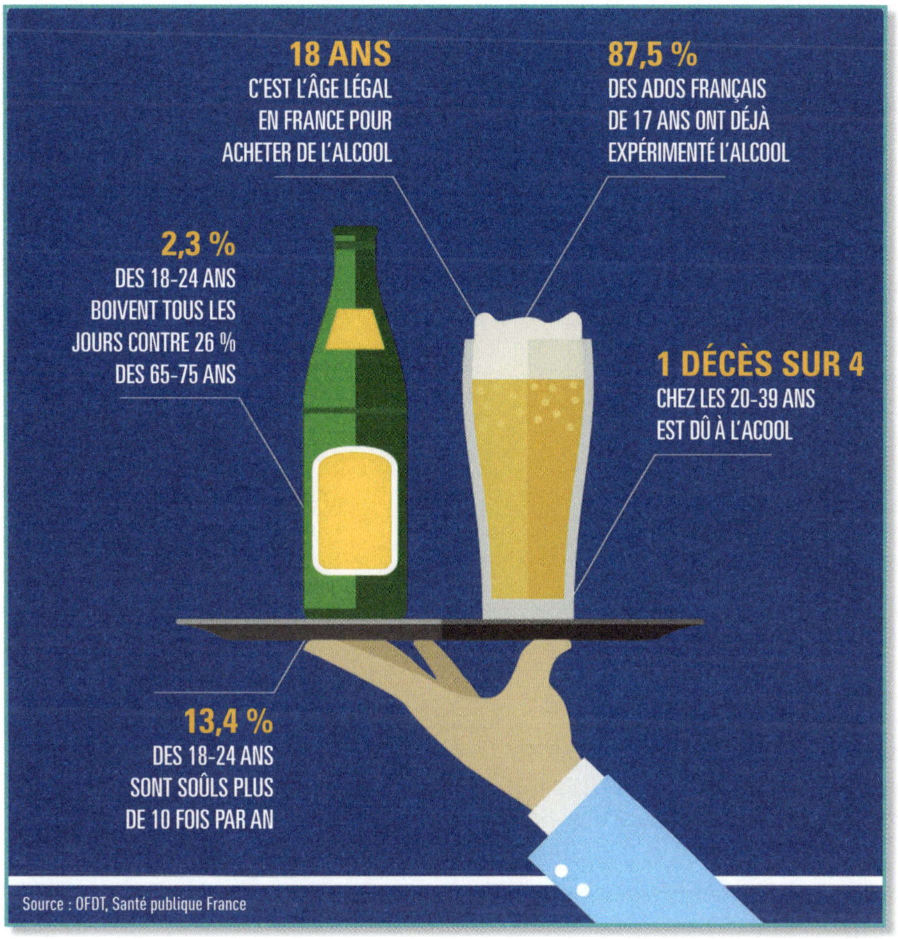


D'après Lessentiel.macif.fr

## ANNEXE 3 Les jeunes et les paris sportifs

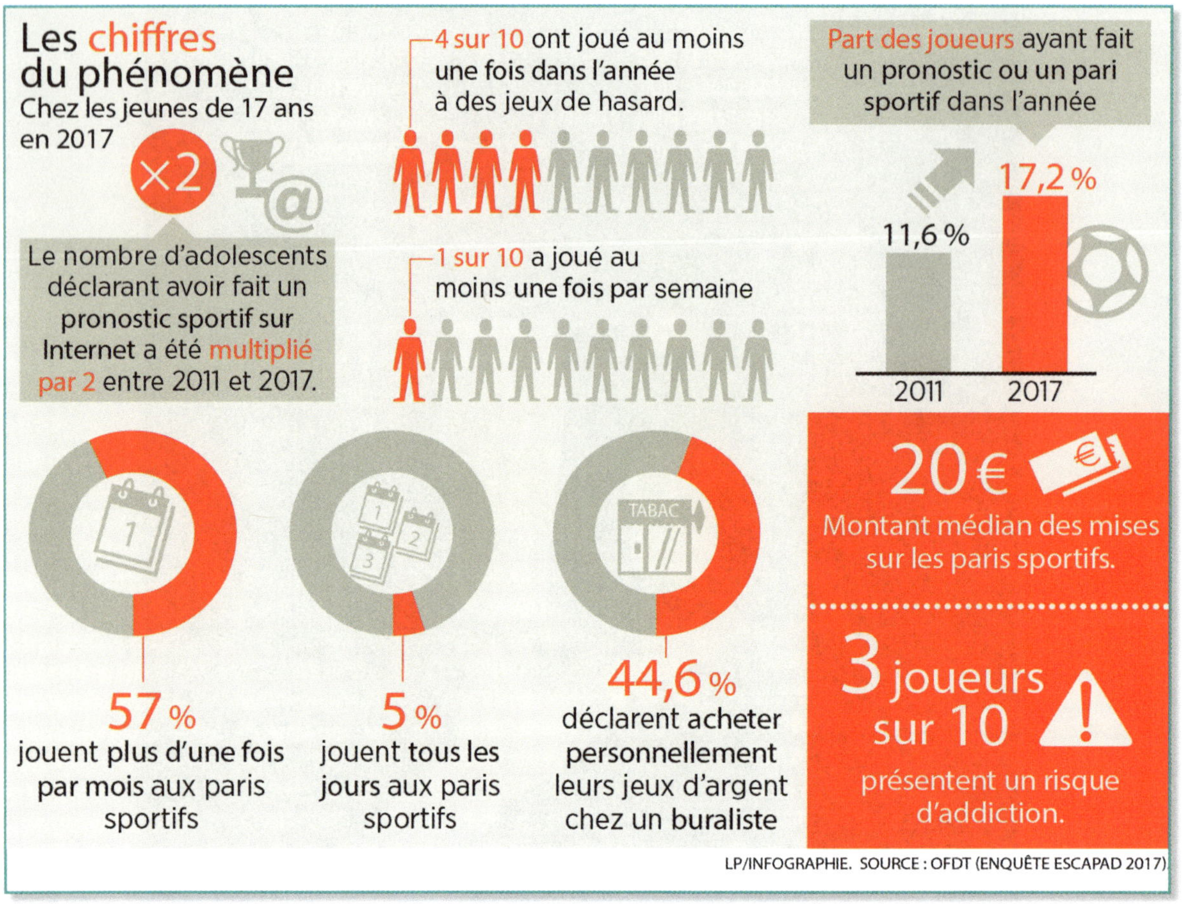


D'après www.leparisien.fr

## ANNEXE 4 Estimation de la priorité du risque

**Estimation de la gravité du dommage**

1. **Faible : accident de travail** (AT) ou **maladie professionnelle** (MP) sans arrêt de travail
2. **Moyen :** AT ou MP avec arrêt de travail
3. **Grave :** AT ou MP entraînant une incapacité permanente
4. **Très grave :** décès

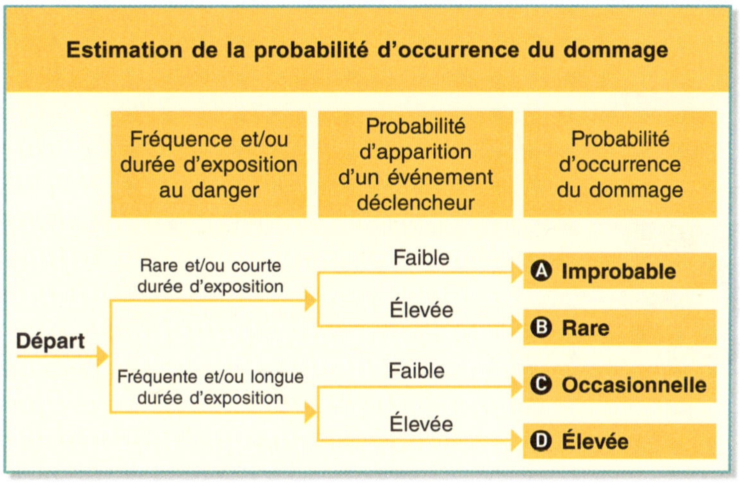


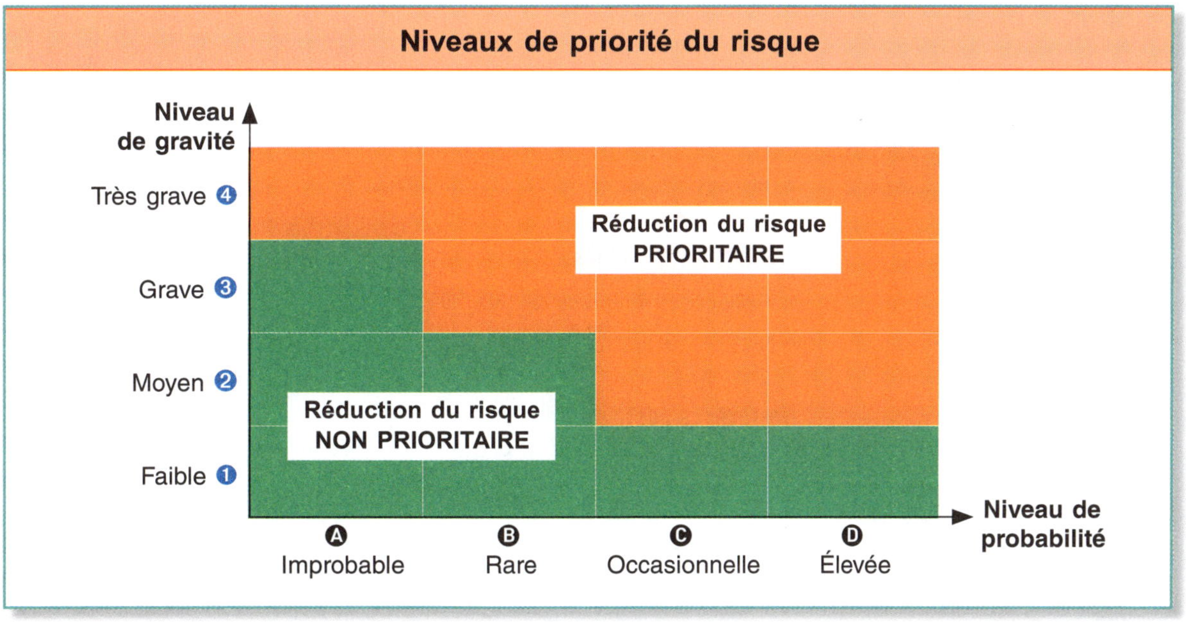

## Fiche d'identité entreprise

**Salon de coiffure de Philippe C. SARL**

**Composition de l'équipe :** 1 coiffeur manager, 2 autres coiffeurs/coloristes, 1 coiffeur apprenti.

**Activité :** satisfaire les demandes des clients en matière de coupe et de coloration des cheveux, conseiller les clients dans ces différents domaines.

**Horaires :** du mardi au samedi de 9 h à 19 h.

## Tâches et activités possibles pour le poste de coiffeur/coloriste

**Répondre aux demandes des clients**

- Accueillir les clients
- Établir le diagnostic en fonction du cuir chevelu et de la nature des cheveux
- Proposer une coupe et/ou couleur en fonction de la demande du client

**Réaliser une coloration**

- Mélanger l'oxydant au colorant dans un bol de teinture avec un pinceau
- Appliquer le mélange sur les cheveux secs à l'aide d'un pinceau en utilisant des gants
- Émulsionner les cheveux en utilisant des gants
- Rincer les cheveux à mains nues
- Effectuer un shampoing à mains nues
- Appliquer un soin à mains nues

**Effectuer la coupe désirée**

- Laver et rincer les cheveux
- Couper les cheveux
- Sécher les cheveux
- Appliquer du gel/de la laque/un voluminisateur…

**Encaisser les clients**

- Calculer le montant de la prestation effectuée
- Encaisser le montant et rendre la monnaie le cas échéant

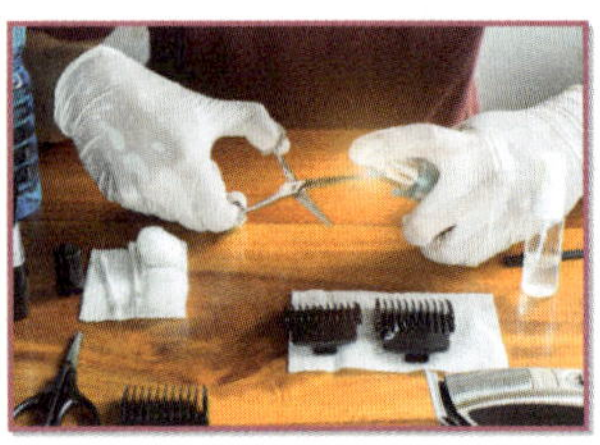

**Nettoyer le poste de travail**

- Balayer autour du poste de travail
- Ramasser et jeter les déchets
- Nettoyer le bol et le pinceau de la coloration avec les doigts protégés par des gants
- Nettoyer les ciseaux, peigne, brosse à cheveux, rasoir, tondeuse… avec spray ou lingettes désinfectants

## Témoignages au sein du salon de Philippe C.

Cindy L. : Après mon Bac Pro Métiers de la coiffure, j'ai trouvé tout de suite du travail dans ce salon. Généralement, c'est le patron qui fait les coupes des habitués ; moi, je suis surtout responsable de la réalisation de techniques de coloration. Je souffre d'une allergie cutanée au niveau des mains. Lors des poussées, l'envie de me gratter est insupportable, je suis alors obligée de me faire arrêter trois ou quatre jours. Je mets des gants le plus souvent possible. Mais il m'arrive de devoir les enlever pour régler la température de l'eau, quand je suis pressée (par exemple, en cas de forte affluence au salon) ou encore pour répondre au téléphone et j'oublie parfois de les remettre.

Phillippe C. : C'est ingérable. Avec une coiffeuse qui se met en arrêt de travail quelques jours quasiment tous les mois, je perds de l'argent et j'ai du mal à m'organiser, surtout les week-ends.

## Les allergies cutanées dans le domaine de la coiffure

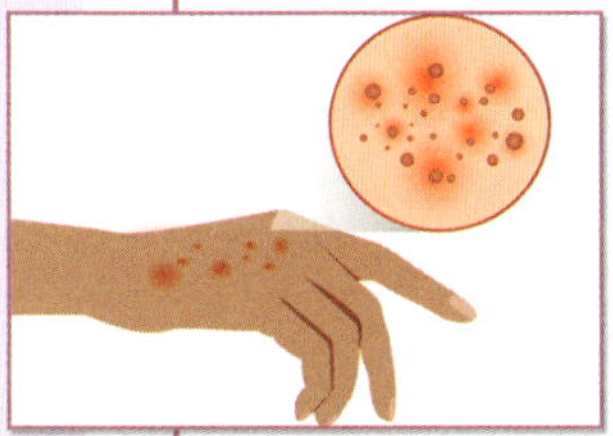

Les produits utilisés par les professionnels de la coiffure (coloration, défrisage, mèches…) contiennent tous des substances chimiques pouvant entraîner des réactions allergiques cutanées mais aussi respiratoires.

C'est par l'inhalation sous forme de poussières ou par contact cutané direct que ces produits déclenchent des allergies.

Rougeurs, démangeaisons, gonflements, boutons sont les symptômes les plus fréquents de l'allergie cutanée.

Lorsqu'un allergène déclenche une réponse du système immunitaire, la peau réagit le plus souvent sous la forme d'un eczéma ou d'une dermatite (inflammation de la peau).

Pour prévenir ces allergies, des conseils simples peuvent être appliqués : réduction de l'exposition aux produits allergènes, utilisation de produits moins nocifs, utilisation systématique de gants (notamment en vinyle) à usage unique, lavage de mains avec le moins de détergent possible, application de crème cutanée pour éviter la sécheresse des mains…

## La CARSAT

Carsat Retraite & Santé au travail

L'une des missions principales de la CARSAT (Caisse d'assurance retraite et de la santé au travail) est de prévenir les risques professionnels et d'assurer la santé et la sécurité au travail.
Pour cela, la CARSAT a d'abord un rôle au niveau de la prévention des risques professionnels lors d'interventions directes en entreprise pour des conseils et contrôles.
Elle peut aider dans la conception de dispositifs d'évaluation et de prévention, ou encore proposer des formations pour les salariés et les employeurs.
Des incitations financières à la prévention et une diffusion de documentation technique nécessaire à la prévention peuvent aussi être mises en place à la demande des entreprises.
La CARSAT fixe aussi le taux de cotisation des accidents du travail et des maladies professionnelles ; ainsi, chaque année, le calcul du taux se fait au regard des dépenses pour indemniser ces accidents et maladies, et couvrir les risques encourus selon les secteurs d'activité.
L'objectif principal de la CARSAT est de réduire le nombre et la gravité des accidents du travail et des maladies professionnelles, et de participer à l'amélioration des conditions de travail dans les entreprises.

D'après www.carsat-pl.fr

## DOCUMENT RÉPONSE

### Schéma de compréhension de la situation de travail

**DÉTERMINANTS OPÉRATEUR**

- **Formation :** ..........................................................
- **Personnels / poste :** 2 coiffeurs/coloristes et 1 coiffeur apprenti
- **Poste de travail :** position debout prolongée

**DÉTERMINANTS ENTREPRISE**

- **Organisation du travail :** du mardi au samedi, de 9 h à 19 h
- **Matériel :** ciseaux, sèche-cheveux, rasoir, pinceau, peigne
- **Produits utilisés :** shampoings, .......................................................... de soins.

**TRAVAIL PRESCRIT**

Réaliser une coupe et/ou une couleur

**TRAVAIL RÉEL**

| TÂCHES RÉELLES | ACTIVITÉS RÉELLES |
|---|---|
| • Répondre aux demandes des clients | • Accueillir les clients<br>• Établir le diagnostic en fonction du cuir chevelu et de la nature des cheveux<br>• Proposer une coupe et/ou une couleur en fonction de la demande du client |
| • ..........................................<br>.......................................... | • Mélanger l'oxydant au colorant dans un bol de teinture avec un pinceau<br>• Appliquer le mélange sur les cheveux secs à l'aide d'un pinceau en utilisant des gants<br>• ..........................................<br>• ..........................................<br>• Effectuer un shampoing à mains nues<br>• Appliquer un soin à mains nues |
| • Effectuer la coupe désirée | • Laver et rincer les cheveux<br>• Couper les cheveux<br>• Sécher les cheveux<br>• Appliquer du gel/de la laque/un voluminisateur... |
| • Encaisser le client | • Calculer le montant de la prestation effectuée<br>• Encaisser le montant et rendre la monnaie le cas échéant |
| • Nettoyer le poste de travail | • Balayer autour du poste de travail<br>• Ramasser et jeter les déchets<br>• Nettoyer le bol et le pinceau de la coloration avec les doigts protégés par des gants<br>• Nettoyer les ciseaux, peigne, brosse à cheveux, rasoir, tondeuse... avec spray ou lingettes désinfectants |

**EFFETS SUR L'OPÉRATEUR**

Allergies cutanées

**EFFETS SUR L'ENTREPRISE**

- ..........................................................
- Difficultés d'organisation le week-end en cas d'absence de personnels

# SUJET DE BAC N° 2

*Répondre aux questions sur une copie en reportant avec précaution le numéro des questions.*

*Seul le **document réponse** sera à compléter et à rendre avec la copie.*

## Situation d'évaluation n° 1

**Le bruit et le stress**

Le bruit est considéré comme une des principales sources de pollution : 90 % des Français se disent exposés chaque jour à un bruit qu'ils jugent excessif. Les conséquences sont très diverses selon les individus mais on retrouve des répercussions sur l'ensemble de l'organisme et sur le moral.

En effet, face aux bruits, le corps réagit par une modification du taux de corticoïdes, un état de fatigue (qui peut aller jusqu'à l'épuisement si le bruit dure) et l'apparition de différents troubles physiologiques (troubles auditifs et extra-auditifs) et psychiques (allant des troubles du sommeil, jusqu'à la modification de l'humeur, voire la dépression).

Lors de l'exposition au bruit, celui qui le perçoit a la sensation de ne pas pouvoir y échapper, ce qui devient une véritable source de souffrance, plus que le seul bruit lui-même (à l'exception des intensités sonores élevées en décibels).

Cette exposition au bruit entraîne une surconsommation de médicaments avec des prescriptions qui doublent dans les zones les plus exposées au bruit, comme le centre-ville. De plus, dans ces zones, la qualité de vie ressentie est considérée comme moins bonne, la population ressentant un inconfort permanent, notamment du fait d'une exposition continue au bruit. D'ailleurs, les personnes les plus « fragiles » psychologiquement sont considérées comme étant à risque face au bruit, ce dernier étant un facteur d'aggravation pour les états anxio-dépressifs.

Il apparaît alors urgent de trouver des moyens adaptés pour lutter face à ce nouveau type de pollution, car c'est la santé de tous qui est en jeu.

**Après lecture de la situation de la vie quotidienne ci-dessus, répondre aux questions suivantes, en mobilisant vos connaissances.**

## Analyse de la situation

**1.1** **Identifier** les éléments de la situation ci-dessus en répondant aux questions suivantes :

- Quoi ? (De quoi s'agit-il ?)
- Qui ? (Qui est concerné ?)
- Où ? (Où rencontre-t-on le plus ce problème ?)
- Comment ? (Comment se manifeste le problème ?)
- Pourquoi ? (Pourquoi cette situation est-elle préoccupante ?)

**1.2** **Formuler** la problématique posée par la situation à partir de votre analyse précédente.

**1.3** **Définir** le bruit.

**1.4** **Relever** une des caractéristiques physiques du bruit en précisant son unité.

**1.5** **Indiquer** les paramètres de dangerosité du bruit.

**1.6** **Donner** deux conséquences possibles du bruit sur la santé et sur la vie sociale.

**1.7** **Proposer** trois mesures qui permettent de lutter contre les nuisances sonores.

À partir des annexes 1, et 2 :

**1.8** **Indiquer** deux éléments qui montrent que la pollution sonore est devenue l'une des principales sources de pollution.

**1.9** **Relever** les données qui montrent que la pollution sonore a une incidence sur la santé et la vie professionnelle (en justifiant votre choix).

**1.10** D'après vos connaissances, **proposer** une définition du stress.

**1.11** D'après votre définition précédente, **expliquer** pourquoi le bruit peut déclencher le stress.

**1.12** D'après vos connaissances, **expliquer** brièvement le mécanisme physiologique du stress.

**1.13** **Relever** quatre effets du stress aigu et quatre effets du stress chronique.

**1.14** **Proposer** deux actions visant à gérer le stress au quotidien.

## Situation d'évaluation 2

### Situation professionnelle :

L'entreprise Atouteure emploie des aides à domicile.

Le salarié dont il est question pratique ce métier depuis 25 ans. Son travail consiste à assister les personnes fragiles, dépendantes ou en difficulté dans l'accomplissement des activités de la vie quotidienne.

La plupart du temps, il doit apporter une aide à la toilette et durant cette situation de travail, il doit porter, soutenir et déplacer des personnes.

**2.1** **Identifier** le danger auquel est exposé l'aide à domicile dans la situation professionnelle ci-dessus

**2.2** **Analyser** le risque associé au danger précédent en réalisant et en complétant un schéma de processus d'apparition de dommage.

**2.3** **Recopier et compléter** le tableau suivant à l'aide de l'annexe 3 en partant d'un dommage potentiel choisi.

| **Dommage potentiel choisi :** | **Niveau** |
|---|---|
| Gravité du dommage | |
| Probabilité d'occurrence du dommage | |
| Priorité du risque | |

**2.4** **Proposer** deux mesures de suppression ou de réduction du risque dans cette situation professionnelle

## Situation d'entreprise :

Dans l'entreprise Atouteure, les salariés se plaignent du stress durant leur activité professionnelle. Le directeur ne comprend pas ces plaintes et se demande s'il n'a pas fait une erreur dans le recrutement.

**2.5** **Identifier** le problème posé dans cette situation d'entreprise.

### Répondre aux questions suivantes en vous appuyant sur le dossier ressource.

**2.6** **Compléter** le schéma de compréhension de la situation de travail en replaçant six éléments tirés de l'analyse du dossier ressource sur le document réponse.

**2.7** **Tracer**, sur ce schéma, la relation entre un effet sur l'opérateur choisi et les facteurs de cause en lien dans la situation de travail analysée.

**2.8** **Indiquer** si le stress ressenti par l'aide-soignante peut être considéré comme un RPS (risque psychosocial) en justifiant votre réponse.

**2.9** **Indiquer** deux conséquences possibles du stress (si celui-ci perdure) sur la santé mentale.

**2.10** **Proposer** deux mesures de prévention visant à la suppression ou à la réduction du risque dans la situation de travail en justifiant votre choix.

Suite à ce problème de stress ressenti par certains salariés, le directeur d'Atouteure décide de faire appel aux instances représentatives du personnel afin de trouver des solutions car il commence à observer des répercussions économiques pour son entreprise.

**2.11** **Indiquer** en quoi les RPS peuvent avoir des répercussions économiques pour une entreprise (vous donnerez au minimum deux exemples).

**2.12** **Nommer** une instance représentative du personnel qui pourrait intervenir dans le cas de cette entreprise en précisant son rôle au niveau de la prévention.

## ANNEXE 1 La pollution sonore

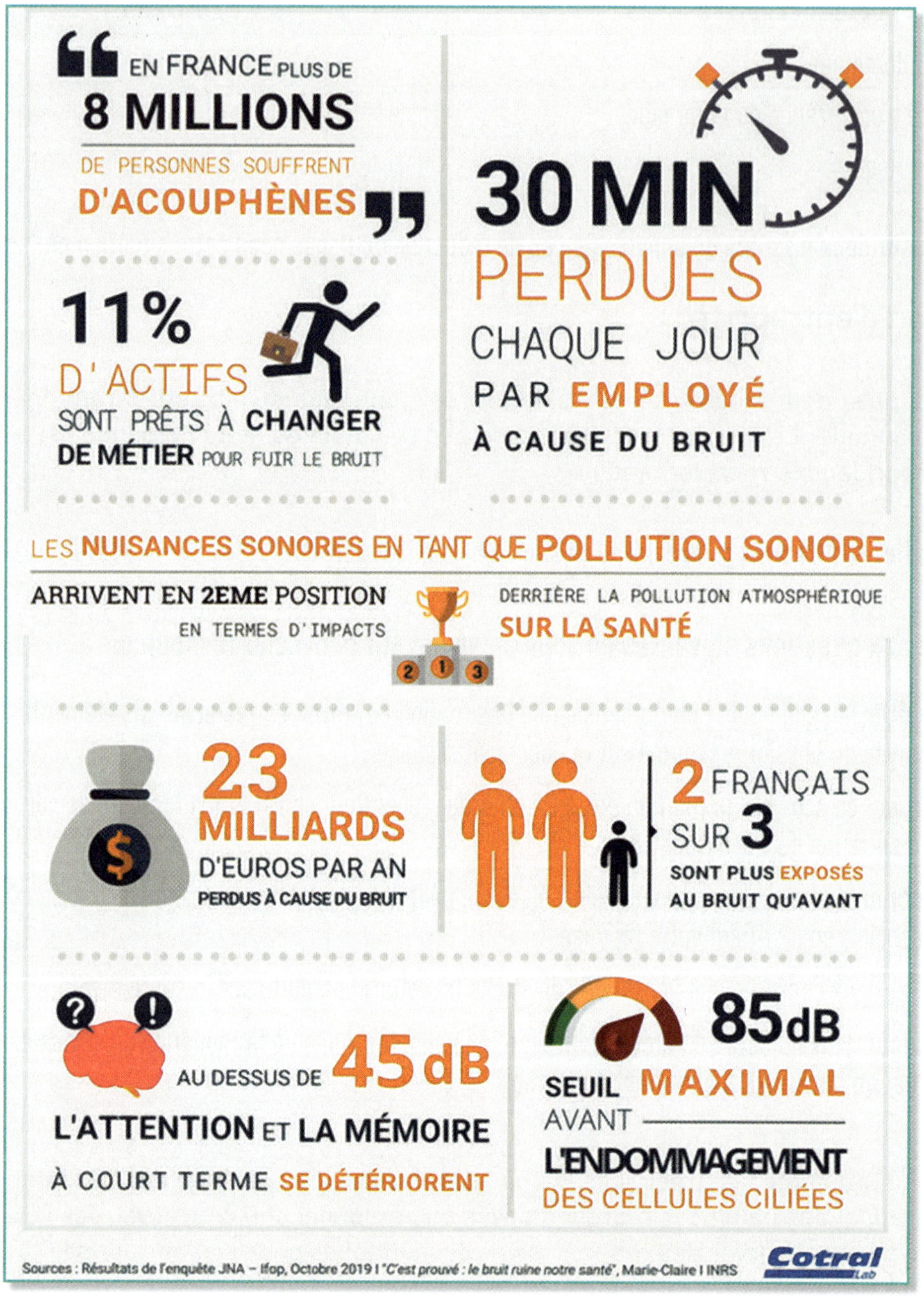


D'après Cortal Lab

## ANNEXE 2 Les effets du stress

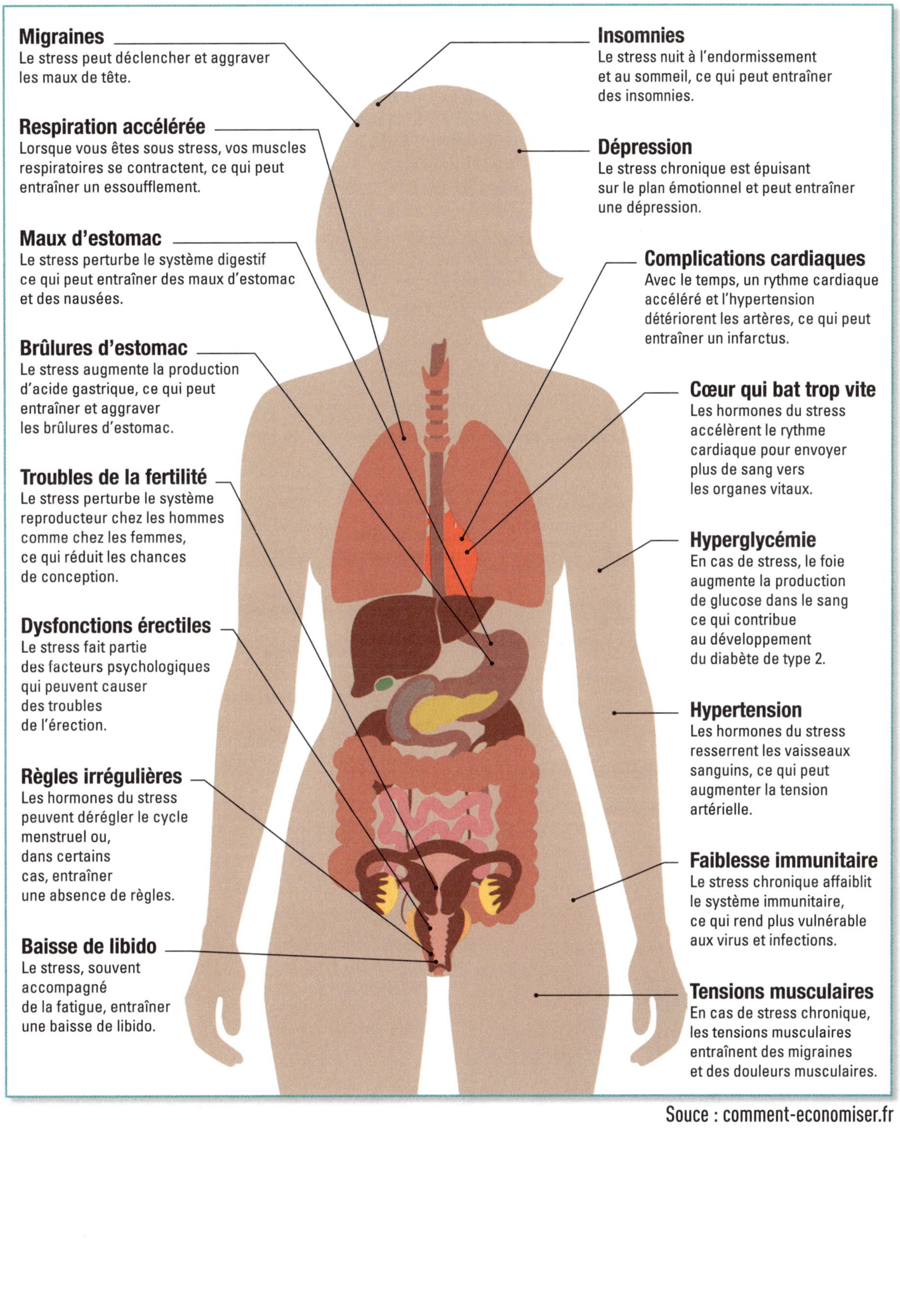


Souce : comment-economiser.fr

## ANNEXE 3 Estimation de la priorité du risque

**Estimation de la gravité du dommage**

1. **Faible : accident de travail** (AT) ou **maladie professionnelle** (MP) sans arrêt de travail
2. **Moyen :** AT ou MP avec arrêt de travail
3. **Grave :** AT ou MP entraînant une incapacité permanente
4. **Très grave :** décès

**Estimation de la probabilité d'occurrence du dommage**

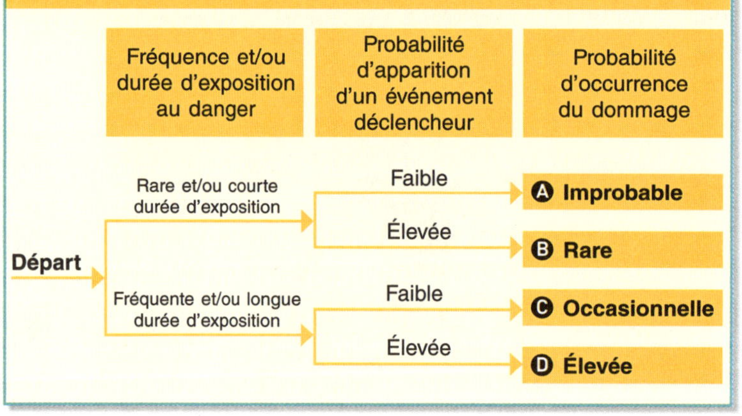


**Niveaux de priorité du risque**

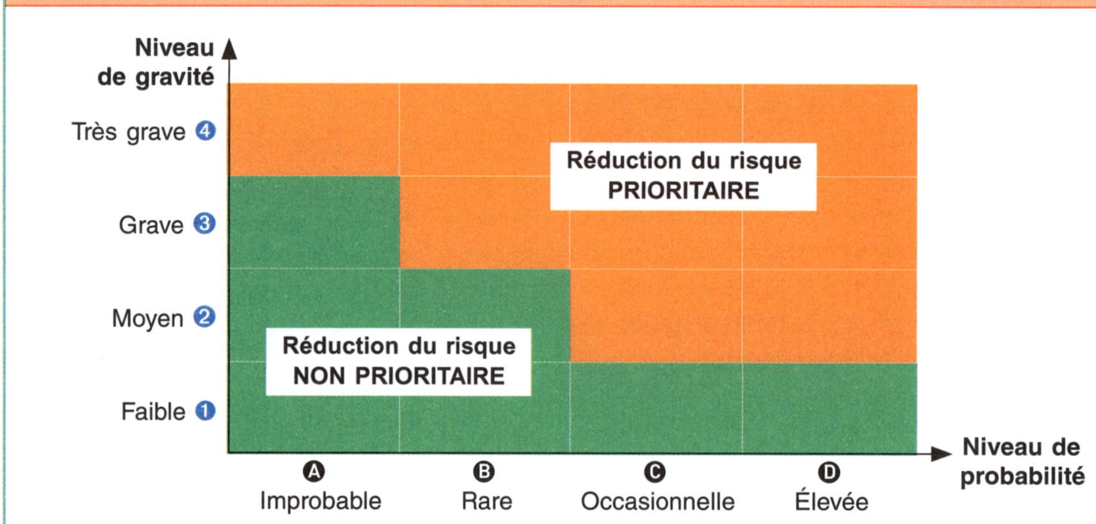

## Fiche d'identité entreprise

### Entreprise d'aide à domicile Atouteure

**Composition de l'équipe :** 25 salariés
- 1 directrice
- 1 directeur des ressources humaines
- 1 personne chargée des plannings
- 2 responsables de secteur
- 1 agent administratif et financier
- 19 aides à domicile issues de formations différentes de niveau V

**Activité :** assister les personnes fragiles, dépendantes ou en difficulté dans l'accomplissement des activités de la vie quotidienne.

**Population concernée :** personnes âgées et/ou handicapées (au total, 150 clients).

**Tous les jours de la semaine :** horaires variables en fonction des plannings.

## Principales tâches et activités pour le poste d'aide à domicile

L'objectif pour un(e) aide à domicile est d'accomplir un travail matériel, moral et social contribuant au maintien à domicile des personnes ayant des difficultés à effectuer des gestes de la vie quotidienne.

**Conseiller ou aider à la vie quotidienne**
- Entretenir l'habitat de la personne : ménage, vitres, vaisselle, lessive, repassage, couture, rangement, petites réparations.
- Réaliser des repas : courses, préparation et aide à la prise des repas.
- Accompagner la personne dans ses déplacements : aide aux sorties, à la marche...
- Réaliser des soins d'hygiène et de confort corporel : toilette, tenue vestimentaire, réfection du lit...

**Soutenir la personne**
- Écouter et communiquer avec la personne.
- Aider aux démarches administratives et accompagnements divers : budget courses, visites médicales, promenades, loisirs...
- Stimuler intellectuellement la personne : jeux de société, lecture, chant, discussions...

## Témoignage d'une aide à domicile de l'entreprise Atouteure

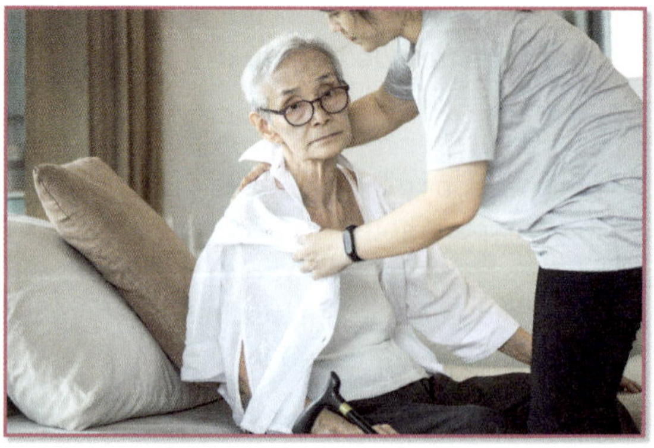

Chloé M. : À l'origine, j'ai fait un Bac Pro ASSP. J'apprécie les personnes âgées, je me suis donc dirigée vers ce métier d'aide à domicile. J'adore mon travail mais mes horaires sont compliqués. Certaines semaines, je travaille 30 heures alors que d'autres, je travaille plus de 42 heures. Nos plannings sont faits en fonction des besoins des clients et selon nos jours de repos et de congés. On reçoit ces plannings le samedi, pour la semaine à venir. C'est ingérable pour s'organiser.

Dans mon travail, j'adore l'aspect relationnel, mais je me rends compte que je le néglige trop au profit des nombreuses tâches ménagères que je dois réaliser chez les clients. Dès mon arrivée chez un client, je dois mettre ma tenue professionnelle puis je prépare mon matériel et mes produits afin de réaliser toutes les tâches qui m'ont été demandées. Une fois celles-ci finies, il ne me reste plus beaucoup de temps pour écouter attentivement la personne qui en a besoin et je ne peux donc pas effectuer le travail moral et social. De plus, du fait des rotations avec mes collègues, nous ne pouvons pas toujours aller chez les mêmes clients et il apparaît alors plus difficile de développer le lien social. Je culpabilise énormément de ne pouvoir faire mon travail moral et social auprès des personnes qui en ont besoin. Du coup, je ne me trouve pas bonne dans mon travail. En plus, les personnes dont je m'occupe sont en souffrance et j'ai affaire à de nombreuses personnes agressives et autoritaires ; ces types de clients sont souvent difficiles à gérer psychologiquement car ils critiquent beaucoup mon travail et me rabaissent constamment. Je culpabilise de plus en plus et ressens du stress, même quand j'ai fini ma journée de travail.

## Témoignage de la directrice d'Atouteure

**La directrice de l'entreprise :** Mes salariés n'arrêtent pas de se plaindre et je constate qu'il y a de nombreux retards chez les clients. Il est vrai que nous pouvons éprouver des difficultés dans la réalisation des plannings. Mais quand je vois certains de nos salariés, je me demande vraiment si ce métier leur convient.

# Les risques psychosociaux

## Les risques psychosociaux, c'est quoi ?

**Violences commises par des personnes extérieures à l'entreprise**
Insultes, menaces, agressions, incivilités

**Violences au sein de l'entreprise**
Harcèlement moral ou sexuel, conflits entre personnes

**Stress**
Déséquilibre entre les contraintes et les moyens pour atteindre ses objectifs

## Quelles peuvent être les conséquences des RPS sur la santé des salariés ?

- Maladies cardiovasculaires
- Troubles musculosquelettiques (TMS)
- Dépression et anxiété
- Epuisement professionnel ou *burnout*
- Suicide

## Comment prévenir les risques psychosociaux ?

Encourager le **collectif** au travail et installer un management de **proximité**

Veiller à la **charge de travail**

Proposer un **retour d'expérience** avec les salariés

Restaurer le **dialogue social** sur la santé et la sécurité avec les représentants du personnel

Organiser des **actions de prévention** contre les risques d'agression et de violence dans l'entreprise

## DOCUMENT RÉPONSE

### Schéma de compréhension de la situation de travail

**DÉTERMINANTS OPÉRATEUR**

- **Formation :** ..............................
- **Poste :** 19 aides à domicile
- **Type de contrat :** CDI avec un service modulable au niveau des heures, remplacement en fonction des plannings et rotations.

**DÉTERMINANTS ENTREPRISE**

- **Organisation du travail :** tous les jours de la semaine / planning changeant chaque semaine
- **Horaires :** ..............................
- **Matériel :** matériel divers pour réaliser les tâches : produits ménagers, matériels électroménagers…
- **Type de clients :** clientèle très variée mais majoritairement des personnes en souffrance, agressives et autoritaires

**TRAVAIL PRESCRIT**

Assister les personnes fragiles, dépendantes ou en difficulté dans l'accomplissement des activités de la vie quotidienne.

**TRAVAIL RÉEL**

| TÂCHES RÉELLES | ACTIVITÉS RÉELLES |
| --- | --- |
| • Conseiller ou aider à la vie quotidienne | • Mettre sa tenue professionnelle<br>• Préparer les produits et matériels<br>• Entretenir l'habitat de la personne : ménage, vitres, vaisselle, lessive, repassage, couture, rangement, petites réparations<br>• ..............................<br>..............................<br>• Accompagner la personne dans ses déplacements : aide aux sorties, à la marche…<br>• Réaliser les soins d'hygiène et de confort corporel : toilette, tenue vestimentaire, réfection du lit…<br>• Ranger les produits et matériels |
| • ..............................<br>.............................. | • Écouter et communiquer avec les clients lors de la réalisation des activités précédentes<br>• Aider dans les démarches administratives et accompagnements divers : budget courses, visites médicales, promenades, loisirs…<br>• Stimuler intellectuellement la personne en fonction du temps restant : jeux de société, lecture, chant, discussions… |

**EFFETS SUR L'OPÉRATEUR**

- Aime son travail
- ..............................
- Sentiment de culpabilité
- Manque de temps pour effectuer le travail moral et social

**EFFETS SUR L'ENTREPRISE**

- ..............................
- Retards répétés chez certains clients

# Outil 1 La démarche de résolution de problème

**Les chapitres sont articulés autour de la démarche de résolution de problème.**

## Cette démarche se déroule en trois temps :

| ANALYSER LA SITUATION | MOBILISER DES CONNAISSANCES | PROPOSER DES SOLUTIONS |
| --- | --- | --- |
| Il s'agit d'identifier un problème à partir d'une situation, de faits d'actualité, de statistiques, etc. | Il s'agit de s'approprier et de traiter les informations utiles pour résoudre le problème. | Il s'agit de trouver des solutions par rapport à la situation de départ. |

## Voici comment les différentes étapes sont abordées dans les chapitres :

**ANALYSER LA SITUATION** →

- Identification des différents éléments de la situation
- Formulation de la problématique de la situation

↓

Étape réalisée en début de chapitre

*Outils utilisés : QQOQCP, diagramme causes-effet*

**MOBILISER DES CONNAISSANCES** →

Mobilisation des connaissances utiles pour traiter le problème

↓

Étape réalisée lors des différentes activités des chapitres

*À l'aide de textes, schémas, tableaux, photos, cas concrets…*

**PROPOSER DES SOLUTIONS** →

Proposition des solutions pour résoudre le problème

↓

Étape réalisée lors des différentes activités

# Outil 2 Le QQOQCP

**Le QQOQCP est un outil utilisé lors de l'analyse de la situation.
Il sert à identifier les différents éléments de la situation afin d'en repérer la problématique.**

## Cet outil consiste à répondre aux questions :

- QUOI ?
- QUI ?
- OÙ ?
- QUAND ?
- COMMENT ?
- POURQUOI ?

- **Ces 6 questions ne sont pas abordées systématiquement** (elles sont adaptées en fonction du problème à analyser ; parfois, certaines questions ne s'y prêtent pas).
- Les questions sont déclinées en questions plus précises afin de **mieux identifier** les différents éléments de la situation.

Exemples :

**Qui ?** → De qui s'agit-il ?

**Comment ?** → Comment réagit-il face à cette situation ?

**Pourquoi ?** → Pourquoi doit-il réagir rapidement ?

## La méthode QQOQCP se présente dans l'ouvrage sous la forme d'un tableau à compléter à partir d'une situation.

Exemple de situation :

*Franck passe ses vacances d'été dans un camping après sa rupture avec sa petite amie. Comme il est triste, il boit de plus en plus d'alcool. Un jour, alors qu'il a beaucoup bu, Franck décide de prendre son véhicule pour sortir du camping et renverse un enfant qui courait chercher son ballon.*

| | |
|---|---|
| **QUOI ?** Quel est le thème ? De quoi s'agit-il ? | *La consommation excessive d'alcool* |
| **QUI ?** Qui est concerné dans la situation ? | *Franck* |
| **OÙ ?** Où cette situation se produit-elle ? | *Dans un camping* |
| **QUAND ?** À quel moment a lieu cette situation ? | *Durant l'été* |
| **COMMENT ?** Comment ce problème est-il arrivé ? | *Franck boit trop depuis sa rupture avec sa petite amie.* |
| **POURQUOI ?** Pourquoi ce problème a-t-il pris une plus grande ampleur ? Pourquoi est-il important de le résoudre ? | *Franck a renversé un enfant.* |

Une fois le tableau complété, l'identification et la formulation de la problématique sont plus simples.

*Remarque* : bien souvent, la question « Quoi ? » permet d'identifier le thème général et les autres questions de formuler la problématique dans sa globalité.

Problématique de l'exemple : *Comment réduire sa consommation d'alcool ?*

# Outil 3 Le diagramme causes-effet

**Le diagramme causes-effet est un outil utilisé lors de l'analyse d'une situation. Il sert à identifier les différents éléments de la situation et permet de repérer plus facilement la problématique de la situation.**

## Cet outil consiste en une représentation graphique qui relie les causes et un effet :

– le point de départ est une flèche horizontale allant vers la droite en direction du problème posé : ce sera l'effet ;

– par la suite, il faut lister toutes les causes possibles liées à cet effet. Ces causes sont généralement regroupées par familles.

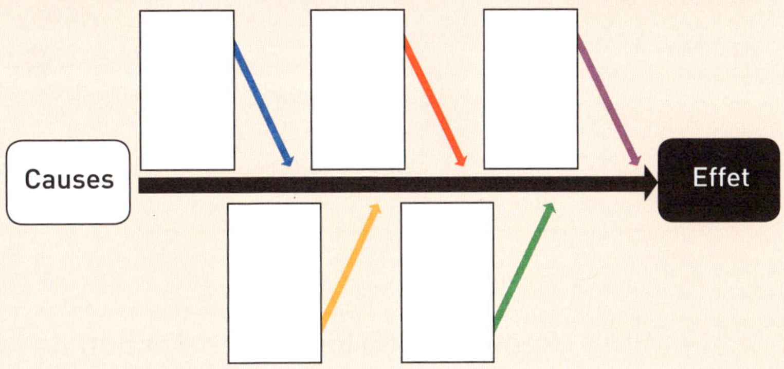


Exemple de situation :

*Jérémy n'a pas reçu de formation lors de son premier jour dans l'entreprise qui vient de l'embaucher. Il s'est mis au travail sans savoir réellement comment s'y prendre. Ainsi, il n'a pas utilisé les équipements de protection mis à sa disposition. Son poste de travail était mal organisé et il ne disposait pas d'aide mécanique pour l'assister dans sa tâche. En fin de journée, alors qu'il essayait de faire au mieux, il a été victime d'un accident du travail.*

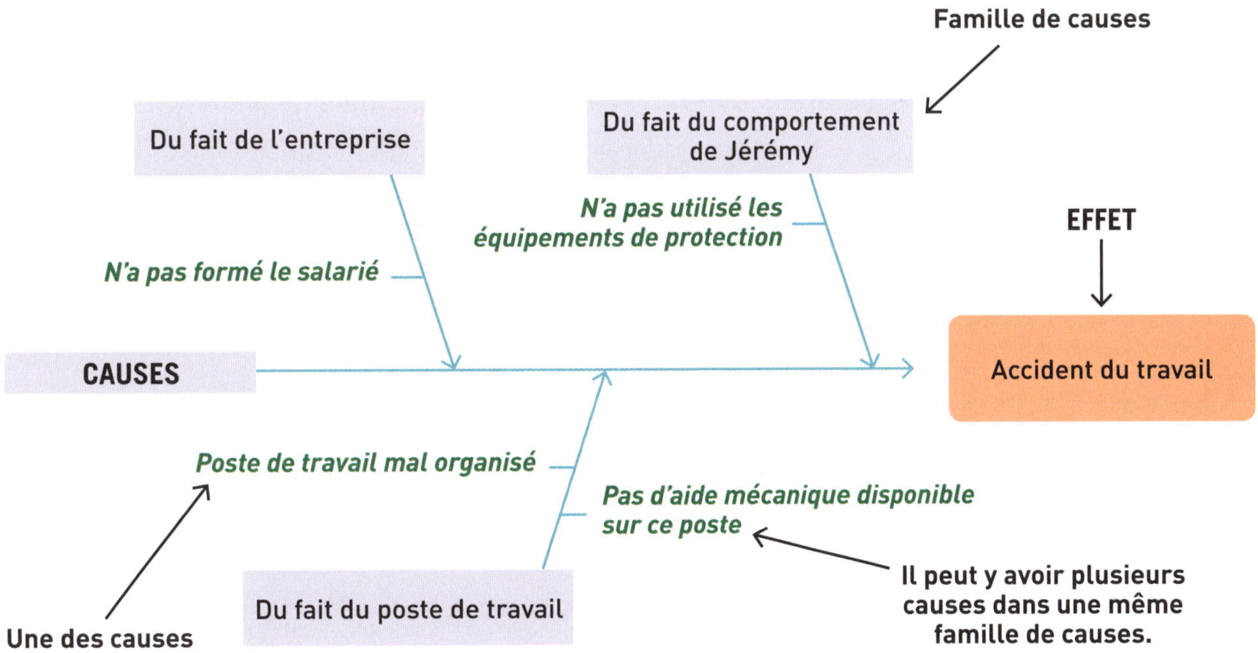


Une fois la représentation graphique complétée, la formulation de la problématique est plus simple car un lien a été fait entre les causes et l'effet (= le problème).

Problématique de l'exemple : *Comment éviter un accident du travail ?*

**Méthode**

# Comprendre les consignes

**Cette fiche méthode a pour but de vous aider à mieux comprendre les consignes, afin de réussir pleinement les exercices.**

**Lors de la réalisation d'un exercice, on retrouve quatre types de réponse :**

| Réponse exacte | Pas de réponse | Réponse incomplète | Mauvaise réponse |
| --- | --- | --- | --- |
| | Souvent dû à l'incompréhension de la consigne | Souvent dû à une consigne partiellement comprise | Souvent dû à une mauvaise compréhension de la consigne |

## CONSEIL N° 1 Repérer le ou les verbes d'action de la consigne

Dans chaque consigne, il est primordial de comprendre ce qu'il y a à faire. Pour cela, il faut trouver le verbe d'action. L'exercice 1 vous permet de vous y entraîner.

### EXERCICE 1 Trouver le verbe d'action dans la consigne.

**Souligner le ou les verbes d'action dans chacune des consignes suivantes :**

1. Énumérer les constituants alimentaires du paquet de céréales.
2. À l'aide du DOC. D, donner le nom de la victime de l'accident du travail.
3. Indiquer le moyen de contraception que Jessica aurait dû prendre et justifier votre réponse.
4. À l'aide de vos connaissances, choisir un moyen de prévention adapté à chaque risque d'accident domestique.
5. Faire correspondre les prestations suivantes aux organismes qui les attribuent.

## CONSEIL N° 2 Reformuler le verbe d'action si vous ne l'avez pas compris

Même si le verbe d'action est identifié dans une consigne, il est possible que vous n'ayez pas compris ce qu'il signifie. La solution est alors de reformuler ce verbe d'action en le remplaçant par un autre qui a le même sens. L'exercice 2 vous permet de vous y entraîner.

### EXERCICE 2 Trouver un autre verbe d'action qui a le même sens.

**Cocher, dans les 3 consignes suivantes, le verbe d'action qui a le même sens que celui en gras.**

1. D'après le DOC. A, **citer** l'ensemble des éléments qui permet à l'organisme de se défendre.
   ❑ Définir ❑ Décrire ❑ Énumérer
2. **Donner** le nom de l'organisme qui rembourse les frais de santé.
   ❑ Différencier ❑ Nommer ❑ Expliquer
3. **Légender** le schéma suivant à l'aide des termes ci-dessous.
   ❑ Compléter ❑ Citer ❑ Relier

Voici les verbes d'action que l'on retrouve le plus fréquemment :

*compléter – indiquer – donner – réaliser – préciser – énumérer – classer – lire – observer – identifier – consulter – comparer – proposer – cocher – relier – justifier – numéroter – faire correspondre – décrire – expliquer – distinguer – citer – conclure – souligner – définir – choisir – rappeler – commenter – énumérer – entourer – surligner – calculer – répartir – nommer – répondre – recopier – rayer – replacer – composer*

La plupart de ces verbes peuvent être répartis en plusieurs groupes :

Observer
Lire
Consulter

→ Vous devez **regarder quelque chose** (par exemple, un document) **avant de répondre à la consigne**.

Compléter
Cocher
Relier / Faire correspondre
Numéroter
Souligner
Surligner
Entourer
Répondre
Rayer
Replacer

→ Vous devez **intervenir sur un document** (un texte, un schéma, un dessin, un tableau...).

*Attention, dans ce groupe, l'intervention sur le document peut varier : entourer n'est pas relier.*

Comparer
Justifier
Expliquer
Conclure
Définir
Réaliser
Proposer
Décrire
Commenter
Composer

→ Vous devez **interpréter** un document dans lequel les réponses sont déjà données.

Ces verbes **font appel à votre compréhension du thème traité** ou à des données en votre possession.

Entourer
Souligner
Surligner

→ Vous devez **repérer un élément précis** sur un document et le mettre en valeur.

Indiquer
Identifier
Énumérer
Rappeler
Recopier
Citer
Donner
Préciser

→ Vous devez **trouver une information** (généralement dans un document) et **la recopier**.

Si vous avez des difficultés à comprendre une consigne avec l'un de ces verbes, référez-vous à son groupe et/ou essayez de le remplacer par un autre verbe du même groupe afin de mieux comprendre la consigne.

D'autres verbes peuvent être utilisés, dont voici des synonymes :

- *classer / répartir : mettre dans l'ordre, ranger, répartir, trier... ;*
- *distinguer : différencier, caractériser... ;*
- *choisir : désigner, sélectionner, déterminer... ;*
- *calculer : chiffrer, estimer, évaluer, mesurer... ;*
- *nommer : donner le nom de...*

## CONSEIL N° 3 Repérer les mots-clés dans la consigne

Dans une consigne, le verbe d'action est très souvent associé à un ou plusieurs mots-clés. En identifiant ce ou ces mots-clés, il sera plus simple de comprendre ce qui est demandé. L'exercice 3 vous permet de vous y entraîner.

## EXERCICE 3 Identifier les mots-clés dans une consigne.

**Souligner les verbes d'action dans les consignes 1 à 5. Ensuite, surligner les mots-clés dans chacune d'entre elles.**

1. Donner le nom des organes sur le schéma suivant à l'aide du DOC.D.
2. Souligner, dans le DOC.A, les moyens qui peuvent être utilisés pour éviter le gaspillage alimentaire.
3. Décrire le rôle du médecin traitant dans le parcours de soins coordonnés.
4. Identifier 4 accidents du travail possibles sur la photo suivante.
5. Décrire le chemin parcouru par la cellule-œuf dans les trompes utérines.

## CONSEIL N° 4 Reformuler la consigne

Reformuler la consigne sert à vérifier qu'elle a été comprise. L'exercice 4 vous permet de vous y entraîner.

## EXERCICE 4 Donner une autre formulation de la consigne.

1. D'après le DOC.B, préciser les accidents de protection à mettre en place pour éviter un accident de travail.

.................................................................................................

.................................................................................................

2. Identifier sur l'étiquette les repères garantissant un achat écoresponsable.

.................................................................................................

.................................................................................................

3. Faire correspondre par des flèches chaque moyen de prévention au risque qui lui est associé.

.................................................................................................

.................................................................................................

4. Commenter, sur le DOC.C, la diminution d'efficacité des moyens de contraception d'urgence (pilule du lendemain), selon le jour de prise.

.................................................................................................

.................................................................................................

5. Classer, dans l'ordre, les différentes étapes de la reproduction.

.................................................................................................

.................................................................................................

# Glossaire des notions clés

## CHAPITRE 1 Les infections sexuellement transmissibles

***Antibiotique / antiviral :*** médicament qui permet de lutter contre les infections microbiennes. Un antibiotique détruit ou bloque la croissance des bactéries alors qu'un antiviral combat le virus.

***Asymptomatique :*** qui ne présente aucun symptôme.

***Immunité :*** capacité de l'organisme à se défendre contre des agents étrangers à l'organisme.

***Lymphocyte :*** cellule qui fait partie du système immunitaire.

***Micro-organisme :*** organisme vivant de taille microscopique. Parmi les micro-organismes, on retrouve principalement les bactéries et les virus.

***Porteur sain :*** sujet qui ne présente pas de symptômes, mais qui porte des germes pathogènes.

***Recrudescence :*** brusque réapparition sous une forme plus intense.

***Séropositivité :*** fait d'être positif au test du sida, donc d'être porteur de ce virus.

***Vaccin :*** substance pathogène introduite dans l'organisme sous forme atténuée afin d'induire une réponse immunitaire par l'organisme concerné.

## CHAPITRE 2 Les pratiques alimentaires

***Absorption intestinale :*** mécanisme qui consiste à absorber les nutriments au niveau de l'intestin grêle afin qu'ils soient diffusés dans l'ensemble de l'organisme.

***Action mécanique / chimique :*** lors de la digestion, les actions mécaniques permettent de réduire grossièrement la taille des aliments et d'augmenter leur surface de contact pour faciliter l'action chimique. Les actions chimiques, quant à elles, réduisent au maximum la taille des particules d'aliments et les transforment ainsi en nutriments pour faciliter leur absorption dans l'organisme.

***Additif :*** substance ajoutée à un produit pour le conserver, en modifier le goût...

***Aliment / nutriment :*** un aliment est composé de nutriments qui sont utilisés par les cellules de l'organisme pour le faire fonctionner.

***Aliments ultra-transformés :*** aliments qui ont subi de nombreuses transformations par l'industrie, notamment par l'ajout d'arômes artificiels, de colorants...

***Allergène :*** substance qui peut provoquer une réaction allergique.

***Besoin nutritionnel moyen :*** indicateur qui quantifie les normes nutritionnelles nécessaires à un individu pour qu'il ne souffre pas de carences. Il varie selon l'âge, le sexe, la corpulence ou encore l'activité physique quotidienne de la personne.

***Carence nutritionnelle :*** déficit d'un ou de plusieurs nutriments dont le corps a besoin pour fonctionner.

***Valeur énergétique :*** quantité d'énergie pouvant être retirée d'un aliment *via* la digestion. La valeur énergétique est exprimée en kilojoules (kJ) ou en kilocalories (kcal ou Cal).

## CHAPITRE 3 Le stress au quotidien

***Adaptation :*** modification d'un organisme aux conditions qui l'entourent.

***Conséquence pathologique :*** conséquence entraînant des problèmes de santé, des maladies.

***Hormone :*** substance chimique qui a une action spécifique.

***Stress :*** réaction de l'organisme à une agression, un choc physique ou nerveux. Il peut être aigu (provoqué par un événement inhabituel ou spécifique) ou chronique (l'exposition au facteur stressant est répétée ou continue).

***Vulnérabilité :*** fragilité, sensibilité.

## CHAPITRE 4 Le bruit au quotidien

***Bruit / son :*** le bruit est un ensemble de sons qui provoque une sensation auditive gênante ou désagréable.

***Effets auditif / extra-auditif :*** effets sur le système auditif. L'effet extra-auditif agit sur d'autres organes, appareils ou systèmes que le système auditif.

***Fréquence / intensité :*** la fréquence représente le nombre de vibrations périodiques par seconde d'une source sonore ; l'intensité représente la caractéristique forte ou faible du son émis.

***Influx nerveux :*** phénomène qui transmet les informations au centre nerveux sous forme d'impulsions électriques.

# Glossaire des notions clés

***Onde mécanique :*** phénomène de propagation d'une perturbation (ex. : vibration), sans transport de matière mais avec transfert d'énergie.

***Onde sonore :*** ensemble de vibrations de l'air.

***Surdité de perception :*** perte auditive qui survient suite à la détérioration de cellules ciliées et/ou de fibres nerveuses de l'oreille interne.

***Surdité de transmission :*** perte auditive qui se traduit par un problème de diffusion des sons entre l'oreille externe et l'oreille interne.

## CHAPITRE 5 L'eau et le développement durable

***Circuit urbain de l'eau :*** appelé aussi « petit cycle de l'eau », il représente le circuit domestique de l'eau, qui comprend le cycle de l'eau de son pompage pour sa consommation jusqu'à son rejet en milieu naturel après dépollution.

***Eaux usées :*** eaux qui ont été altérées (donc polluées) par l'activité humaine.

***Empreinte eau :*** volume total d'eau virtuelle utilisée pour produire un bien ou un service (= consommation indirecte de l'eau).

***Épuration :*** action d'assainir, de purifier.

***Stress hydrique :*** situation dans laquelle la demande en eau dépasse les ressources en eau disponibles.

## CHAPITRE 6 Les acteurs de prévention

***CARSAT (caisse d'assurance retraite et de la santé au travail) :*** organisme qui intervient dans la prévention des risques professionnels par des contrôles, des conseils et des propositions de formations.

***CSE (comité social et économique) :*** a pour mission d'assurer l'expression collective des salariés en entreprise, notamment dans le domaine de la prévention.

***Inspection du travail :*** organe de contrôle chargé de veiller au respect de la réglementation liée au Code du travail.

***Salarié compétent :*** appelé « salarié compétent pour la protection et la prévention des risques professionnels » (PPRP), il a pour rôle d'aider l'employeur dans ses actions de prévention et de protection des risques professionnels.

***Sauveteur secouriste du travail :*** salarié qui possède une certification dans le domaine du secourisme au travail. Il est capable de porter secours.

## CHAPITRE 7 L'assistance et le secours en milieu professionnel

***Cadre législatif :*** domaine qui a rapport aux lois.

***Plan d'évacuation :*** plan schématique d'un bâtiment destiné à favoriser l'évacuation des personnels en cas d'urgence (incendie…).

***Responsabilité :*** obligation de réparer le dommage que l'on a causé par sa faute.

## CHAPITRE 8 L'analyse des risques professionnels

***Activité de travail :*** ensemble des activités réalisées par un ou plusieurs salariés dans le cadre de son/leur travail.

***Danger :*** facteur capable de provoquer une lésion ou une atteinte de la santé.

***Dommage :*** lésion ou atteinte de la santé.

***Événement déclencheur :*** événement qui fait basculer la situation dangereuse en accident (pouvant provoquer un dommage). On utilise aussi le terme « événement dangereux ».

***Matériel :*** ensemble des machines, outils… utilisés par un opérateur pour réaliser sa tâche.

***Milieu :*** environnement dans lequel l'opérateur réalise sa tâche.

***Opérateur :*** salarié, travailleur, individu qui exécute l'activité de travail.

***Probabilité d'occurrence :*** possibilité que l'accident se produise. On utilise aussi le terme « probabilité d'apparition du dommage ».

***Processus :*** représentation qui comprend un ensemble de notions.

***Protection collective :*** action qui agit sur un ensemble de personnes pour limiter les dommages possibles.

***Protection individuelle :*** action qui agit sur une personne pour limiter les dommages possibles. Elle correspond aux équipements de protection individuelle (EPI).

***Réduction du risque :*** action qui ne supprime pas le risque mais qui en diminue l'importance.

***Risque professionnel :*** probabilité qu'il y ait un dommage du fait de l'activité professionnelle exercée.

***Situation dangereuse :*** situation dans laquelle une ou plusieurs personnes sont exposées à un ou plusieurs dangers.

***Suppression du risque :*** action qui permet de supprimer le danger ou la situation dangereuse.

***Tâche :*** activité physique et/ou mentale réalisée par l'opérateur pendant son activité de travail.

## CHAPITRE 9 – L'analyse d'un risque spécifique au secteur professionnel

***Effet physiopathologique :*** effet qui entraîne des dérèglements du mode de fonctionnement normal de l'organisme.

## CHAPITRE 10 – La sécurité alimentaire

***Chaîne du froid :*** ensemble des opérations visant à maintenir des produits alimentaires à une température donnée afin d'en préserver les différentes qualités. On utilise aussi le terme « chaîne frigorifique ».

***Date limite de consommation (DLC) :*** correspond à la date à ne pas dépasser lors de la consommation d'un produit alimentaire.

***Flore de décomposition :*** ensemble de micro-organismes vivant dans la matière organique en décomposition.

***Matière organique :*** matière qui est formée par les êtres vivants, c'est-à-dire l'ensemble de la biomasse (animaux, végétaux, bactéries...), par leurs résidus (excréments, mucus...) ainsi que par la matière issue de leur décomposition.

## CHAPITRE 11 – Les ressources en énergie et le développement durable

***Effet de serre :*** phénomène naturel provoquant une élévation de la température à la surface de la Terre. Il est indispensable à la survie sur notre planète.

***Empreinte carbone :*** quantité globale de gaz à effet de serre (de $CO_2$ notamment) émise par une activité.

***Énergie renouvelable/non renouvelable :*** les énergies renouvelables proviennent de 2 grandes sources naturelles (le Soleil et la Terre), elles sont inépuisables. Les énergies non renouvelables utilisent des éléments présents sur Terre (pétrole, gaz, charbon, uranium), elles sont épuisables.

***Geste écocitoyen :*** action d'un citoyen qui suit les principes et les règles destinés à préserver l'environnement.

***Poste de consommation :*** catégorie de dépenses de consommation.

## CHAPITRE 12 – Le suivi et la santé au travail

***Anticorps :*** molécule fabriquée par les lymphocytes afin de détruire un antigène présent dans l'organisme.

***Antigène :*** substance étrangère présente dans le corps (ex. : virus, bactérie, produit toxique, allergène).

***Barrière cutanéo-muqueuse :*** barrière composée de la peau et des muqueuses, qui empêche la pénétration dans le corps de micro-organismes pathogènes.

***Examen médical d'aptitude (EMA) :*** examen effectué par le médecin du travail, qui donne un avis d'aptitude pour le salarié à un poste de travail.

***Immunité non spécifique :*** ensemble des défenses d'un organisme contre des antigènes qui n'impliquent pas de reconnaissance spéciale de l'agent infectieux.

***Immunité spécifique :*** ensemble des cellules et des mécanismes d'un organisme lui permettant d'assurer sa défense contre les agents infectieux de manière durable, mais tardive.

***Mémoire immunitaire :*** capacité du système immunitaire à reconnaître rapidement et spécifiquement un antigène que le corps a déjà rencontré et à donner une réponse immunitaire adaptée.

***Visite d'information et de prévention (VIP) :*** entretien sur la santé du salarié et sur les risques de son activité professionnelle lors de son suivi par le service de santé au travail.

## CHAPITRE 13 – Déclaration et réparation des accidents du travail et des maladies professionnelles

***Faute inexcusable :*** situation selon laquelle, sans avoir intentionnellement causé l'événement dommageable, l'employeur a placé son employé dans une ou des situations dangereuses, alors qu'il aurait dû en avoir conscience, et n'a pas pris les mesures nécessaires pour l'en préserver.

***Prestation en nature :*** correspond à la gratuité des soins ou au remboursement de frais médicaux.

***Rente d'incapacité :*** aide financière qui vise à compenser l'incapacité d'une personne à travailler.

***Responsabilité civile :*** obligation faite à une personne de réparer le préjudice qu'elle a causé à autrui.

***Responsabilité pénale :*** obligation faite à une personne reconnue coupable par la justice de répondre du dommage qu'elle a causé à autrui.

## CHAPITRE 14 Les risques psychosociaux

***Climat social :*** perception qu'ont les salariés des conditions sociales qui règnent au sein de leur entreprise à un moment donné.

***Intégrité mentale/physique :*** état d'un individu qui n'a pas subi d'altération mentale/physique.

***Risque psychosocial :*** notion qui regroupe le stress au travail (surcharge de travail, manque de moyens, manque d'autonomie...), les violences internes à l'entreprise (harcèlement, conflit...) et les violences externes à l'entreprise (insultes, menaces, agressions...).

***Violences externes :*** agressions physiques ou verbales exercées par des personnes extérieures à l'entreprise à l'encontre d'un salarié sur son lieu de travail.

***Violences internes :*** violences commises entre salariés d'une même entreprise. Elles correspondent aux conflits exacerbés entre collègues ou entre équipes de travail, au harcèlement moral (humiliations, insultes, moqueries, menaces...) et au harcèlement sexuel.

## CHAPITRE 15 Les risques liés à l'activité physique

***Activité dynamique :*** activité qui alterne les positions fixes et en mouvement.

***Activité statique :*** activité en position fixe (la posture reste la même).

***Atteinte aiguë :*** atteinte qui dure peu dans le temps.

***Atteinte chronique :*** atteinte qui dure dans le temps (elle est généralement supérieure à trois mois et peut même être permanente).

***Disque intervertébral :*** structure située entre deux vertèbres consécutives de la colonne vertébrale, ressemblant à un coussinet et jouant le rôle d'amortisseur.

***Trouble musculo-squelettique (TMS) :*** affection de l'ensemble des tissus mous (les muscles, les tendons et les nerfs) des membres et de la colonne vertébrale.

***Vertèbre :*** chacun des os qui forme la colonne vertébrale.

## CHAPITRE 16 L'analyse d'une situation de travail

***Activité / tâche :*** une activité est la mobilisation physique et mentale de l'opérateur (= comment il fait) pour effectuer une tâche. Une tâche est un ensemble d'opérations effectuées par l'opérateur (= ce qu'il fait) pour la réalisation du travail.

***Causalité :*** rapport d'une cause à son ou ses effets.

***Déterminant :*** caractéristique.

***Ergonomie :*** ensemble des connaissances relatives à l'homme nécessaires pour concevoir des outils, des dispositifs qui puissent être utilisés par le plus grand nombre avec le maximum de confort, de sécurité et d'efficacité.

***Travail réel / travail prescrit :*** le travail réel est ce que réalise vraiment l'opérateur. Le travail prescrit est ce qui est demandé à l'opérateur par l'entreprise.

## CHAPITRE 17 L'égalité de traitement au travail

***Défenseur des droits :*** autorité administrative indépendante ayant pour mission de défendre et de promouvoir les droits des citoyens devant les administrations.

***Discrimination :*** égalité de traitement fondée sur un critère interdit par la loi (l'origine, le sexe, le handicap...) dans un domaine visé par la loi (l'emploi, le logement, l'éducation...).

***Égalité professionnelle :*** égalité de traitement entre les femmes et les hommes en termes d'accès à l'emploi, à la formation, à la mobilité et à la promotion, ou en termes d'égalité salariale.

***Organisation syndicale :*** association dont la mission est de protéger ou promouvoir les intérêts collectifs. Dans le paysage français, il existe différentes organisations syndicales qui rassemblent des salariés, des employeurs ou encore des entreprises.

## Crédits photographiques

Sauf précision contraire, les images sont © stock.adobe.com.

**Couverture :** Pavel Nesvabda

**p. 7 :** Prosotck-studio : **p. 9 :** peace_art/Shutterstock.com ; **p. 10 :** akr11_ss/Shutterstock.com ; **p. 13, de haut en bas,** Cookie Studio ; Antonioguillem ; SHOTPRIME STUDIO ; **p. 16, gauche :** krissikunterbunt ; **droite :** maya ; **p. 17 :** Graficriver ; Daniel Berkmann ; artinspiring ; **p. 18, de gauche à droite, et de haut en bas :** vectorkif ; ag visuell ; oliviaelisa92 ; gomolach ; yuliaglam ; Aspi13 ; tasty_cat ; bigmouse108 ; Alexander Limbach ; **p. 19 :** Mike Fouque ; **p. 23 :** Jürgen Fälchle ; **p. 25 :** guillaume_photo ; **p. 27, gauche :** Vlad Ivantcov ; **droite :** feirin ; **p. 28, haut gauche :** Okea ; **haut droite :** Alila Medical Media ; **bas :** Olivier Le Moal ; **p. 32 :** fizkes ; **p. 33 :** sebra ; **p. 34, haut :** anuwat ; **milieu :** mrhighsky ; **bas :** Trueffelpix ; **p. 36 :** flint01 ; **p. 37, de gauche à droite, de haut en bas :** Marc ; M.studio ; Salome ; Marc ; Marc ; soponyono ; ALF photo ; bilderzwerg ; Monkey Business ; Antonioguillem ; motortion ; **p. 41 :** Antonioguillem ; **p. 42 :** korkeng ; **p. 48 :** pict rider ; **p. 50 :** Damir ; **p. 52 :** rob3000 ; **p. 53, de gauche à droite, et de haut en bas :** ONYXprj ; Christos Georghiou ; Atlantis ; jojojo07 ; **p. 54 :** Martin Bangemann ; **p. 60, de gauche à droite, et de haut en bas :** onblast ; ollegn ; sundatoon ; absent84 ; **p. 61, gauche :** Marc ; supernick ; fotohansel ; **droite :** Elenathewise ; **p. 62 :** macrovector ; **p. 64 :** Graphithèque ; **p. 65 :** Photographee.eu ; **p. 66, de gauche à droite, et de haut en bas :** yindee ; © INRS ; mast3r ; makc76 ; cornecoba ; Andrew Adams ; **p. 67, haut :** Olivier Le Moal ; **bas gauche :** irinastrel123 ; **bas droite :** Artsiom Kusmartseu ; **p. 68, haut gauche :** makc76 ; **haut droite :** haru_natsu_kobo ; **p. 69 :** Texelart ; **p. 72, milieu :** jihane37 ; buffaloboy ; **p. 73 :** valery@bazruh.com ; **p. 74 :** © INRS ; **p. 76, haut droite :** Julien Eichinger ; artinspiring ; ONYXprj ; Sonulkaster ; **bas :** hofred ; **p. 78, bas droite :** Cheyenne ; **bas gauche :** © INRS ; **p. 79, haut :** sudowoodo ; **bas :** © INRS ; **p. 81 :** master1305 ; **p. 83 :** Arno Massee ; **p. 84 :** topvectors ; **p. 85, haut :** beeboys ; **bas :** zephyr_p ; **p. 89, haut :** Александр Ивасенко ; **milieu :** nanouras ; **bas :** Daisy Daisy ; **p. 90, bas gauche :** wellphoto ; **bas droite :** Ricochet64 ; **p. 91, haut gauche :** Kalinovsky Dmitry ; **haut droite :** Phovoir ; **p. 98, de gauche à droite, et de haut en bas :** Volodymyr Vechirnii ; yodiyim ; anton91815 ; bukavik ; Science RF ; Giovanni Cancemi ; takasu ; **p. 99 :** ZAKLEFTY ; **p. 102, de gauche à droite, et de haut en bas :** studioworkstock ; artpaseka ; dacianlogan ; studioworkstock ; Aha-Soft ; Vectorvstocker ; Fabius ; **p. 103, haut :** Patryssia ; **milieu :** FotoAndalucia ; **bas :** sauletas ; **p. 104, haut :** Elian Kars - EggHead Photography ; **milieu :** tashka2000 ; **bas :** dziewul ; **p. 109, de haut en bas :** Trueffelpix ; lordn ; Djordje ; science photo ; **p. 113 :** bagotaj ; **p. 115 :** mervin07 ; **p. 116, de gauche à droite :** rickyovermind ; bodanochka ; nali ; CUTWORLD ; **p. 117, haut :** guukaa ; **milieu :** artinspiring ; **bas :** keko-ka ; **p. 118 :** Graphithèque ; **p. 119, haut :** shutterstock/Kurchavova ; **milieu :** shutterstock/Mr. Rashad ; **bas :** imagecatalog ; iconstore ; **p. 120, haut :** Tomasz Bidermann ; **bas :** blueringmedia ; **p. 121, de haut en bas :** Елена Шарипова ; Gstudio Group ; sashabalazh ; OLGA ; **p. 122 :** topvectors ; **p. 125 :** Jonas Glaubitz ; **p. 126, gauche :** bnenin ; **milieu :** rocketclips ; andrey gonchar ; **p. 128, haut :** terovesalainen ; **bas :** Talaj ; **p. 129, haut :** Yevhenii ; **p. 132 :** marina_ua ; **p. 133 :** ssstocker ; **p. 135 :** ME Image ; **p. 136, de gauche à droite, et de haut en bas :** Mykola ; Texelart ; pixdesign123 ; Chany167 ; **p. 139, haut :** Elnur ; **bas :** Olivier DIRSON ; **p. 140, gauche :** Ogerepus ; **droite :** Mykola ; **p. 141, gauche :** makyzz ; **milieu :** studioworkstock ; **droite :** ikonstudio ; **p. 144, haut :** Andrzej Willusz ; **milieu :** Photographee.eu ; **bas :** Korta ; **p. 145, haut :** Antonioguillem ; **milieu :** vectorfusionart ; **bas :** LIGHTFIELS STUDIOS ; **p. 146 :** GP Photography ; **p. 147 :** Andrey Popov ; **p. 148, gauche :** Onidji ; **droite :** Frédéric Massard ; **p. 150 :** strichfiguren.de ; **p. 152, de haut en bas, et de gauche à droite :** Daniel Berkmann ; ppvector ; kazy ; 90miles ; Julien Eichinger ; 90miles ; **p. 153 :** vectorfusionart ; **p. 154, haut gauche :** LstockStudio ; **haut droite :** lucastor ; **bas gauche :** davit85 ; **bas droite :** DragonImages ; **p. 155 :** endostock ; **p. 156, haut :** bilderzwerg ; **bas :** pololia ; **p. 157, haut :** Chopard Photography ; **bas gauche :** Sophie James ; **bas droite :** Elnur ; **p. 158, haut gauche :** magicmine ; **haut droite :** freshidea ; **p. 159, de gauche à droite, et de haut en bas :** CLIPAREA.com ; rob3000 ; yamamen ; CLIPAREA.com ; **p. 160, gauche :** Danomyte ; **droite :** inegvin ; **p. 161 gauche :** industrieblick ; **droite :** franz massard ; **p. 162 :** sidop ; **p. 163 :** Henrie ; **p. 164, de gauche à droite, et de haut en bas :** Michael Flippo ; Sébastien Eich ; © INRS ; kitthanes ; vectorpocket ; fotomek ; **p. 165 :** zefart/Shutterstock.com ; **p. 166, haut :** inegvin ; **bas :** NDABCREATIVITY ; **p. 167, haut :** karelnoppe ; **bas :** Boggy ; **p. 168 :** Simon Coste ; **p. 172, haut gauche :** phonlamaiphoto ; **haut milieu :** Aintschie ; **bas :** FotoAndalucia ; **p. 173, de haut en bas :** wavebreak3 ; galaganovv ; Kzenon ; chayathon2000 ; **p. 180 :** Photographee.eu ; **p. 182, haut :** auremar ; **milieu :** Iurii Sokolov ; **bas :** Jerome Cronenberger ; **p. 187, gauche :** P666 ; **droite :** kazy ; **p. 190, haut :** fotome ; **bas :** Daniel Berkmann ; **p. 191 :** De Visu ; **p. 194 :** Ekaterina ; **p. 198, de haut en bas :** shutterstock/Karashaev ; shutterstock/ Vladimka production ; shutterstock/ t.max ; shutterstock/khomklit phonlit ; **p. 199, haut :** shutterstock/Olena Yakobchuk ; **milieu :** shutterstock/Oksana82 ; **p. 201 :** Photographee.eu ; **p. 205 :** shutterstock/Pikovit ; **p. 207, haut :** shutterstock/kazoka ; **milieu :** shutterstock/Daisy Daisy ; **p. 208, haut :** shutterstock/ CGN089 ; **milieu :** Prostock-studio



**Édition :** Laëtitia Hugon, Clémentine Carmo
**Fabrication :** Christine Aubert
**Conception couverture :** Vincent Rioult, Lucie Julvecourt
**Conception maquette :** Graph'M/Aude Paradis
**Mise en pages :** Ghislaine Geneslay, Jean-Jacques Galmiche
**Infographies et dessins :** Christophe Vallée, Corédoc, Hubert Blatz, Vincent Landrin

N° projet : 10277135 - Dépôt légal : Avril 2021
Achevé d'imprimer en Août 2021
Imprimé en Italie par L.E.G.O. S.p.A., Lavis (TN)